土地资源管理与土地信息技术等相关专业规划教材

土地法规

（第 2 版）

主　编　李保平　刘玉红
副主编　刘贵明　李秋枝　李　艳

黄 河 水 利 出 版 社
·郑 州·

内 容 提 要

本书为土地资源管理与土地信息技术等相关专业规划教材。全书共分 15 章,以《中华人民共和国土地管理法》为主线,介绍了土地管理的国家基本法律法规、行业行政法规和规章,分析了各项法律制度的概念、内容、使用特点等。

本书可作为高等学校本科土地资源管理、高职高专地籍测量与土地信息技术等专业的法律法规教材,也可作为全国土地经济师资格考试的参考用书。

图书在版编目(CIP)数据

土地法规/李保平,刘玉红主编. —2 版. —郑州:黄河水利出版社,2023.3

ISBN 978-7-5509-1384-4

Ⅰ.①土… Ⅱ.①李… ②刘… Ⅲ.①土地法-中国-高等学校-教材 Ⅳ.①D922.3

中国国家版本馆 CIP 数据核字(2023)第 031155 号

策划编辑:陶金志　　电话:0371-66025273　　E-mail:838739632@qq.com

出 版 社:黄河水利出版社　　网址:www.yrcp.com

地址:河南省郑州市顺河路黄委会综合楼 14 层　　邮政编码:450003

发行单位:黄河水利出版社

发行部电话:0371-66026940、66020550、66028024、66022620(传真)

E-mail:hhslcbs@126.com

承印单位:河南匠心印刷有限公司

开本:787 mm×1 092 mm　1/16

印张:14

字数:320 千字

版次:2010 年 8 月第 1 版　　印次:2023 年 3 月第 1 次印刷

2023 年 3 月第 2 版

定价:49.00 元

第 2 版前言

本书是土地资源管理与土地信息技术等相关专业规划教材。近年来,我国已经制定了一系列土地管理法律法规,这对土地资源利用和保护起到了至关重要的作用,但我国经济社会的快速发展对土地资源的刚性需求日益增加,土地资源领域面临的供需矛盾日益突出,土地法律法规也进行着不断的修订和完善,本书为适应土地法律法规的发展,满足土地及相关专业学生熟悉测绘管理及土地管理基本法和各类行政法律、法规,依法从事土地管理等各项活动,成为懂专业、懂管理的综合型人才的需要编写而成。

本书以《中华人民共和国土地管理法》为主线,介绍了土地管理法的基本内容和土地行业管理的法律法规的立法宗旨、适用范围、地位和作用,分析了各项土地法律制度的概念、内容、使用特点等。本书概念准确、内容连贯、知识创新,具有较强的针对性、实用性和可操作性,并通过实际案例的思考与分析,能够使学生学好法、用好法。

本书编写人员与编写分工如下:第一章由河南城建学院李保平编写;第二章、第七至九章、第十三章由河南城建学院刘玉红编写;第三至六章、第十至十二章由河南城建学院李艳编写;第十四章由河南城建学院李保平编写;第十五章由河南省中纬测绘规划信息工程有限公司李秋枝编写。本书由李保平、刘玉红担任主编,刘贵明、李秋枝、李艳担任副主编。在编写过程中,参考了大量的相关文献和资料,大部分在参考文献中列出,有些未详细列出,特向有关作者致以深深的敬意!同时对黄河水利出版社的大力支持表示感谢!

由于编者的水平、经验有限,时间短暂,书中难免有不妥之处,敬请专家和广大读者批评指正。

编　者

2023 年 1 月

目 录

第一章 绪 论

学习目标

掌握土地与土地法的基本概念;熟悉土地法的体系结构;了解我国土地立法的程序。

【学习导入】

土地法是指通过研究人与土地相互作用的关系,实现土地社会价值最大化和资源配置最优化所需要确立的、理想上最有效力的土地法律制度的学科,对土地法律、法规基本知识的了解是学习、研究土地法的起点。

第一节 土地与土地法概述

一、土地的概念

“土地”是一个多义词,不同的学科基于不同的研究对象和研究目的,对于土地的界定各有不同。自然地理学、土地利用规划以及土地经济学对土地一词的界定都有所不同;世界各国或地区的法律对土地一词的界定也不尽相同;法律意义上的土地则根据调整的对象不同而有所不同。土地法学中,土地的概念为涉物法律概念。作为一个法律概念,一般应该由法律正式界定,但是我国现行法律对土地没有给出定义,我国现行法律对“土地”一词的界定是在2020年1月1日实施的《中华人民共和国土地管理法》(简称《土地管理法》)第四条中对土地用途进行的规定:将土地分为农用地、建设用地和未利用地。其中,农用地是指直接用于农业生产的土地,包括耕地、林地、草地、农田水利用地、养殖水面等;建设用地是指建造建筑物、构筑物的土地,包括城乡住宅和公共设施用地、工矿用地、交通水利设施用地、旅游用地、军事设施用地等;未利用地是指农用地和建设用地之外的土地。我国法律对地表之下和地表之上延伸一定空间的土地也作了规定,《中华人民共和国民法典》(简称《民法典》)第三百四十五条【建设用地使用权的分层设立】建设用地使用权可以在土地的地表、地上或者地下分别设立。

二、土地法的概念

土地法是我国新兴的土地科学的一个分支学科,是介于自然科学和社会科学之间的一门边缘学科。土地法是调整以土地为客体而形成的各种社会关系的法律规范的总称,它是国家运用法律手段保护土地资源、促进土地流通、规范土地关系的重要工具。具体地说,就

是调整在土地的规划、管理、保护、利用、监督过程中所发生的社会关系的法律规范的总称。这一概念包含以下三层含义:

(1)土地法是国家制定或认可的行为规范,具有普遍性、规范性和强制性等法律所具有的一般特性。

(2)土地法是调整以土地为客体而形成的社会关系。土地涉及社会、经济、环境各个方面,由此形成了以土地为客体的广泛的社会关系,如土地财产关系、土地权属关系、土地管理关系、土地规划利用关系、土地行政监察关系等,所有这些关系都在土地法的调整范围之列。

(3)土地法是调整土地关系的法律规范的总称。只要是法律、法规中有关调整土地关系的法律规范,都属于土地法的范畴。

三、土地法的特征

土地法就其本质特征而言,具有一般法律应具有的权威性、规范性和强制性的特点。权威性指它所体现的是国家的整体意志,因此任何组织和个人都有自觉服从的义务。规范性主要表现在它是由国家制定和认可的,具体规定了国家土地管理人员和其他土地关系当事人的权利、义务,并要求切实遵守。强制性主要表现在以国家强制力保证其实施,对违反土地法律规范的行为,依法追究其经济、行政、法律责任。

除上述一般法律的基本特征外,土地法还具有以下特点:

(1)土地法既包括行政法规范,又包括财产法规范。土地具有资源和资产的双重属性。对于资源的持续利用与管理,应该以政府的宏观调控和具体的监督管理为主,它应该是行政法律关系,适用行政法,主要是土地管理法;但是,公民个人之间及公民与国家之间的土地财产关系应该是民事法律关系,应该适用民法,主要是财产法。其中,土地的行政法规范主要包括土地征用制度、土地利用规划制度、土地登记制度、土地税收制度等;财产法规范有土地所有权制度、土地使用权制度(用益物权制度)、土地抵押制度、土地交易制度等。

(2)土地法既包括实体法规范,又包括程序法规范。土地法的内容主要是由针对土地而形成的各种实体法规范构成的,用以调整土地所有者与土地使用者的权利义务关系、土地管理者与被管理者的权利义务关系。同时,土地法也规定有若干程序法规范,用以调整土地权属登记、建设用地规划、土地评价、土地纠纷处理等活动中的权利义务关系。

(3)土地法既包括强制性规范,又包括任意性规范。法定的权利义务是强制性规范,以合同形式约定的权利义务是任意性规范。比如:土地使用者必须按照法律规定的用途合理地使用土地,不得撂荒,就是强制性规范;土地使用者也可以按照自己的意愿以合约的方式将土地使用权转让、出租、抵押、承包等,就是任意性规范。

四、土地法的作用

(一)土地法为国家土地管理部门依法管理土地提供了法律依据

长期以来,由于我国土地立法工作落后,土地管理法规较少,致使我国在土地管理和土地使用方面存在着一系列问题,主要表现为:第一,土地资源大量浪费。据自然资源部公布全国第三次全国国土调查(“三调”)数据,自“三调”以来的10年间,全国耕地面积减少1.13亿亩(1亩=1/15 hm^2,全书同),年均减少面积还略有扩大。目前,我国有1/3的省、市人均耕地面积不足1亩,有666个县低于联合国制定的0.8亩的警戒线,463个县低于人均

0.5 亩的危险线。第二，使用土地审批不严。多征少用，征而未用，造成土地闲置、荒废。第三，土地污染日益严重。随着工业的发展，“三废”（废气、废水、废渣）排放量的增大，土地污染日益严重，加之不适当地使用化学肥料和农药，致使某些地方的土地质量下降，严重影响了农业生产。此外，非法占地、买卖土地的现象也很普遍。《土地管理法》总结了中华人民共和国成立以来我国在土地管理方面的经验教训，对管理土地和使用土地作了一系列的规定，其重要内容之一就是建立和健全土地管理机构。《土地管理法》第五条规定：“国务院自然资源主管部门统一负责全国土地的管理和监督工作。县级以上地方人民政府自然资源主管部门的设置及其职责，由省、自治区、直辖市人民政府根据国务院有关规定确定。”这条规定为加强土地管理工作创造了前提条件即土地由谁管理的问题。至于怎样管理，如何使用，我国相继出台了《中华人民共和国城镇国有土地使用权出让和转让暂行条例》（简称《出让和转让条例》）、《中华人民共和国城市房地产管理法》（简称《房地产管理法》），对土地管理的任务、土地管理机关的权限及土地的有偿使用等问题作了具体规定。这些规定使土地管理部门职责明确，土地使用者有法可依，有利于土地管理部门依法行使职权，有利于土地使用者珍惜和节约用地，同时为禁止违法占地，禁止浪费或破坏土地提供了法律依据。

（二）土地法为开发和保护土地资源提供了有力的保障

土地是自然历史形成的，因此从总体上说，土地面积具有不可再生性，所以土地的一个重要特点就是面积的有限性。土地作为一种有限的农业生产资料，虽然人们通过劳动，可以把荒地、荒山、沙漠、沼泽、滩涂等改造成良田，但一般来说，创造不出比原来面积更多的土地。尽管如此，人们仍可以通过各种形式，使现有的土地面积不再减少，保护好现有耕地。《土地管理法》对土地的开发和保护也作了明确规定。如该法第四十一条规定：“开发未确定使用权的国有荒山、荒地、荒滩从事种植业、林业、畜牧业、渔业生产的，经县级以上人民政府依法批准，可以确定给开发单位或者个人长期使用。”该法第四十三条规定：“因挖损、塌陷、压占等造成土地破坏，用地单位和个人应该按照国家有关规定负责复垦；没有条件复垦或复垦不符合要求的，应当缴纳土地复垦费，专项用于土地复垦。”这些规定对提高土地开发者的积极性，发挥土地资源的潜力都具有重要作用。根据《土地管理法》的规定，土地资源的开发者，不论是单位还是个人，都要首先向县以上人民政府申请，经批准后，方可取得开发权和土地使用权，从而避免了毁林开发或毁草开发的现象，减少了水土流失，保护了自然环境。

（三）土地法为人们从事土地经营管理活动提供了法律保障

土地不仅是一种自然资源，而且是一种资产。中华人民共和国成立以后，逐渐消灭了土地私有制，建立起社会主义公有制。长期以来，人们认为公有制一经建立，土地经济问题就解决了。由于认识上的偏差，人们把土地仅理解为一种资源，而没有看作是一种资产。从1954 年开始，我国就实行了土地无偿、无期限的使用制度，这一制度的实行，不仅使宝贵的土地资源遇到了严重的浪费和破坏，而且影响了国家的财政收入。经济体制改革以后，我国进行了土地使用制度的改革。从 1987 年开始，我国在深圳等地开始实行土地有偿使用和有偿转让制度。1988 年 4 月，第七届全国人民代表大会第一次会议对《中华人民共和国宪法》（简称《宪法》）中关于不得侵占、买卖、出租或者其他形式非法转让土地的条款进行了修改，规定土地使用权可以依法转让。同年，全国人民代表大会常务委员会依据《宪法》修改了《土地管理法》中的相应条款。经过两年多的实践，1990 年 5 月 19 日国务院公布了《出让和转让条例》和《外商投资开发经营成片土地暂行管理办法》,1994年颁布了《房地产管理法》,这些规定明确了土地使用权出让与转让的形式、条件和程序,为法人和公民个人从事土地经营提供了法律保障。

(四)土地法对解决土地纠纷,保障土地所有者和使用者的合法权益有着重要作用

长期以来,由于我国土地法规不健全,因地界不清、地权不明以及侵犯他人土地使用权问题引起的纠纷不断发生,有些土地纠纷久拖不决,使土地所有者或使用者的合法权益不能得到保护,土地使用者的利益受到损害,尤其是影响了广大农民用地的积极性,造成了掠夺土地资源的现象。《土地管理法》第二章"土地的所有权和使用权"及第七章"法律责任",不仅规定了土地的所有权和使用权形式,而且规定了侵犯土地所有权和使用权的行为应承担的法律责任,以及解决土地所有权和使用权纠纷的程序等。这些规定,对依法保护土地所有权,维护土地使用者的合法权益,及时正确地解决土地纠纷,稳定社会秩序都具有重要作用。

第二节　土地法的基本原则及体系

一、土地法的基本原则

土地法的基本原则是指由法律确定的贯穿于土地法规、土地纠纷案件的处理和土地管理工作过程的根本指导思想。它是我国土地法本质的集中表现,是我国土地立法和执法的基本准则。深刻领会这些基本原则,对于加深理解土地法的精神实质,自觉按照土地法办事,正确地使用土地法,妥善解决土地纠纷都具有非常重要的意义。

根据《土地管理法》《出让和转让条例》的规定,可将我国土地法的基本原则概括为以下5个方面。

(一)维护社会主义土地公有制的原则

《土地管理法》第二条规定:"中华人民共和国实行土地的社会主义公有制,即全民所有制和劳动群众集体所有制。"这是我国《土地管理法》的首要原则。我国是一个生产资料公有制的社会主义国家,土地作为一种重要的生产资料,社会制度决定了它必须实行公有制,因而也就决定了维护社会主义土地公有制是我国《土地管理法》必须遵循的原则。这一原则主要表现在以下几个方面。

首先,《土地管理法》明确规定了土地所有权的主体。该法第九条规定:"城市市区的土地属于国家所有。农村和城市郊区的土地,除由法律规定属于国家所有的以外,属于农民集体所有;宅基地和自留地、自留山,属于农民集体所有。"这里所规定的"城市市区的土地"是指建成区内的土地,而不是指规划区内的土地。这里所规定的"农民集体所有"是指集体成员所有,而不是农村集体经济组织所有,也不是农村的行政或自治组织所有。至于农民集体所有是指哪些农民集体所有,《土地管理法》第十一条规定:"农民集体所有的土地依法属于村农民集体所有的,由村集体经济组织或者村民委员会经营、管理。已经分别属于村内两个以上农村集体经济组织的农民集体所有的,由村内各该农村集体经济组织或者村民小组经营、管理;已经属于乡(镇)农民集体所有的,由乡(镇)农村集体经济组织经营、管理"。可见,农村土地所有权的主体可以是乡(镇)农民集体,也可以是村农民集体和村组农民集体所有。

其次,实行不动产登记和发证制度。为了维护土地的所有权,保护土地所有权人的利益,《土地管理法》规定实行不动产登记和发证制度。对此,该法在第十二条作了明确规定。

最后,国家为维护土地公有制,规定了侵犯土地所有权应承担的法律责任。《土地管理法》规定:“依法登记的土地的所有权和使用权受法律保护,任何单位和个人不得侵犯。”侵犯土地的所有权或者使用权的,由县级以上人民政府自然资源主管部门责令停止侵权行为、赔偿损失,被侵权人也可以直接向人民法院起诉,请求依法保护。

(二)保护土地使用权的原则

根据《土地管理法》的规定,土地使用权可以依法转让;国有土地和集体所有土地依法可以确定给单位和个人使用;土地的使用权受法律保护。《出让和转让条例》进一步明确规定了土地使用权出让、转让、出租、抵押等有关问题,从而使土地使用人所享有的权利更具体、更明确。这些规定说明了土地的所有权可以与使用权分离,土地使用权可以依法确定给法人和个人,也说明了土地使用者的合法权益受法律保护。

由于国有土地和农民集体所有的土地用途不同,土地使用权的表现形式也不一样。农村的土地使用权是以经营权的形式表现出来的。农户和农村集体经济组织签订土地承包合同以后,取得了土地经营权,与此相同,国营农场的职工和国营农场签订土地承包合同以后,也就取得了土地承包经营权。土地承包经营权受法律保护。取得土地经营权的职工或农户必须按合同规定履行自己对国家或集体经济组织应尽的义务,合理有效地充分使用土地和保护土地,坚持用地和养地并举的原则,不能对土地进行掠夺式经营和使用,也不能随意改变承包经营的土地的用途,随意建房或从事其他活动。集体经济组织或国营农场也不能擅自变更或终止承包经营合同,否则要承担相应的法律责任。这是《土地管理法》中规定的维护土地使用权原则的表现之一。表现之二是土地使用权可以根据土地所有者和使用者的意志依法进行转让。土地使用权人也可以从转让中取得一定的利益。但土地使用权人不能随意转让,转让必须依法进行,否则土地转让无效,不受国家法律保护。保护土地使用权原则的表现之三就是通过颁发土地使用证来确定土地使用权,这样既保护了土地使用权人的权益,也为依法处理土地纠纷提供了法律依据。最后,土地法还通过规定侵犯土地使用权要承担法律责任的法律制裁措施,保护土地使用权。

(三)土地有偿使用的原则

《土地管理法》第二条规定:“国家依法实行国有土地有偿使用制度。”这一规定从法律上规范了我国长期以来实行的土地无偿使用制度,对加强土地管理、节约用地、保护耕地都具有重要的意义。

土地有偿使用的原则是指土地使用者经过申请、审批或以其他法律规定的方式和程序,在取得一定时期内土地使用权的同时,向土地所有者支付使用费的原则。这一原则对于有效地制止单位和个人乱占滥用土地、浪费土地的现象有重要的作用,对维护良好的社会经济秩序,创造良好的经济环境也有着重要的作用。

我国实行土地有偿使用制度主要基于以下三个原因:第一,我国存在着多种土地所有权。我国虽然消灭了土地私有制,但《宪法》仍明确规定,现阶段还存在土地国有和集体所有两种所有制形式。在两种土地所有制的基础上产生了不同的土地所有权主体,这说明在土地所有权上还有“你”与“我”之分,各农民集体对土地的所有权仍是“泾渭分明”的。第二,土地的有限性和不可替代性。土地作为农业生产资料,与其他生产资料相比既有不同之处,也有相同之处。不同之处表现为:土地不像其他生产资料会随着生产力的发展,数量不断增加,质量不断提高。就土地本身来说,它的面积不会增加,在现有的科学技术条件下,也不可能被其他生产资料所替代。相同之处表现为,社会再生产中消耗的物资需要补偿,土地也需要补偿。土地的有限性说明对土地的补偿更为迫切、更为重要。因此,为了使土地能够不断开发和永续利用,为了使社会再生产顺利进行,就必须实行土地有偿使用。第三,实行有偿使用,有利于制止浪费土地,能够节约用地。由于过去实行国有土地无偿使用制度,结果在土地使用方面产生了许多严重的后果。一些工厂、机关、大专院校等单位都占有大量的土地而闲置未用,一些建设单位宽征窄用或征而不用,有的地方缺乏科学规划,重复建设,浪费土地,造成城市有限的土地资源日趋紧张,房地产价格暴涨,严重影响了城市居民的基本需求和生活水平的提高,给国家建设征地带来了困难,因此必须贯彻土地有偿使用原则。

为了贯彻执行土地有偿使用原则,《宪法》和《土地管理法》明确规定:国家征收土地,必须支付土地补偿费和安置补助费;征收城市郊区菜地,用地单位要按国家有关规定缴纳新菜地开发建设基金;乡(镇)办企业建设使用村农民集体土地的,应当按规定给被用地单位以适当补偿;城镇非农业户口居民建住宅需要使用集体所有土地的,参照国家建设征收土地的标准支付补偿费和安置补助费。《出让和转让条例》《房地产管理法》对国有土地有偿使用的形式及土地交易等问题作了详细规定。

(四)合理利用土地的原则

合理利用土地的原则是指国民经济各部门及农、林、牧、渔各业,根据国家的有关方针、政策和法规的规定,按照土地的自然属性和经济规律的要求,因地制宜地选择最优利用土地的方案,以便取得社会、经济和生态三效益的统一。这一原则对于实现"生态稳定,生产发展,生活康乐"这样一个良好的利用自然资源,发展生产,改善人民生活的目标具有重要的意义。

过去,在片面强调"以粮为纲"时期,山区搞毁林开荒种田,牧区搞毁草弃牧、广种薄收,结果不仅农业生产没有得到发展,而且更严重地是破坏了生态平衡,造成了农、林、牧、副、渔各业比例失调。总结历史经验教训,要合理利用土地就必须做到以下几点:首先,因地制宜,发挥优势。我国地域辽阔,土地资源复杂多样,各地的气候等其他自然条件也迥然不同,在土地利用时,应从这一客观实际出发,根据各地的自然环境条件,结合各地区的土地利用历史、经济技术、人力资源条件的具体情况,采取适宜的方式、方法和措施来利用土地,最大限度地发挥土地的生产能力,在利用土地上要避免"一刀切"现象再度出现。各地区应根据具体情况,宜农则农,宜林则林,宜牧则牧,因地制宜地发展各种生产,以使各地的自然资源得以充分合理利用。其次,要经营合理,注重经济效益。土地利用作为一种社会经济现象,与经济效益有着密切的关系,科学合理地利用土地,就能发挥其潜力,带来较好的经济效益,如提倡有计划、有步骤地将25°以上的陡坡地退耕还林、还牧,这样,既可取得较好的经济效益,又可获得良好的生态效益和社会效益。最后,在利用土地时,还要重视生态平衡,防止污染。在我国,现阶段经济发展进入了快车道,由于各种工业的不断兴起,一方面占用了大量的土地,另一方面消耗的原料、燃料数量与日俱增,排放的废气、废水、废渣也越来越多,势必给环境带来污染,危及生态,其中不少有毒有害物质已经污染了农、林、牧用地及其产品,直接威胁着人民群众的身心健康,因此在合理利用土地时,还应注意防止生态环境失衡,以保证土地质量的稳定和生产能力的持久。

为了贯彻执行合理利用土地的原则,《土地管理法》第三条规定:“十分珍惜、合理利用土地和切实保护耕地是我国的基本国策。各级人民政府应当采取措施,全面规划,严格管理,保护、开发土地资源,制止非法占用土地的行为。”《房地产管理法》也规定了房地产开发用地应贯彻“社会效益、经济效益和环境效益相统一”的原则。

(五)保护耕地原则

《土地管理法》第四章“耕地保护”规定,国家保护耕地,严格控制耕地转为非耕地;各级人民政府应当采取措施,引导因地制宜轮作休耕,改良土壤,提高地力,维护排灌工程设施,防治土地荒漠化、盐渍化、水土流失和土壤污染;非农业建设必须节约使用土地,可以利用荒地的,不得占用耕地;可以利用劣地的,不得占用好地;国家实行占用耕地补偿制度。这是我国《土地管理法》的重要原则之一,“保护耕地”这一原则对我国来说仍至关重要,其含义包括以下两点。

(1)必须保护现有耕地的面积。这是保护耕地原则在“量”上的要求。我国是一个人均占有耕地面积少的国家。1993 年我国人均耕地面积只有 1. 2 亩,是世界人均耕地面积的 1/4。近几年来,耕地面积不断减少的势头虽有所控制,但仍不稳定,1991 年耕地面积净减少 340 万亩,1992 年耕地面积净减少 437 万亩,1993 年耕地面积净减少 484 万亩。仅 1993 年全国耕地减少量就相当于一个青海省的耕地或 13 个中等县的耕地。1996~2002 年,我国耕地年均减少 1 027 万亩。其中,1999 年净减少 654. 9 万亩,2000 年净减少 1 500 万亩,2002 年净减少 2 529. 3 万亩,呈逐年上升趋势,并且人口逐年增加与耕地逐年减少的矛盾越来越突出,潜在的土地危机,已成为现实危机。因此,我们必须增强保护土地的意识,控制耕地面积的减少。

(2)整治土地,改良土壤,增加地力,提高土地质量。这是保护耕地原则在“质”上的要求。我国有的地方耕地污染严重,不少地方的土地质量每况愈下,农业生产连年徘徊不前。加上近几年我国农村实行土地承包制度,农民在承包期内不适当地施用化学肥料,只顾用地,不知养地,使土地的有机成分减少,导致土地质量下降。因此,我们要在防止土地污染的同时,还要增强人们用地和养地的意识。

为了从根本上解决乱占滥用耕地问题,贯彻“保护耕地”这一原则,我国实行了占用耕地补偿制度和基本农田保护制度,《土地管理法》还从以下四个方面作了规定:第一,政府有关部门和自然资源主管部门必须依法对各种建设用地的范围、条件严格审查,确需用地的,从严掌握;乱占滥用土地建房的,从严惩处;对于国家工作人员滥用职权非法批准占用耕地的,要追究其法律责任。第二,对于非法占用土地或超过批准的用地数量占用土地的,限期拆除建筑物和其他设施,并处以罚款,责令退还占用的土地;属于越权审批的,宣布无效,同时,对有直接责任的单位或个人还可以给予行政处理。第三,建设单位可以利用荒地的,不得占用耕地;可以利用劣地的,不得占用良田,山区应因山就势,尽量利用山坡荒地。第四,重视土地复垦和土地开发,坚持“谁破坏、谁复垦”和“谁开发、谁使用”的原则,鼓励土地开发,加快土地复垦。

二、土地法的体系

土地法的体系是指构成土地法的各部分之间的有机联系的整体。对土地法的体系,可以从两个方面来认识,即土地法的渊源体系和土地法的内容体系。

(一)土地法的渊源体系

土地法的渊源体系也称为土地法的法规体系,是指土地法律规范的表现形式,其中主要包括以下六个方面。

1.《宪法》

《宪法》是国家的根本大法,由全国人民代表大会制定,具有最高的法律效力。《宪法》中有关土地的规定,是土地法最重要的表现形式。

《宪法》中对土地的规定主要有:①关于国有土地的范围。矿藏、水流、森林、山岭、草原、荒地、滩涂等自然资源,都属于国家所有;由法律规定属于集体所有的森林和山岭、草原、荒地、滩涂除外。城市的土地属于国家所有。②关于集体所有土地的范围。农村和城市郊区的土地,除由法律规定属于国家所有的外,属于集体所有;宅基地和自留地、自留山,也属于集体所有。③关于土地的转让问题。任何组织或者个人不得侵占、买卖或者以其他形式非法转让土地。土地使用权可以依照法律的规定转让。④关于土地的利用和保护。国家保障自然资源的合理利用,保护珍贵的动物和植物,禁止任何组织或个人用任何手段侵占或者破坏自然资源。一切使用土地的组织和个人必须合理利用土地。国家保护和改善生活环境及生态环境,防止污染和其他公害。⑤关于土地征收或征用问题。《宪法》规定:"国家为了公共利益的需要,可以依照法律规定对土地实行征收或者征用并给予补偿。"由于《宪法》是国家的根本大法,因此《宪法》中有关土地的规定,是我们制定土地法律法规必须遵循的准则。

2. 土地法律

土地法律是由全国人民代表大会及其常务委员会制定颁布的土地立法文件,是我国土地法的主要表现形式。

作为土地法表现形式的法律有两种:一种是法律文件整体都是关于土地问题的规定。如1986年6月25日第六届全国人民代表大会常务委员会第十六次会议通过,根据1988年12月29日第七届全国人民代表大会常务委员会第五次会议《关于修改〈中华人民共和国土地管理法〉的决定》修订,1998年8月29日第九届全国人民代表大会常务委员会第四次会议修订,自1999年1月1日起施行的《土地管理法》,对土地管理作了全面规定。2004年8月28日第十届全国人民代表大会常务委员会第十一次会议作出《关于修改〈中华人民共和国土地管理法〉的决定》,对《土地管理法》再次做了修正,依照《宪法》增加了有关土地征收并给予补偿的规定。2019年8月26日,第十三届全国人民代表大会常务委员会第十二次会议通过《中华人民共和国土地管理法》修正案,自2020年1月1日起实施,它是我国土地管理的主要法律。另一种是法律文件整体虽非都是对土地的规定,但其中有关于土地的规定。例如,《民法典》用以规范平等主体之间私法关系的法律,但其中有关于土地方面的规定,第十一章土地承包经营权、第十二章建设用地使用权、第十三章宅基地使用权、第十五章地役权等。

3. 国务院发布的土地法规、决议和命令

国务院是最高国家行政机关。它可以根据宪法、法律和全国人民代表大会常务委员会的授权制定、批准和发布法规、决议和命令。其中,有关土地方面的法规、决议和命令,是土地法的重要表现形式。例如,国务院发布的《中华人民共和国城镇国有土地使用权出让和转让暂行条例》,其法律效力次于《宪法》和土地管理法律。国务院发布的土地法规、决议和命令,要以《宪法》、土地管理法律为依据,并不得与之相抵触。

4. 最高人民法院的文件

最高人民法院是我国的最高审判机关,依法享有监督地方各级人民法院和各专门人民法院审判工作的职权,为了在审判工作中正确贯彻执行法律和有关的国家政策,最高人民法院可以在总结民事和经济审判实践经验的基础上,发布指导性文件,包括在审判工作中适用某个法律的具体意见。例如:《最高人民法院关于审理涉及农村土地承包纠纷案件适用法律问题的解释》等。最高人民法院的这些文件,也是土地法的重要表现形式,对各级人民法院审理有关土地纠纷案件具有法律效力。此外,最高人民法院关于某些具体案件适用法律的批复等,对各级人民法院审理案件也具有指导作用。

5. 国务院各部委发布的命令、指示和规章

国务院所属各部委根据《宪法》、土地管理法律和国务院发布的土地法规、决议和命令,在本部门的权限范围内,可以发布命令、指示、办法、规定和规章等,这也是土地法的表现形式。例如,财政部发布的关于土地复垦财务的通知等。

6. 地方政权机关发布的土地管理法规

地方各级人民代表大会和人民政府在《宪法》、法律规定的权限内所制定、发布的关于土地方面的决议、命令、地方性法规,也是土地法的表现形式。这类法规只在本行政区内发生法律效力。

(二)土地法的内容体系

土地法的渊源体系是土地法的表现形式体系,而土地法是形式和内容的有机统一,因此在研究土地法的渊源体系之后,还应研究土地法的内容体系,以明确土地法要规定哪些方面的问题。从内容来看,土地法包括以下七个方面。

(1)总则。总则是关于土地法的指导思想、基本原则、适用范围等的规定,是土地法的最核心部分。土地法的各项具体制度和规定应以总则性规定为依据。

(2)土地所有权、使用权及其他权利。土地所有权和使用权制度是土地法中各项具体制度和规定的首要内容,包括土地所有权的主体和范围、土地使用权的具体内容及土地所有权和土地使用权派生的土地上的其他权利。

(3)土地利用规划和计划。土地利用规划和计划在土地管理方面的法律法规中处于“龙头法”的地位。我国在经济建设中出现的“土地开发热”、建设用地总量失控等问题,主要是由于我们没有明确土地利用规划和计划在土地法中的地位。

(4)土地征收或征用。土地征收或征用是我国土地法的重要内容。它涉及土地所有权和土地使用权的转移问题,因此我们在土地法中应明确土地征收或征用的主体,征收或征用土地的条件;土地征收或征用补偿的范围、补偿的标准,以及土地征收或征用的审批机关和权限。

(5)土地使用权交易。土地使用权交易是我国土地法的主要内容。详细规定了土地使用权交易的原则、形式、程序等问题。

(6)土地法律责任。规定各种违反土地法的行为及其应承担的法律责任和责任的追究程序,其中包括对各种土地犯罪行为的构成和刑事责任的规定。

(7)其他内容。规定土地法的溯及效力、生效日期等问题。

第三节 我国土地立法

一、土地立法的概念

在我国,立法通常是指法律的制定、修改和废止的活动。土地立法是国家立法体系中的一个重要组成部分。所谓土地立法,是指有权的国家机关依照法定权限和程序制定、修改和废止各种具有不同法律效力的调整土地关系的规范性文件的活动,这是土地立法的广义概念;其狭义概念仅指全国人民代表大会及其常务委员会的立法活动。本书采用广义概念,因此立法的主体包括全国人民代表大会及其常务委员会,国务院,省、自治区、直辖市人民代表大会及其常务委员会等享有立法权的国家机关;立法的内容是制定、修改和废止调整土地关系的规范性文件。

二、立法权限的划分

根据我国现行《宪法》《中华人民共和国立法法》(简称《立法法》)规定,我国立法权限大致可以作如下划分。

(一)国家权力机关的立法权限

(1)全国人民代表大会的立法权限。全国人民代表大会是全国人民行使国家权力的最高机关,享有国家立法权,其立法权限为:修改《宪法》,制定和修改刑事、民事、国家机构的和其他的基本法律。

(2)全国人民代表大会常务委员会的立法权限。全国人民代表大会常务委员会也是国家的权力机关,享有国家立法权,立法权限为:制定除应由全国人民代表大会制定的基本法律以外的其他法律,也就是说,制定除刑法、民法、国家机构等基本法律以外的法律;在全国人民代表大会闭会期间,有权对全国人民代表大会制定的基本法律进行部分的修改和补充;有权解释宪法和法律;有权撤销同宪法、法律相抵触的行政法规、地方性法规及有关的决定、命令等。

(3)地方权力机关的立法权限。地方权力机关是指依照我国《宪法》和有关法律享有地方立法权的机关。其主要有三种情况:省一级人民代表大会及其常务委员会,省一级人民政府所在地的市和经国务院批准的较大的市的人民代表大会及其常务委员会,民族自治地方的人民代表大会。前两者有权在宪法、法律、行政法规相抵触的前提下制定地方性法规,但省级人民政府所在地的市和较大的市的人民代表大会及其常务委员会制定的地方性法规,须经省级人民代表大会批准后生效;民族自治地方的人民代表大会有权根据当地具体情况,制定自治条例和单行条例,按规定的程序经省级人民代表大会常务委员会批准后生效。

(二)国家行政机关的立法权限

国务院的立法权限。国务院是国家的最高行政机关,也是全国人民代表大会的执行机关。国务院在立法方面享有的权限主要是制定行政法规,由两部分构成:一是《宪法》规定享有的行政法规制定权。《宪法》规定,国务院有权“根据《宪法》和法律,规定行政措施,制定行政法规,发布决定和命令”。二是全国人民代表大会授予国务院的制定行政法规权。

国务院各部门的立法权限。我国现行《宪法》规定:各部各委员会根据法律和国务院的行政法规、决定、命令,在本部门的权限内,发布命令、指示和规章。根据这一规定,国务院各部委有权制定部门规章。制定部门规章的活动,也属于立法活动,因为部门规章是根据法律和行政法规制定的,在实施法律和行政法规方面发挥着重要作用。在实践中,部门规章的制定也包括国务院各直属机构,因为国务院各直属机构是国务院主管某一项专门业务的职能部门,在现实生活中的作用与各部委大致相同。

地方人民政府的立法权限。《立法法》第七十三条规定:"地方性法规可以就下列事项作出规定:(一)为执行法律、行政法规的规定,需要根据本行政区域的实际情况作具体规定的事项;(二)属于地方性事务需要制定地方性法规的事项。"

三、土地立法的程序

土地法的立法程序,应遵循《宪法》《立法法》等法律中规定的适用于所有法律法规的立法程序。

(一)法律的立法程序

这里所指的法律立法程序,专指全国人民代表大会及其常务委员会制定法律的程序。一般须经以下四个步骤。

(1)法律草案的提出。任何法律草案只有向立法机关提出,才能由立法机关审议、通过,成为法律并实施。所以,提出法律草案是所有法律立法的必经程序。按照我国《宪法》和有关法律规定,有权向全国人民代表大会提出法律草案的立法提案权主体有:全国人民代表大会主席团、全国人民代表大会常务委员会、全国人民代表大会各专门委员会、国务院、中央军委、最高人民法院、最高人民检察院、全国人民地方代表大会的一个代表团及30名以上的全国人民代表大会的代表等。有权向全国人民代表大会常务委员会提出法律草案的立法提案权主体有:全国人民代表大会常务委员会委员长会议、全国人民代表大会各专门委员会、国务院、中央军事委员会、最高人民法院、最高人民检察院及10人以上的全国人民代表大会常务委员会组成人员。

(2)法律草案的审议。法律草案提出后,进入审议阶段。该法律草案能否通过,成为法律,要根据审议的结果而定。全国人民代表大会审议一般的法律草案分四个步骤:①在全国人民代表大会第一次审查法律草案的会议上,听取起草说明。②代表团、全国人民代表大会有关的专门委员会和法律委员会审议。由法律委员会根据各方面的意见,再进行统一审议。③由法律委员会根据统一审议的结果,向主席团提出审议结果报告和法律草案修改稿。④主席团通过法律草案审议结果报告和修改稿。通过后,将法律草案修改稿分送大会代表。

全国人民代表大会常务委员会审议法律草案,大致要经历以下步骤:①全国人民代表大会常务委员会全体会议听取对法律草案的说明并进行初步审议。②全国人民代表大会各专门委员会审议和法律委员会统一审议。③法律委员会提出审议结果报告。实际工作中,法律委员会也要提出法律草案修改稿。

(3)法律的通过。全国人民代表大会和全国人民代表大会常务委员会通过法律,都以会议的形式进行。全国人民代表大会通过法律的会议是全国人民代表大会全体会议,全国人民代表大会常务委员会通过法律的会议是全国人民代表大会常务委员会全体会议。一般情况下,以全国人民代表大会和全国人民代表大会常务委员会在通过法律时,对法律草案有修正案的,先表决修正案,再表决法律草案。全国人民代表大会及其常务委员会对法律草案进行表决后,会议主持人要当场宣布表决结果。

(4)法律的公布与实施。法律的公布是法律通过大众传播工具传播、让公众知晓的程序。根据我国《宪法》规定,全国人民代表大会和全国人民代表大会常务委员会通过的法律,由中华人民共和国主席公布,一般以主席令的形式公布,在报刊上全文登载。如果是全国人民代表大会常务委员会批准的法律,由提请批准的机关公布,如自治条例和单行条例,由提请全国人民代表大会常务委员会批准的自治机关公布。

法律公布后,从何时开始实施,也就是说从何时开始生效,主要有两种情况:一种是从公布之日起生效,另一种是公布后经过一定期限后生效。通常法律生效的日期在其条文中明确规定,未规定的,应从公布之日起生效。

(二)土地行政法规的立法程序

这里所指的土地行政法规立法程序,是指国务院制定行政法规的程序经以下四个步骤。

(1)草案的提出。依照我国《宪法》和有关法律、行政法规规定,有权向国务院提出行政法规草案的立法提案权主体有:国务院各部门,包括国务院下属的各委、部、办、局,军队的总参、总政、总后机关等。在立法实践中,有关的社会团体,如中华全国总工会、中华全国妇女联合会、中国科学技术协会、中国共产主义青年团(简称中国共青团)等,也可以向国务院提出行政法规草案。

(2)草案的审议。国务院审议行政法规草案,就是国务院按照一定形式对行政法规草案审查的过程。大致分为两个阶段:一是国务院法制局审查。各部门或单位向国务院报送的行政法规草案,都由国务院法制局先行审查,并向国务院提出审查报告。二是国务院审议。其一般有两种方式:由国务院常务会议审议,常务会议组成人员发表意见;或由国务院总理审批。一般来说,内容重要的或者综合性的行政法规草案都必须经国务院常务会议讨论。

(3)草案的通过。国务院通过行政法规有两种方式:一是国务院以会议形式通过行政法规。国务院常务会议组成人员对行政法规意见不大,原则通过,有关问题进一步修改后,交总理审批。没有意见,则通过。如果会议组成人员有重大不同意见,则暂不通过,以后再审议。二是国务院以总理审批形式通过的行政法规,由总理审定。

(4)公布与实施。国务院通过的行政法规,由国务院发布。一般以国务院总理令的形式发布。国务院批准的行政法规,由报请批准的部门发布,其发布形式一般有部长令、局长令等。国务院审议通过和审议批准的行政法规,都由新华社统一发稿,《国务院公报》《人民日报》全文刊载。行政法规的实施,即生效时间在行政法规条文中规定,有的是自发布之日起生效,有的是发布一定时间后生效,这需要根据实际情况确定。

思考与分析题

1. 如何理解“土地”这一法律概念?
2. 土地法的基本原则有哪些?
3. 简述土地法的体系。

第二章 土地法律关系

学习目标

在了解土地法律关系的基本概念及其特征的基础上,掌握土地法律关系的构成要素,土地法律关系的分类,土地法律关系的产生、变更和消灭的条件,以及土地法律关系的保护。

【学习导入】

土地法律关系是依据土地法规产生的,围绕土地的归属、利用、流转和管理等发生的,以主体间的权利与义务关系的形式表现出来的一种特殊而复杂的社会关系。土地法律关系在土地立法和土地执法过程中是具有全局性、根本性的问题。

第一节 土地法律关系的概念和特征

一、法律关系的概念和特征

法律关系是在法律规范调整社会关系的过程中所形成的主体之间的权利和义务关系,具有如下特征。

(1)法律规范是法律关系产生的前提。如果没有相应的法律规范的存在,就不可能产生法律关系。比如婚姻关系,如果没有婚姻法,男女的婚姻关系就不可能得到法律的承认和保护,就不可能是一种法律关系。

(2)法律关系是一种特殊的社会关系。社会关系是一个庞大的体系,其中有些领域是法律所调整的,如政治关系、经济关系、行政管理关系;也有些是不属于法律调整或法律不宜调整的,如友谊关系、爱情关系、政党社团的内部关系。

即使是受法律法规调整的社会关系也不能完全视为法律关系,如民事关系(财产关系和身份关系)也只有经过民法的调整(立法、执法和守法的运行机制)之后,才具备了法律的性质,成为一类法律关系,即民事法律关系。

(3)法律关系是合法的社会关系。实际上,法律关系是法律规范的内容(行为模式及其后果)在现实社会生活中得到的具体贯彻,是法律规范的实现形式。换言之,人们按照法律规范的要求行使权利、履行义务并由此而产生特定的法律上的联系,这既是一种法律关系,也是法律规范的实现状态。

(4)法律关系是特定法律主体之间的权利和义务关系。法律规范的主体一般是同一类不特定主体,属于可能性领域。而只有当特定法律主体依照法律规范进行法律活动,享有实际的法律权利或者履行特定的法律义务时,才存在法律关系。

二、土地法律关系的概念和特征

土地法律关系是法律关系的一种,是人们在规划、利用、保护和管理土地的过程中,依照土地法律规范而形成的一种权利和义务关系。可见,土地法律关系不仅是法律关系的一种,而且是一种特殊的法律关系,其特殊性表现在它是依照土地法律规范形成的。因此,它不仅具有前文所讲的法律关系的一般特征,还具有自身独有的一些特征。

(1)土地法律关系具有相对稳定性。土地及其定着物(房屋、林木等)为不动产,具有相对固定性和长期性,土地生产活动也具有连续性,这就要求土地法律关系具有相对稳定性。国家在制定土地法时必须注意遵循土地权属的原则,保持土地法律关系的相对稳定性,如《土地管理法》《中华人民共和国农村土地承包法》(简称《农村土地承包法》)规定,耕地的承包期为30年,草地的承包期为30~50年,林地的承包期为30~70年。《土地管理法》第五十六条规定:“建设单位使用国有土地的,应当按照土地使用权出让等有偿使用合同的约定或者土地使用权划拨批准文件的规定使用土地;确需改变该幅土地建设用途的,应当经有关人民政府自然资源主管部门同意,报原批准用地的人民政府批准。”经出让的土地,按照国务院规定,目前土地使用权出让的最高年限居住用地可以达到70年,工业用地可以达到50年,教育、科技、文化、卫生、体育用地可以达到50年,商业用地可以达到40年。如果期限过短,使用土地的效益难以发挥,也难以满足土地使用者的需要。因此,无论是农用土地还是非农建设用地,法律都规定了较长的使用期限,这说明我国土地法律关系具有相对的稳定性。

(2)国家对土地法律关系的产生、变更和消灭具有严格限制。这主要是由土地的稀缺性、珍贵性及其重要性所决定的。在土地的开发、利用过程中,土地法律关系主体意志的表示必须符合社会公共利益和国家长远利益。因此,土地法律关系的产生、变更和消灭,国家都要进行严格的控制或管制。《宪法》《土地管理法》规定,土地所有权不能以任何形式进行交易。所以,在我国,土地所有权的买卖、赠与、互易,包括以土地所有权作为投资,都是违法的。即使在土地有偿使用的制度下,土地使用权的有偿出让也必须由国家垄断经营,并按国家法律规定进行。农村土地的承包和转包也要符合国家的法律规定,只能在法律和合同的限定下使用土地。如不得在承包地上挖坑取土、打坯烧砖、建房葬坟、破坏排灌系统和进行掠夺性经营。承包方在转让其承包的土地时,必须经农业集体经济组织或村民委员会同意,并由它与受让方直接发生承包关系。总之,土地法律关系的产生、变更和消灭都要符合国家的意志,即依法进行。

(3)土地法律关系的产生、变更和消灭属于要式法律行为。土地法律关系产生、变更和消灭的后果对当事人的生产和生活会产生很大的影响,法律为了维护其有效性和严肃性,要求其采取书面形式,如办领土地使用权证、签订土地使用权出让合同等,同时,还必须依法经国家机关的批准并登记。如《土地管理法》第十二条规定:土地的所有权和使用权的登记,依照有关不动产登记的法律、行政法规执行。依法登记的土地的所有权和使用权受法律保护,任何单位和个人不得侵犯。

第二节 土地法律关系的构成要素

法律关系的三要素为主体、客体和内容。法律关系主体是法律关系的参与者,也就是在法律关系中一定权利的享有者和一定义务的承担者。其中,权利的享有者称为权利人,义务的承担者称为义务人。法律关系客体是指法律关系主体之间权利和义务所指向的对象,包括物、人身、精神产品和行为结果。法律关系内容即权利和义务。法律权利是国家通过法律规定对法律关系主体可以自主决定做出某种行为的许可和保障手段,包括三方面的内容:权利人可以自主决定做出一定行为的权利;权利人要求他人履行一定法定义务的权利;权利人在自己的权利受到侵犯时,请求国家机关予以保护的权利。法律义务是国家通过规定,对法律关系主体行为的一种约束手段,表现为:要求人们必须根据权利的内容做出一定的行为,称为作为义务或积极义务,如赡养父母、纳税、服兵役;要求人们不得做出一定的行为,称为不作为义务或消极义务,如不得破坏公共财产。

土地法律关系作为一种特殊的法律关系,也具有三要素:主体、客体和内容。

一、土地法律关系的主体

土地法律关系的主体是指土地法律关系的直接参与者,通过某种法律事实,取得一定权利并承担相应义务的当事人。土地法是调整土地关系的部门法,其土地法律关系主体既包括具有法人资格的社会组织,也包括非法人的组织和个人。

(1)国家。国家是国有土地所有权的唯一主体。国家是一个特殊的法律关系主体,可以直接以自己的名义参与法律关系,但在多数情况下由国家机关或授权的组织作为代表参加法律关系。

(2)国务院、国务院自然资源主管部门及各级人民政府自然资源主管部门。国务院代表国家行使国有土地所有权,国务院自然资源主管部门统一负责全国土地的管理和监督工作,各级人民政府自然资源主管部门由国家授权履行辖区内土地管理职责。因此,它们是土地行政法律关系主体。另外,它们都要有一定的活动场所,既是土地的使用者,又是土地使用权法律关系的主体。

(3)企事业单位、国家机关和其他社会组织。这些单位都是土地的直接占有者和使用者,既是土地使用权法律关系的权利主体,又是土地管理和土地所有权关系的义务主体。

(4)农民集体。根据《土地管理法》的规定,乡(镇)、村和村民小组范围内的农民集体均可作为土地所有者而成为土地法律关系的主体。

(5)个体工商户、农村承包户和其他公民个人。他们都可以依法使用土地,成为土地使用权法律关系的权利主体以及土地管理和土地所有权关系的义务主体。

二、土地法律关系的客体

土地法律关系的客体,是指土地法律关系主体的权利和义务所指向的对象,其范围包括物、行为和精神财富。

(1)物,主要是指土地。一般来说,物理意义上的物,要成为法律关系客体,必须具备以下条件:①应得到法律的认可;②应为人类所认识和控制。地球以外的天体不能成为法律关系客体;③能够给人们带来某种物质利益,具有经济价值;④须具有独立性。不可分离之物一般不能脱离主物,故不能单独作为法律关系客体。在一个具体的法律关系中,土地能否成为客体,也应看它是否满足这四个方面的条件。

(2)行为,主要指土地法律关系主体之间所发生的各种行为,如土地管理的行政行为、土地利用的行为。

(3)精神财富,指土地法律关系主体从事智力活动所取得的成果,如对土地进行规划、利用和保护方面取得的科技成果等。

三、土地法律关系的内容

土地法律关系的内容是指土地法律关系主体在具体的法律关系中,所享有的权利和承担的义务。土地法律关系的内容是土地法律关系最基本的要素,在不同的土地法律关系中,主体的权利和义务都是不同的。

(1)土地权利和义务。权利和义务是相互联系、相互依存的。不同类型的土地法律关系,其内容不同,同一类型的土地法律关系,因主体不同,其权利和义务的具体范围也不完全一样。

(2)土地所有权法律义务的内容。在土地所有权法律关系中,国家和集体作为土地所有权的主体,依法对自己所拥有的土地享有所有权,一切不特定的单位和个人都作为主体,负有尊重其土地所有权,且不妨碍其土地所有权行使的义务。由于土地所有权主体的性质和职能不同,国家和集体所享有的权利范围是不一致的,集体对自己所有的土地不能行使最终处分权。

(3)土地使用权法律关系的内容。在土地使用法律关系中,土地使用者作为主体的一方,依法或者在合同规定的范围、期限内,对一定面积的土地享有使用权的同时,也负有保护并按照法律和合同规定的用途合理使用土地的义务。土地所有者作为主体的另一方,负有在一定期限内向对方提供土地使用权的同时,也享有监督、检查对方的用地行为,并在土地使用期届满时将土地使用权收回的权利。

(4)土地征收法律关系的内容。在土地征收法律关系中,国家为了公共利益的需要,有依法征收集体所有的土地并将其变为国家所有的权利。被征地单位有服从国家建设需要的义务,使得征地行为得以顺利进行;同时也有要求国家按照法律的规定,向被征地单位支付土地补偿费、安置补助费或解决无地农民的就业问题等的义务。

可见,不同的土地法律关系,具有不同的内容。但它们都有一个共同特点,即一经法律确认,就以国家强制力保证实现。

第三节 土地法律关系的分类

土地法律关系是根据土地法规产生的,是围绕土地的归属、利用、流转和管理等发生的,是以主体间的权利和义务关系的形式表现出来的一种特殊而复杂的社会关系。根据标准和认识的角度不同,可以对土地法律关系作不同的分类。下面介绍两种主要的分类。

一、按土地法律关系的性质和内容划分

按土地法律关系的性质和内容划分,土地法律关系分为:

(1)土地所有权法律关系。国有土地所有权主体是国家,由国务院代表国家行使权利,国家以外的任何组织和个人都负有不侵犯国有土地所有权的义务。集体土地所有权的主体是农民集体,其他任何组织和个人都负有不侵犯农民集体土地所有权的义务。

(2)土地使用权法律关系。土地使用权法律关系是土地使用者使用土地而与土地所有者及其他土地使用者之间形成的一种权利义务关系。土地使用者具有依法使用土地的权利,同时,负有保护、管理和合理利用土地的义务。

(3)土地规划利用与保护法律关系。土地规划利用与保护法律关系主要是国家为合理利用和保护土地资源而实施土地利用规划和计划时所形成的权利义务关系。根据《土地管理法》等法律、法规的规定,国家、土地所有者与使用者之间就形成了实施规划、计划和服从规划、计划的权利义务关系。

(4)土地征收法律关系。土地征收法律关系是国家建设使用集体土地时,在国家、农民集体与用地单位之间形成的一种复合性的权利义务关系,包括国家与被征地单位之间的土地征用关系、建设用地单位与国家之间的土地使用关系、用地单位与被征地单位之间的土地补偿关系。

(5)土地管理法律关系。土地管理法律关系是国家实现土地管理职能过程中所产生的一种法律关系。各级自然资源主管部门行使土地管理职能时,便依法与一定的土地所有者、土地使用者形成权利义务关系。

(6)土地税收法律关系。土地税收法律关系是国家与土地使用者之间依税法的规定形成的一种权利义务关系。

二、按土地法律关系的主体所处地位划分

按土地法律关系的主体所处地位划分,土地法律关系分为:

(1)权利义务基本对等的土地法律关系一般为民事法律关系,是指主体双方处于平等地位、相互享有权利和负有义务的土地法律关系。主体双方都有按照自己的意志为一定行为或要求对方为一定行为或不为一定行为的权利。彼此间权利的实现都以付出相应的代价为前提。如土地使用权出让法律关系中,国家与受让者之间,权利义务是对等的。

(2)权利义务不对等的土地法律关系一般为土地行政法律关系,主要是在国家依法管理土地的过程中所形成的权利义务关系。国家是以政权组织者的身份参加法律关系的,处于支配地位;相对的另一方主体处于从属地位。主体地位的不对等,决定了其权利义务的不对等,如土地征用法律关系中,被征用土地的一方即农民集体必须服从国家的安排。

学习土地法律关系的分类可以帮助我们理解和掌握土地法,还可以有效地指导法律实践,例如,对于不同的法律关系,一般应该适用不同的法律。作为自然资源主管部门的国家工作人员,往往愿意行使行政管理权,适用行政法,实际上,自然资源主管部门既可以是土地行政管理的权利人,又可以是土地财产利益的当事人,在一个具体的法律关系中,自然资源主管部门是作为行政管理部门行使行政权力,还是作为财产利益的当事人行使民事权力,就应该首先分清这一法律关系是行政法律关系,还是民事法律关系。

第四节 土地法律关系的产生、变更和消灭

一般来说,法律关系处在不断地生成、变更和消灭的运动过程中,土地法律关系也不例外。对此,需要掌握三个方面的内容:土地法律关系的产生、变更和消灭的概念,土地法律关系的产生、变更和消灭的条件,土地法律关系的产生、变更和消灭的法律后果。

一、土地法律关系的产生、变更和消灭的概念

土地法律关系的产生是指由于一定的法律事实的出现,特定的土地关系主体之间形成一定的权利义务关系。如国家关于土地管理法规的发布和实施、土地承包经营合同的签订。

土地法律关系的变更是指由于某种法律事实的出现,使土地法律关系的构成要素发生变化,包括主体变更、内容变更和客体变更。如土地转包、土地承包合同的修改、土地数量和质量的变化。

土地法律关系的消灭是指由于某种法律事实的出现,土地法律关系主体间的权利义务关系即行终止。如土地使用权有偿出让合同期限届满,该合同主体双方的权利义务关系即行终止。

土地法律关系的产生、变更和消灭,都不是孤立的现象,它们相互之间往往存在着因果关系。某一类土地法律关系的产生,就可能导致另一类土地法律关系的变更和消灭;某一类土地法律关系的变更和消灭,又会伴随着另一类土地法律关系的产生。

二、土地法律关系的产生、变更和消灭的条件

土地法律关系的产生、变更和消灭需要具备一定的条件。其中最主要的条件有两个:一是法律规范;二是法律事实。法律规范是法律关系产生、变更和消灭的法律依据,没有一定的法律规范就不会有相应的法律关系。但法律规范的规定只是主体权利和义务关系的一般模式,还不是现实的法律关系本身。法律关系的产生、变更和消灭还必须具备直接的前提条件,这就是法律事实。

所谓的法律事实,是指法律规范所规定的能引起土地法律关系的产生、变更和消灭的客观情况或现象。作为一种客观情况或现象,法律事实可以与人的意志有关,也可以与人的意志无关。一般分为法律行为和法律事件。

(一)法律行为

土地法律行为是指能够发生法律效力的人的意志行为。按其来源和性质可分为行政行为、当事人行为和司法行为。

(1)行政行为。各级自然资源主管部门根据其职能和权限,在法定范围内行使职权的行为。如用地申请的审批、土地权属的确认和变更的登记,对违法行为做出的行政处罚决定。

(2)当事人行为。当事人在法律规范允许的范围内所进行的各种活动。如用地申请的提出、土地承包合同的签订。

(3)司法行为。司法机关适用法律所进行的行为,包括公证、调解、裁定和判决等。

(二)法律事件

土地法律事件指不依土地法律关系主体的主观意志为转移而能够引起土地法律关系的产生、变更和消灭的客观情况,包括自然现象和社会现象,如地震、洪水等自然灾害或者战争引起的土地法律关系的变更或消灭。

三、土地法律关系的产生、变更和消灭的法律后果

土地法律关系的产生、变更和消灭都会产生一定的法律后果。对于产生和变更,是形成一种新的权利义务关系;对于消灭,是一种权利义务的终止,同时也可能导致新的权利义务关系的出现,如土地使用权期满后,土地使用权法律关系消灭,但在原土地所有权人和使用权人之间就可能形成新的补偿和被补偿的财产法律关系。不同的土地法律关系,其产生、变更和消灭的法律后果是不同的。

第五节 土地法律关系的保护

国家对土地法律关系保护的实质,是通过保证各种主体的权利和义务的实现,维护社会主义土地公有制,确保土地的合理利用。

一、土地法律关系保护的要求和特点

土地法律关系保护的基本要求:严格监督土地法律关系主体,使其正确行使权利和全面认真地履行义务。

土地法律关系保护的特点:与其他法律关系相比,土地法律关系的保护具有两个主要特点:一是土地法律关系保护的积极性。所谓积极的保护,就是指它不像有些法律关系那样只有在法律规定的实施遇到障碍时才产生法律保护问题,土地法律规范则是已开始实施就通过检查、监督、登记、审批等方式来防止违法行为的出现,预防土地纠纷的发生,保证土地法律规范的正确实施。即以事先把关为主,事后处理为辅。这种保护是积极的、主动的。二是土地法律关系保护的完整性。是指国家对土地法律关系的保护是自始至终的。土地法律关系,尤其是土地权属关系,从形成之日起,国家就通过登记发证,以法律文书的形式来确认土地的所有权和使用权,维护社会主义土地公有制,保护土地所有者和使用者的合法权益。土地权属关系变更时,当事人必须到有关土地管理机构办理权属变更登记手续,换领证书,以保证土地权属变更的合法性。土地权属关系消灭时,当事人也要到土地管理机关注销其土地权属证书。国家对土地权属关系的保护不存在时效性,是自始至终的一个完整过程。

二、土地法律关系保护的机构

土地法律关系保护的机构是指保证土地法律关系的产生、变更和消灭符合有关法律规范的职能部门或国家机关,主要有三个。

(1)中央和地方各级政府自然资源主管部门。我国专门从事土地管理的职能机构是国土资源部及地方各级政府自然资源主管部门,其主要职责是会同有关部门解决土地纠纷,查处土地违法行为,实行权属确认和变更登记,对土地违法行为进行监督检查,保证土地法的实施。

(2)乡级人民政府。我国的基层人民政府是解决土地权属争议等问题的基层组织。《土地管理法》规定:个人之间、个人与单位之间的土地权属争议由乡级人民政府或者县级以上人民政府处理。

(3)司法机关。司法机关是保证我国法律实施的专门机构。《中华人民共和国刑法》(简称《刑法》)已规定了非法转让、倒卖土地使用权罪,非法占用农用地罪,破坏自然保护地罪,非法批准征收、征用占用土地罪;非法低价出让国有土地使用权罪等应承担的刑事责任。《土地管理法》规定:当事人对行政决定和处罚不服的可以向人民法院起诉;公民、单位的土地财产权利发生纠纷,可以提请人民政府裁决,也可以向人民法院起诉。

三、土地法律关系保护的方法

土地法律关系是一种较为复杂的法律关系,具有综合性和多样性的特点,对其保护的方法也是多种多样的。我国主要采取行政、经济、司法等制裁方法,相互配合,综合运用。

思考与分析题

1. 简述土地法律关系的概念与特征及构成要素。
2. 简述我国土地法律关系产生、变更和消灭的条件。
3. 土地法律关系保护有哪些特点?

第三章 我国土地制度概述

学习目标

掌握我国现阶段土地所有权和使用权制度,掌握我国土地用途管制制度。

【学习导入】

土地制度有广义和狭义的概念之分。广义的土地制度是指包括一切土地问题的制度,是人们在一定社会经济条件下,因土地的归属和利用问题而产生的所有土地关系的总称。狭义的土地制度仅仅指土地的所有制度、土地的使用制度和土地的国家管理制度 。本章主要讲狭义的土地制度。

第一节 我国土地所有权制度和使用权制度

一、土地所有权制度

根据《宪法》,我国实行生产资料的社会主义公有制。土地是宝贵的自然资源,同时也是最基本的生产资料,是社会主义公有制财产的重要组成部分。因此,我国土地所有制形式为社会主义公有制,其法律表现形式为国家土地所有权和农民集体土地所有权。法律规定,我国城市市区的土地及部分农村的土地属于国家所有;农村和城市郊区的土地,除法律规定属于国家所有的外,属于农民集体所有。国家和农民集体是我国土地所有权的主体,他们对自己所有的土地行使权利,受法律保护。任何侵犯公有土地所有权的行为都应受到法律制裁。

我国的土地所有制具有高度的稳定性。除国家为了公共利益的需要可以依法征收农民集体所有的土地及政府和农村集体经济组织为整理土地而调整土地权属关系外,土地的所有权关系是不能改变的。任何买卖土地或变相买卖土地所有权的行为都是非法的,都必须依法禁止。

(一)土地所有权征收制度

《宪法》第十条规定:“国家为了公共利益的需要,可以依照法律规定对土地实行征收或者征用并给予补偿。”这就赋予了国家土地征收权,确立了土地征收制度。土地征收是指国家为社会公共或公益事业发展的需要,依法将农民集体所有的土地转为国家所有的制度,具有法律上的强制性和经济上的补偿性的特征。在我国,各项公共或公益事业发展所需要的土地,主要来源于对国有土地的分配调整,但由于国有土地不足或其他原因需要使用集体土地时,就需要有一种使集体所有的土地转为国有土地的特殊取得制度,并使其合法化。《土地管理法》对土地征收的程序、补偿的办法等具体问题作出了明确的规定。同时,为了维护集体土地所有权人的合法权益,国家的土地征收权不得滥用,必须依法定的条件和程序行使。

(二)土地所有权整理制度

在有些情况下,为了生产和生活的方便或社会公共利益的需要,在人民政府的管理和监督下,不同的土地所有权主体可以对土地所有权进行调整,调整必须本着协商一致、平等互利的原则。这种调整土地的制度,称为土地所有权整理制度。土地所有权整理,一般发生在农民集体所有土地的所有权变更。是否可以发生国有土地转化为集体所有土地的权属变更,法律没有明确规定,但是,根据实际情况和法律精神,在具备一定条件时经县级以上人民政府批准,可以将少量的国有土地转为集体所有。这些条件有:①需要调整权属地界或插花地;②需要将少量国有荒山、荒地、草原等确定给农村集体单位所有,比如安置移民;③因其他原因需要依法对国有土地和集体所有的土地进行调换。

二、土地使用权制度

土地所有权属于国家和农民集体所有,但一般来说,土地不是直接由国家和农村集体经济组织使用的,而是依法确定给单位或个人使用的,即国家机关、事业单位、社会团体、各种经济组织和个人(自然人)等可以依法取得土地使用权,成为土地使用权的权利主体。同时,《土地管理法》第十条规定:"国有土地和农民集体所有的土地,可以依法确定给单位或者个人使用。使用土地的单位和个人,有保护、管理和合理利用土地的义务。"

土地使用权可以分为多种。按所有权的不同,可分为国有土地使用权和集体土地使用权;按用途不同,可分为工业用地使用权、商业用地使用权、农用地使用权、宅基地使用权等;按取得方式不同,可分为划拨土地使用权、出让土地使用权、租赁土地使用权、土地承包经营权等。目前,我国正在进行土地使用权制度改革,改革的主要任务是建立和完善土地有偿使用制度和土地使用权合法流转制度。

(一)土地有偿使用制度

土地有偿使用制度是指土地所有者(国家和农民集体)将一定期限内的土地使用权提供给单位和个人使用,而土地使用者按照土地有偿使用合同的规定,一次或分年度向土地所有者支付土地有偿使用费的制度。改革实践已经证明,土地有偿使用,对于切实管好土地资产、合理配置土地资源、促进经济发展和对外开放等,都具有十分重大的意义。

土地有偿使用制度的形式主要有如下三种。

(1)土地使用权出让。目前,我国已经建立了国有土地使用权出让制度。所谓国有土地使用权出让,是指国家将一定期限内的土地使用权提供给单位和个人使用,而土地使用者一次性向国家支付土地使用权出让金和其他费用的行为。

(2)土地使用权租赁和作价入股。所谓国有土地使用权租赁,是指国家将一定期限内的土地使用权让与土地使用者使用,而土地使用者按年度向国家缴纳租金的行为;所谓国有土地使用权作价入股,是指将一定时期的国有土地使用权出让金作价,作为国家的投资,计作国家的股份。

(3)土地承包经营。土地承包经营是指公民个人、农户、法人或者其他经济组织依照法律规定和合同约定对集体所有或国家所有的土地承包一定期限,使用土地并向土地所有者支付承包金的行为。这种形式多应用于农用地。

(二)土地使用权合法流转制度

土地使用权合法流转是指依据法律的规定,并经过一定的法定程序,土地使用权由一个使用者转移到另一个使用者的行为。《土地管理法》第二条规定,土地使用权可以依法转让。《农村土地承包法》第十条规定,国家保护承包方依法、自愿、有偿流转土地经营权,保护土地经营权人的合法权益,任何组织和个人不得侵犯,并在第二章第五节专门规定了土地经营权流转的方式、原则、程序及对农民流转权利和利益的保护。可见,法律允许土地使用权的合法流转。土地使用权合法流转制度可以促进土地使用权在土地使用者之间的合理流动,通过市场驱动力实现土地资源的有效配置,达到更好地利用土地的目的。但需要注意的是,我国处于社会主义发展的初级阶段,土地仍为许多人(特别是部分农民)不可缺少的生产和生活资料,因此为了维护社会的稳定,国家对土地使用权的流转实行比较严格的管理,只有符合一定的法定条件和法定程序,才能进行土地使用权流转。

目前,土地使用权合理流转的形式主要有转让(包括买卖、交换、赠与、继承)、租赁、入股等。

(三)国有土地使用权划拨制度

土地的划拨是指县级以上政府依照土地法的有关规定,在土地使用者缴纳有关补偿、安置等费用后,将一定数量的国有土地交付其使用,或者为了社会公共利益的需要,直接将一定数量的国有土地无偿、无期限交付给土地使用者使用的制度。

长期以来,我国对建设用地一直采用划拨的方式。这种方式直接采用行政行为调控土地,有利于维护社会公共利益,还在一定程度上有利于提高行政效率。但也存在明显的弊端:一是土地资源配置效益差,利用效率低。土地资源浪费严重,而国家对此缺乏调节机制。二是国有土地收益大量流失。国家凭借土地所有权应取得的收益,实际上相当一部分流入了用地者的口袋。三是企业间用地位置、数量缺乏平等竞争。

今后深化国有土地使用制度改革的主要目标就是要加大国有土地使用权有偿出让在建设用地供应总量中的比重,相应减少无偿划拨国有土地使用权的供应数量。但从我国的实际情况出发,国家建设用地还不宜都采用土地使用权出让的方式。因此,《土地管理法》将土地有偿使用规定为国有土地使用的基本制度,将划拨国有土地使用权作为一种补充,同时明确规定,划拨国有土地使用权必须限于法律规定的范围内。《土地管理法》第五十四条规定:“建设单位使用国有土地,应当以出让等有偿使用方式取得;但是,下列建设用地,经县级以上人民政府依法批准,可以以划拨方式取得:(一)国家机关用地和军事用地;(二)城市基础设施用地和公益事业用地;(三)国家重点扶持的能源、交通、水利等基础设施用地;(四)法律、行政法规规定的其他用地。”

第二节 我国土地用途管制制度

一、土地用途管制的含义

(一)土地用途管制的历史由来

据有关资料考证,土地用途管制手段最早是用来解决社会问题的。1573 年,西班牙国王菲利普颁布法律,强制把在南美新开拓地的屠宰场迁移至城市的外围地区,这被认为可能是国外土地用途管制的最初形态,但一般认为,土地用途管制正式出现于 19 世纪末的德国和美国。1875 年,德国柏林市政府采用分区方法,把城市划为若干功能区,使工人居住的公寓分散布局其中,改变居住拥挤、环境恶劣、交通不便的状况。1885 年,美国加利福尼亚州地方政府认为洗衣店污水污染环境,制定区划条件,禁止在城市中心区开设洗衣店。1916 年,美国纽约市政府正式制定以土地和建筑物的综合开发调控为主要内容的区划条例,划定城市工业区、商业区、居住区,并规定综合调控建筑物的密度、用途、容积率、空地率等指标。

自 20 世纪以来,尤其是从四五十年代开始,土地用途管制制度日益成为大多数国家管理土地的主要手段,并发挥了积极的作用,土地资源丰富的国家(如美国、加拿大等)的土地用途管制更重视环境保护,而土地资源贫乏的国家(如日本、韩国等)的土地用途管制则突出农地保护。近年来,各国和地区为满足自身经济发展,社会制度、文化传统的需要,对土地用途管制制度不断进行改革和完善,主要是针对静态、僵化的管制制度与人口、产业、城市迅速发展变化的矛盾,增加了一些较具弹性的做法,如允许土地用途及规划图的修正,土地用途变更使用的许可、特别使用许可等。

(二)土地用途管制的基本内涵

土地用途管制是我国 1998 年修订《土地管理法》时新增的内容,是土地利用方式和管理制度的重大变革。该法第四条明确规定:“国家实行土地用途管制制度。”这从而确立了我国土地用途管制制度的法律地位。

土地用途管制是指国家为了保证土地资源的合理利用和优化配置,促进经济、社会和环境的协调发展,通过编制土地利用总体规划划定土地用途分区,确定土地使用限制条件,土地的所有者、使用者严格按照国家确定的用途利用土地的制度。这是世界上土地管理制度较为完善的国家和地区广泛采用的一种土地利用管理制度,在合理利用土地资源和保护耕地等方面取得了良好效果。

二、土地用途管制的依据

(一)我国土地基本国情

我国是一个人多地少,人均占有土地资源相对短缺的国家,在向工业化、城市化迈进和建立市场经济的过程中,对土地的需求日益增加,如果对土地使用用途不加以管制,生存和发展将受到严重的威胁。因此,可以说,土地本身的特性和人类生存与发展的本能要求对土地用途,尤其是特殊类型土地(如耕地等)特殊的产出功能(农产品)等自然属性使得人们对土地用途实施管制显得既迫切又必要。

首先,土地自身使用特点决定特定土地用途改变的弱可逆性,例如,人类可以很简单地把高产农地改变为更高经济收益的非农建设用地,但若要把非农建设用地再恢复成高产农地除成本因素外,在技术上亦极为困难;土地后备资源的有限以及开发复垦农地,尤其是耕地所需花费成本的不经济等因素迫使人们客观地认识并严肃地对待土地问题。依靠当代的科学技术甚至可预见到未来:一方面,粮食产量不可能得到无限的提高而彻底满足人类对粮食的需求;另一方面,人类自身尚无法直接进行“光合作用”而不食五谷杂粮,没有汽车、没有别墅,人类照样能够生存下去,倘若没有耕地,人类就失去了生存的基础。因此,面对当前我国耕地锐减的严峻形势,对土地实施用途管制就显得十分必要。

其次，不同用途土地或一块土地在不同用途状态下给使用者(所有者)所带来的土地收益差别很大，一般说来，商业、工业和住宅用地的经济价值要高于农业、林业用地，而裸岩、废弃地的经济价值最低。然而正是这种客观存在的不同用途下土地经济价值的较大反差使得目前农田转为住宅、工业、商业等非农建设用途的行为或企图与日俱增。现在我国市场经济发展的步伐不断加快，这种直接的比较经济效益的诱惑造成近年来农田锐减之势日趋严重，实现土地用途管制是当前规范市场行为和保护农地不得不采取的唯一良策。

(二)国家主体原则

土地用途管制的主体为国家，代表国家主体的是中央人民政府即国务院。国务院对全部国土有统一支配权和管理权，土地用途管制权衍生于这一支配权和管理权。在现行的土地制度中，地方政府常受实际利益的驱使而进行寻租活动或者当局部利益与土地用途管制发生冲突时，有些地方部门往往会以某种经济形式出台一些维护本地本部门利益的相应条文，这时通过国家行使的土地用途管制权来克服以上弊端，就显得尤为重要。

(三)中央1997年11号文件

中央1997年11号文件即“中共中央国务院关于进一步加强土地管理切实保护耕地的通知”，是以中共中央国务院的名义共同发布的，它既体现了党的意志，又体现了国家的意志；它既用政策动员全体人民自觉共同遵守，又用法律加以强制执行。政策和法律两者结合作出的规定，在我国是一种特殊形式的法律，其效力高于一般法。这种形式在西方国家亦经常采用，如美国为使社会经济稳定、均衡增长，20世纪70年代尼克松政府实行新社会政策，即通过税收硬性管制高收入的法律规定。土地是十分宝贵的资源和资产，我国耕地人均数量少，总体质量水平低，后备资源也不富裕，保护耕地就是保护我们的生命线，正如中央1997年11号文件中指出的：对于土地管理特别是耕地保护这个事关全国大局和中华民族子孙后代的大问题，党中央、国务院高度重视，经过多次研究认为，从我国国情出发，我国的土地管理特别是耕地保护措施必须是十分严格的，必须认真贯彻“十分珍惜和合理利用每寸土地，切实保护土地”的基本国策，必须采取治本之策，对农地和非农地实行严格的用途管制。

(四)《宪法》《土地管理法》等法律

《宪法》是国家的根本大法，它主要规定一个国家的社会制度和国家制度的基本原则，具有最高的法律效力。我国宪法对土地问题所作的规定，大多集中在土地的所有制等土地的基本问题上，《宪法》第九条规定：“矿藏、水流、森林、山岭、草原、荒地、滩涂等自然资源，都属于国家所有，即全民所有；由法律规范属于集体所有的森林和山岭、草原、荒地、滩涂除外。国家保障自然资源的合理利用，保护珍贵的动物和植物。禁止任何组织或者个人用任何手段侵占或者破坏自然资源。”第十条规定：“城市的土地属于国家所有。农村和城市郊区的土地，除由法律规定属于国家所有的以外，属于集体所有；宅基地和自留地、自留山，也属于集体所有。国家为了公共利益的需要，可以依照法律规定对土地实行征收或者征用并给予补偿。任何组织或者个人不得侵占、买卖或者以其他形式非法转让土地。土地的使用权可以依照法律的规定转让。一切使用土地的组织和个人必须合理利用土地。”我国《宪法》的上述规定为我国实施土地用途管制提供了十分重要的法律依据。我国实行的土地所有制是社会主义公有制，公有制要求国家必须维护全体人民的最大利益，对有限的土地按照公平、合理和可持续利用的原则进行分配与管理，以协调社会各部门及不同的土地使用者对土地的需求。

《土地管理法》第四条明确规定:“国家实行土地用途管制制度。国家编制土地利用总体规划,规定土地用途,将土地分为农用地、建设用地和未利用地。严格限制农用地转为建设用地,控制建设用地总量,对耕地实行特殊保护。”这条规定为在中国全面实施土地用途管制提供了最直接的法律依据。

另外,《房地产管理法》第十八条“土地使用者需要改变土地使用权出让合同约定的土地用途的,必须取得出让方和市、县人民政府城市规划行政主管部门的同意……”的规定,表明在城市土地的管理中已部分实施了土地用途管制。而《中华人民共和国基本农田保护条例》(简称《基本农田保护条例》)的若干规定为农用地的土地用途管制提供了比较详尽的法律依据。

三、土地用途管制的特点

土地用途管制是一种十分严格的管理制度,这一管理制度与经济政策、投资等调控手段相比,具有如下重要的特点。

(一)整体性

土地用途管制对象是规划区域内的全部土地资源,要把规划区域内的土地资源作为一个整体来对待,在考虑整个土地利用系统的整体功能最佳的基础上,统筹兼顾社会各行业、各部门和各个土地使用者的要求,合理地配置土地资源,综合有效地安排土地资源的开发利用、整治和保护。无论是城市土地还是农村土地,无论是农地还是非农地,均应服从规划,受到用途管制,当事人对其规定应绝对服从和无保留地遵守。

(二)强制性

管制就是强制性的管理,土地用途管制就是国家根据国民经济发展战略和目标制定土地利用规划,作出对土地使用上的限制和对土地用途转变的许可、限制许可或不许可的规定,并通过经济、法律或行政手段实施的强制性措施。它对土地开发、土地利用等行为进行具有法律属性的干预,通常土地用途管制通过立法而生效,用途管制的内容一经通过审批,即具有法律效力,成为指导土地利用的强制性规定,任何政府部门或社会团体都有维护土地用途管制的义务,体现了用途管制的法律约束机制。

(三)行政性

实施土地用途管制的主体是各级人民政府。土地管制权衍生于国家对城乡自然资源主管的统一管理权和公共事务管理权,以及代表国家行使的土地所有权。政府对土地拥有征税、为社会公众利益征用、控制土地利用、无主归公等权利,实现土地用途管制是政府权利的一方面,具体代表政府行使用途管制权利的是各级人民政府土地管理部门。

(四)稳定性

土地用途管制是鉴于我国当前人口剧增,耕地锐减,耕地和人口呈逆向发展的趋势,为坚持可持续发展战略,保护土地资源及其生态环境,确保耕地总量动态平衡,缓解人、地矛盾而采取的一项具有救助性质的法律制度,是由能够制裁的最高权力机关制定的。它不是一种抽象的概念,而是按不同地区、不同地貌、不同地理条件、不同气候条件、不同人口密度、不同产业结构、不同经济发展水平等情况而作出的土地使用条件和土地资源配置的明确而详尽的具体规定,是对动态行为的具体规范,它一方面为土地使用者提供行为规范,另一方面为土地管理者提供管理依据。土地用途管制的稳定性是实现其目标的前提条件。但是,土地用途管制因时因地而异,具有一定的时间段和空间段,地区之间、部门之间很不平衡。因此,它的稳定性也是相对的,随着社会经济条件的变化,土地的用途和使用条件等方面也适时做出相应的调整和变化。当然,即使由于客观情况变化而释放管制或变更管制,亦须依据一定的法律程序,经过土地用途管制主体的批准方可施行。

四、我国土地用途管制的内容

我国实行的土地用途管制制度,应该是围绕经济和社会可持续发展,保护耕地、实现耕地总量动态平衡目标来科学配置土地资源。在我国,土地用途管制的主体是国家,其表现形式为各级人民政府;土地用途管制的客体是土地,包括农用地、非农用地和未利用土地。以往在人们的认识中常常存在这样一个误区,一提到土地用途管制就认为是"农转非"的管制,即农用地转为非农建设用地的管制。其实,这仅仅是一个方面,只有对农用地、建设用地和未利用土地都实行严格的用途管制,才能形成系统全面的土地用途管制制度。土地用途管制的主要手段是通过编制各级土地利用规划,用科学方法规划土地用途类型,划定各类用地的规模和布局,形成土地用途分区,实行分区和分类型管制。同时,制订严格的土地利用年度计划,实行用途变更许可制及对土地用途管制行为实行动态监督。因此,土地用途管制制度通常有以下三个方面的内容。

(一)土地用途管制的规划管理

土地利用规划是土地用途管制目标的具体体现,土地利用规划是否科学合理,是否符合客观发展规律,是土地用途管制目标能否实现的关键。如何在土地用途管制下,运用更加科学的规划方法来加强土地管理,使土地利用系统向一个良性的方向发展,是一个亟须解决的问题。

土地利用规划体系是指由不同类型、不同层次和不同时序的土地利用规划所组成的既有区别又有联系的有机系统。我国自 1987 年《国务院办公厅转发国家土地管理局〈关于土地利用总体规划工作报告〉的通知》(国办发〔1987〕82 号文)下发后,全国大部分地区都进行了土地利用规划的编制工作,基本形成了一个以各级土地利用总体规划为主体的覆盖全国的土地利用规划体系。这一体系主要由以下三类规划组成。

(1)土地利用总体规划。土地利用总体规划是在一定规划区域和时期内,根据当地自然和社会经济条件以及国民经济发展的需要,对土地资源的布局和利用结构进行的一种战略性计划,具有综合性、长期性、区域性和指导性特点。土地利用总体规划由各级人民政府组织编制,它的核心是确定、调整和优化土地利用结构及土地利用布局。土地利用结构是指国民经济各部门占地比重及其相互关系的总和,它实际上是人类在社会经济发展过程中开发利用土地的具体反映。土地利用结构反映了一定的产业结构。因此,在土地利用领域内,国民经济产业结构的调整,实质上就是土地利用结构的调整。随着社会经济的发展,经过一定的阶段、土地利用总体规划经常需做出一些修编和调整。因此,它又是动态的土地利用规划。由于我国地域辽阔、各地区经济发展不平衡,国家不可能对各市、县的土地利用做出具体安排,与此同时,在全国整体的共同利益下,地方也存在着相对独立的经济利益,客观上需要由地方自主做出计划政策。因此,土地利用总体规划的编制和实施要与我国现行的行政管理体制密切配合,以保证各级人民政府行使管理土地的职能,有利于按行政区划分级编制，贯彻执行规划的任务和目标。当前，根据土地利用总体规划所控制的区域范围及层次的不同，我国的土地利用总体规划包括全国、省(自治区、直辖市)级、地区、县(市)和乡(镇)五个层次的行政区域土地利用规划，以及各种自然区、经济区的土地利用规划。

(2)土地利用详细规划。土地利用详细规划是在土地利用总体规划的框架控制和指导下，详细规定各类用地的各项控制指标和规划管理要求，或直接对某一土地使用单位的土地利用做出具体的安排或规划设计，根据我国目前的土地使用情况，土地利用详细规划包括居民点用地规划、交通运输用地规划、水利工程用地规划、耕地规划、园地规划、林地规划、牧草地规划、水产用地规划等。

(3)土地利用专项规划。土地利用专项规划是在土地利用总体规划的控制和指导下，针对土地资源开发、利用、整治和保护过程中的某一问题而进行的规划。这类规划主要在于保护现有土地资源，开发、提高土地的利用率和生产力。目前，在全国开展得最为普遍的是基本农田保护区规划、土地复垦规划、土地整治规划及开发区用地规划等。

(二)土地利用规划内容的构思

土地用途管制的规划管理是通过各层次土地利用规划来实现的，我国的土地规划主要体现在宏观、中观和微观三个层次上，由于各级对土地管理的职权、范围不同，其规划的内容及重点也不尽相同。

(1)宏观规划。宏观规划可视为国家及省级规划。它是战略性、政策性、引导性的规划，为宏观经济环境调控提供依据。规划的效力主要体现在行政上，一方面它要求下一级规划必须在该规划的控制下进行；另一方面该规划的实施需要通过下一级规划的落实来反映。该规划的内容是从全省乃至全国范围人口的合理分布、资源的优化配置、生产的合理布局、经济的均衡发展、食物的安全供给，以及环境的良性循环出发，提高土地利用的战略目标，制定土地利用政策，保证耕地总量动态平衡，下达土地利用控制指标，协调跨区域重大项目用地布局，确定重点城市规模，规划各类自然保护区等。它实质上是土地利用的宏观控制规划，重点在于指标控制。就目前国情来说，指标控制主要在于三方面：耕地总量、建设用地总量和后备资源开发量，而对土地用途管制内容的规定则相对较少。

(2)中观层次规划。中观层次规划可视为地(市)级和县级规划，它是宏观规划与微观规划之间的纽带，主要是一种布局性规划。它通过对土地利用的布局把上一级的控制指标分解到下一级，该层次规划的内容要具体体现定性、定量、定值的要求，重点是确定分区域的土地利用方向、土地利用原则，按照上一级的土地利用控制指标进行区域性的土地利用布局，包括工业区域布局、农用地区域安排、城镇体系布局、交通运输布局、规划控制区(如耕地控制区、城郊控制区、自然保护区、交通运输控制区等)。由于该规划的范围仍然比较大，比例尺又较小，难以满足土地用途管制的具体要求，因此在土地用途的定位控制上，仍应以土地利用大类的用途区域范围的控制为主。

(3)微观层次规划。微观层次规划可视为乡(镇)级规划，处于规划的最低层次，直观明了，属实施性规划，其内容达到控制性详细规划的要求，具有很强的操作性。规划的主要内容是将上一级规划确定的土地利用布局和下达的控制指标进行定位，确定地块的规划用途和限制用途，也就是说，把各类用地定量、定位落实到具体地块、地段，并确定每类土地使用的具体要求和限制条件，为土地用途管制提供最直接的依据。由于在技术上受图件比例的限制，给实际操作带来一定的难度，因此在土地用途编写时，往往通过土地用途分区管制的办法来解决这一问题。

(三)土地用途管制的实施管理

土地用途转变是指土地利用从一种现状用途转变为另一种用途。一般地,由于受到多种因素的影响,土地用途转变不太可能自然服从土地用途分区规划的目标,所以必须加以管制。对符合用途分区规划目标的给予引导,对不符合的则加以限制。因此,满足土地用途分区规划成为土地用途管制的关键,为实施土地用途分区规划的规划许可制度是土地用途管制的有效途径。

规划许可制度就是采用颁发规划许可证的办法,控制土地用途的方法。在具体操作时应把握以下五个原则。

(1)对现用途符合用途分区规划的用地向符合用途的方向进一步开发利用提高土地的利用率和生产率,应给予鼓励并颁发许可证给予许可。

(2)对现用途符合用途分区规划的用地向其他用途转变时,不予颁发许可证,限制其转变。

(3)对现用途不符合用途分区规划的用地向符合规定用途转变时,颁发许可证给予许可,并采取鼓励政策引导土地利用加快向规定的用途转变。

(4)对现用途不符合用途分区规划的用地向其他不符合规定的用途转变时,不予颁发许可证,限制其转变。

(5)对一些特殊项目用地,如线性工程和国家大型基础设施工程等,若不符合用途分区规划,可经过一定的程序来调整、修订土地利用规划、修改土地用途分区规划,体现出一定的灵活性,为社会经济建设服务。

值得注意的是,农用地转用许可是实现土地用途管制的关键。任何建设项目占用土地,首先都要依据土地利用总体规划进行审查,占用农用地必须获得农用地转用许可后,建设项目才能批准立项;占用农用地不符合土地利用总体规划和土地用途分区规划的,不予颁发许可证,建设项目不能立项。

规划许可证是各项土地用途实现转变的法律凭证,也就是说,规划许可证是行政许可机关赋予许可证持有人一定权力和权能的证明,同时许可证也为许可证持有人或单位使用许可证的活动设定了范围,使用许可证必须严格按照许可证上标明的范围、方式、期限和其他事项进行,不得超越和违背。

实际上,我国土地用途管制的根本目的在于盘活存量建设用地,控制建设对耕地资源的浪费性占用,确保耕地总量动态平衡目标的实现。因此,土地用途管制的核心是耕地总量控制制度,这是中国特色的土地用途管制制度。耕地总量的控制指的是在预测未来社会经济发展对用地需求和人口增长对农副产品的需求后,根据区域内耕地可持续补充的能力,确定本地区需要保持的耕地量和分阶段控制总量以及各阶段可转移(可供)耕地数量并通过编制详细规划,对耕地的保护、利用和转移实行分阶段的管制。要实现这样的目标,必须按照划定土地用途分区的土地利用规划,重点抓好农用地管制和非农用地用途管制。

(1)农用地管制。根据国际上通行的农用地管制的内容和需求,农用地管制实际上是农用地转移的管制,即对农用地利用现状的改变设定一定的限制条件。从国外的操作经验以及我国的实际情况来看,农用地管制可分为限制转移管制和许可转移管制两类。

限制转移管制是依据土地利用总体规划,划定一定数量的农用地主要是耕地作为特殊保护的区域严格加以管制。我国的基本农田保护区就属于这一类性质的用途区域。对于这一类区域,不得以任何形式转用;若要转用,必须履行严格而又特殊的审批程序,并必须缴纳高额补偿费用以再造同等数量、质量的农地,以保证农用地保有量的平衡和稳定。许可转移管制就是根据规划的布局,在一定条件限制下,允许一部分农地进行规定用途的转用。

(2)非农用地用途管制。非农用地用途管制的重点是非农建设用地的用途管制,主要包括增量非农业建设用地的用途管制和存量非农业建设用地的用途管制,其中增量非农业建设用地的用途管制与农用地许可转移管制密不可分。因此,非农用地用途管制的重点应是存量非农业建设用地的用途管制。

存量土地的用途管制是指存量建设用地土地利用结构调整和土地利用方向置换的管制,实际上就是盘活存量建设用地。存量建设用地主要是指非农业建设中闲置或低效利用,在现有经济技术条件下,可挖潜利用的土地,包括破产、停产、半停产企业用地,征而未用、占而未用闲置土地以及城镇内部因规划调整可挖潜改造、利用的土地等。加强对这类土地的管制,对控制和减少项目建设新占土地,特别是新占耕地,提高土地利用效率和效益,实现土地资源的优化配置具有十分重要的意义。

存量土地的用途管制同样是依据土地利用总体规划和城市规划,通过对存量土地用途变更的审核、效率评价、许可和限制以及处置等来实现。当前存量土地的用途管制的对象主要有:①土地使用用途因用地功能的改变而发生调整,如旧城改造、企业搬迁、“退二进三”等;②土地使用用途和方式因土地使用、经营方式的改变而发生调整,如原地翻建;③因土地资产处置方式发生变化的调整,如划拨土地入市、企业改制中土地资产处置等;④利用不充分或者闲置土地的再利用。

除此之外,对未利用的土地也要实行用途管制,但是需要说明的是,此处的未利用土地用途管制指的是未利用土地经开发成为何种用途的土地要科学合理,符合经济、生态、社会三效益的要求,而不是盲目开发。

思考与分析题

1. 如何理解土地用途管制制度的含义?
2. 简述土地用途管制的主要内容。

第四章 财产法与土地财产法

学习目标

掌握财产法的物权和债权的区别,物权种类的划分;熟悉土地财产制度的概念、构成和特点;理解物权的效力。

【学习导入】

在现代社会中,关于财产法中物权与债权的区别是被肯定的,物权为支配权,债权为请求权。但是在实际生活中出现了所谓的“物权债权化与债权物权化”现象,其主要描述的是物权与债权相互渗透、相互转化或者相互融合,即“你中有我,我中有你”的法律现象。土地作为生产生活中最基本的资源,也是一种财产或资产,随着《中华人民共和国民法通则》《土地管理法》等相关法律的出台,法律对土地财产权给予了确认。

第一节 财产法概述

财产法不是一部立法,而是一个法律专业,一套理论原则的构架。在现行法律中,涉及财产问题的民事法律,主要是《民法典》。

一、财产法的组成:物权法与债权法

在法治社会,特别是商品经济社会之中,平等主体的公民之间、法人之间、公民和法人之间的财产关系和人身关系是由法律来调整的,具体地说,是由民法来调整的。所谓民法,是指调整平等主体之间的财产关系和人身关系的法律规范的总称。其中,规范经济生活以保护财产秩序的法律,为财产法;规范伦理关系以保证身份秩序的法律,为身份法。

一般来说,财产法可分为两大类:物权法和债权法。物权是权利主体在法律规定的范围内,直接支配一定的物,并排除他人干涉的民事权利。如财产所有权、财产使用权、抵押权等。有关物权的法律,如所有权制度、使用权制度等,就构成了物权法。可见物权法是规范财产归属关系和保障财产归属秩序的法律规范的总称。

债是按照合同的约定或者法律的规定,在当事人之间产生的特定的权利义务关系。其中,债之权利称为债权;债之义务称为债务。在合同概念和合同制度的基础上形成了债权和债权法。所谓债权法,是规范财产流转关系和保障财产流转秩序的法律规范的总称。

在市场经济条件下,只有物权法巩固财产之归属秩序,才能使基于信用的商品交换成为可能;只有债权法确保财产流转秩序,使财产流转畅通无阻,才能使财产之归属得以实现。

可见,物权法和债权法相辅相成,不可或缺,为现代市场经济的两大法律基础。

二、物权法和债权法的特性比较

通常所称的物权法,是狭义的物权法,仅以有体物(动产和不动产)之归属秩序为其规范范围。物权法和债权法的特性及其比较主要表现在以下三个方面。

(1)物权法主要是强行性法规,债权法主要是任意性法规。基于物权的排他性、公示性,物权法实行物权法定主义,关于物权的种类和内容均由法律作出强行性规定,不容许当事人自由创设或者变更其内容。与之形成对比的是,债权法大部分属于任意性法规,实行契约自由原则,即关于契约种类、形式和内容原则上可由当事人自由约定,也即所谓的意思自治。不过,当事人的约定违反物权法的规定时,原则上应一律无效。

(2)物权法具有固有法性,债权法具有普遍性。世界各国的债权法往往大同小异,但物权法却大都具有本国的特色。因为物权制度与人类生存息息相关,与一国之传统文化和经济体制唇齿相依,不具有债权法那样的普遍性,特别是其中关于土地制度的规定,因国家、民族和历史传统的不同而具有特殊性。

我国在清末实行法制改革,参考欧洲法制起草民法典,其关于债权法的规定基本仿自德国民法,而关于物权法的规定则保留了较多的传统制度,最具有固有法的色彩。

(3)物权法具有公共性,债权法具有私人性(纯私法)。物权法的公共性也主要表现在土地法上。由于土地为稀缺自然资源,又与国家、民族和社会利益密切相关,自进入20世纪以来,民法关于所有权绝对保护的原则受到修正,在承认并保障所有权不可侵犯性的前提下,以公法上的国家征收和适当的行政管理措施限制其不可侵犯性,以民法上的禁止权利滥用原则、诚实信用原则和公序良俗原则限制其自由性。如国家征用土地、国家规定土地用途、土地利用必须有益于社会利益和公共利益等。债权法原则上仅关系当事人双方的利益,为纯私法。

第二节　物权的本质、分类及物权与债权的区别

一、物权的本质

物权为直接支配特定物并享受其利益的权利。其本质为:

(1)物权为直接支配标的物的权利。所谓直接,指物权人对于标的物的支配,无须他人意思或行为介入,即可获得实现。物的所有权人可以进行使用、收益、处分其物,故属于直接支配。抵押权人虽未占有标的物,但当债权到了清偿期而没有得到清偿时,无须抵押人的介入,就可以申请法院拍卖抵押物,以取得其交换价值而受清偿,这也是直接支配。

(2)物权为支配特定物的权利。其包括两层含义:一是权利客体必须是法律意义上的物,而且主要指有体物,包括动产和不动产;二是权利客体必须是特定之物。例如:仅以种类和数量约定之物,如两辆奔驰牌轿车,可以出现在合同中作为债权的标的物,但要作为物权的标的物,必须指出是哪两辆奔驰牌轿车,最好给出其牌照号。

(3)物权为享受物的利益的权利。物权为权利的一种,权利的本质是法律赋予特定人得以享受利益的法律上的力。物权人当然享受标的物的利益。物的利益可分为使用价值和

交换价值。所有权人所享受的利益,为物的全部利益,即使用价值和交换价值。

(4)物权为直接支配特定物而享受其利益的绝对性权利。物权作为一种权利人直接支配特定物而享受其利益的权利具有绝对性,对任何人均有其效力。绝对性是指任何人不经过物权人同意不得侵害;受他人侵害时,物权人可以主张物上请求权,排除他人侵害,以回复物权应有的圆满状态。因此,物权又称为绝对权或对世权。

(5)物权为排他性地享受特定物的利益的权利。物权的排他性,指同一标的物上不得同时存在性质或内容相同的两个物权。比如,某一房屋既然属于甲所有,就不可能再属于乙所有。

二、物权的种类

根据不同的分类标准,可以将物权进行不同的类型划分。下面是几种常见的划分。

(一)所有权和定限物权

所有权和定限物权是以对标的物的支配范围为标准所做的划分。所有权指在法律限制范围内对所有物的全面支配的物权。这种全面的支配利益表现为两种利用形态:一是实物的利用形态,又称物资的利用形态,指所有人自己对物进行利用,或通过设定基地使用权、租赁权等供他人利用而自己收取对价;二是价值的利用形态,即以所有物提供担保获取信用,或者将所有物予以处分,而获取其价值。

定限物权指所有权以外的仅得以在一定界限内对物进行支配的物权,可分为用益物权和担保物权。所谓用益物权,指占有、利用他人之物而使自己获得收益的物权,是以支配标的物的使用价值为内容的物权。例如:传统民法上的地上权、永佃权、地役权以及目前我们常说的土地使用权、基地使用权等,就是用益物权。这些权利的权利人虽然不拥有土地的所有权,但可以在一定限度内直接占有、利用土地并获得一定的收益。

担保物权指以支配标的物的交换价值为内容的物权,如抵押权、质权等。权利人虽然不拥有标的物的所有权,也不直接占有、利用标的物,但在一定条件下,权利人可以通过直接变卖标的物而获得利益。

(二)动产物权和不动产物权

动产物权和不动产物权是以标的物的种类为标准所做的划分。《民法典》第一百一十五条规定:物包括不动产和动产。以动产为标的物的物权为动产物权,如动产所有权、动产质权、动产抵押权等。以不动产为标的物的物权为不动产物权,如不动产所有权、不动产抵押权、地上权等。

(三)登记物权和非登记物权

登记物权和非登记物权是以物权的取得是否以登记为标准而做的划分。登记物权指物权的设定、变更及终止须经登记机关登记才能产生相应效力的物权。按照现代各国的法律,土地与房屋所有权、地上权、永佃权、地役权、采矿权、渔业权、抵押权等不动产物权都是登记物权。非登记物权指物权的得丧变更无须登记即可产生相应法律效力的物权。一般而言,动产物权属于非登记物权,只需交付即生效力。

不动产登记、动产交付都是物权变更的公示方法。根据物权变动的公示和公信原则,我国法律采取的是公示成立要件主义。对于不动产,登记是要件;对于动产,交付是要件。

如果你的朋友表示要赠送给你一块手表,在他把手表给你之前,手表还是他的,给你之后,手表就属于你了;如果你的朋友表示要赠送给你一套别墅,并把钥匙给你,你也住进去了,但这时别墅还不是你的,只有当你们去办理了别墅的产权变更登记手续,别墅才开始属于你。

(四)有期限物权和无期限物权

有期限物权和无期限物权是以物权之存续有无期限为标准而做的划分。有期限物权指仅能于一定期限内存续的物权,如我国的土地使用权、抵押权等定限物权,一般都为有期限物权。无期限物权指未定存续期间,得永久存续的物权,如所有权、传统民法上的永佃权。

(五)普通物权和特别物权

普通物权和特别物权是以物权所依据的法律的不同为标准而做的划分。普通物权指《民法典》规定的物权,又称为民法上的物权。特别物权指出特别法规定的具有物权性质的财产权。所谓特别法,指兼有民法规范和行政法规范的综合性法律,如我国的《土地管理法》《中华人民共和国矿藏资源法》《中华人民共和国森林法》等。

与《民法典》规定的物权比较,特别法规定的物权具有下列特殊性:一是它们一般依特别法规定的特许程序取得;二是它们的行使受较强的行政干预;三是在法律的适用上,它们优先适用特别法的规定,只有对特别法没有规定的问题,才适用《民法典》的有关规定。

三、物权与债权的区别

物权和债权是两种性质完全不同的财产权利。其区别主要表现在以下五个方面。

(1)在权利性质上的区别。物权为支配权,债权为请求权。物权的客体是物,物权无须借助他人的行为,就能直接对标的物行使其权利,即可以直接支配标的物,并通过对标的物的直接支配以享受其利益。

债权的客体是给付,是一种行为,因此债权既不能直接支配债务人的人身以强制其给付,也不能直接支配所应给付的标的物,它只能请求债务人给付,且只有通过债务人的给付行为,债权人才能享受到债权的利益。

(2)物权关系与债权关系的主体不同。物权的权利主体为特定人,义务主体为除权利主体以外的不特定的任何人。如果王某拥有某一栋房屋的所有权,那么,除王某外的任何其他人都负有不侵犯王某房屋所有权的义务。债权的权利主体和义务主体,均为特定之人。甲欠乙的钱,甲是债务人,乙是债权人,其他人不再与债权债务有权利义务关系。

(3)在权利发生上的区别。物权的发生一般实行法定主义,债权的发生一般实行任意主义。所谓物权之法定主义,是指物权的种类和内容由法律统一确定,不允许当事人创设新的物权,也不允许当事人变更物权的内容。这里所指的法律,严格意义上是指全国人民代表大会及其常务委员会制定的法律规范,不包括行政法规和地方法规。

债之发生有法定的,如不当得利、无因管理、侵权之债等,最常见和数量最多的债为合同之债,是当事人通过订立合同设立的以债权、债务为内容的民事关系。合同之债,属于任意性规范,实行契约自由原则,即关于契约种类、形式和内容原则上可由当事人自由约定。

(4)在权利效力所及范围上的区别。物权为绝对权,债权为相对权。物权是可以对抗世间一切人的权利,权利人之外的一切人均为义务主体,均负有不得侵害其权利和妨害其权利行使的义务,即所谓的绝对权或对世权。债权的权利效力所及只限于特定的债务人,债权人只能请求特定的债务人给付,即所谓的对人权。

(5)在权利效力上的区别。物权所具有的效力为支配力,债权所具有的效力为请求力。支配力表现为权利人可以按照自己的意志占有、处置或支配标的物的权力;请求力表现为债权人只能请求债务人给付的权力。物权所具有的支配力使其具有排他效力、优先效力和追及效力。因债权所具有的效力为请求力,于同一标的物上可以并存两个或两个以上的债权,各债权相互平等,皆不具有排他性和优先效力。同时,债权也无所谓追及效力,当债权的标的物被第三人占有时,无论该第三人对于标的物之占有是否合法,债权人通常均不能向该第三人请求返还。

了解物权与债权以及它们的区别,对于土地法的学习具有重要的现实意义。如对农用地承包经营权的认识。我国目前实行的家庭联产承包责任制,通过集体与农户签订承包合同使农户获得农地使用权,实现所有权与使用权的分离,在一定程度上调动了农民的积极性,促进了农村经济的发展。但是,承包合同属于债权关系,农民获得的农地使用权属于债权性质。由于债权的效力比物权弱,原则上不能对抗物权,因此经常发生发包方任意撕毁合同,严重侵害承包方合法利益的事件。如果将债权变成物权,即将农地所有权变成一种用益物权,基于物权的效力,不仅可以对抗一般人,还可以对抗所有权人,这样,就可以消灭任意侵害农户利益的现象。

第三节 物权的效力

物权的效力指合法行为发生物权法上之效果的保障力。从作用范围看,物权的效力可分为共同效力与特有效力。共同效力为一般物权所共有的效力,特有效力为各种物权独有的效力。这里只讲物权的共同效力。

一、物权的排他性效力

物权的排他性效力指在同一标的物上,依法律行为成立一物权时,不容许再成立与之有同一内容的物权。表现为:①同一标的物上,不得同时并立两个所有权;②同一标的物上,不得同时成立两个或两个以上的基地使用权或农地使用权;③用益物权(如基地使用权)与担保物权(如抵押权)则能同时并存于同一标的物上;④抵押权等担保物权可同时存在于同一标的物上,其效力依次序之先后而定。

二、物权的优先效力

物权的优先效力又称物权的优先权,表现为物权相互间的优先效力和物权优先于债权的效力。

(一)物权相互间的优先效力

物权相互间的优先效力为物权的对内效力。

(1)同一标的物上存在两个或两个以上不同内容或性质的物权时,成立在先的物权优先于成立在后的物权(时间在先,权利在先)。表现为:①优先享受其权利。如同一土地上设定两个以上的抵押权,先成立的优先于后成立的。假设一块土地上先后设了3个分别为100万元、80万元和120万元的抵押权,由于债务人无法履行债务而需要拍卖土地还债,而土地使用权只卖了150万元,那么,第一个抵押权人可以得到100万元的赔偿,第二个抵押权人只能得到 50 万元的赔偿,第三个抵押权人则得不到赔偿。设定抵押权时,要注意是否已有抵押权存在。②先成立的物权压制后成立的物权。后成立的物权害及先成立的物权时,后成立的物权将因先成立物权的实行而被排斥或消灭。如在同一土地上设定抵押权后,于该土地上再设定基地使用权而害及先设定的抵押权时,抵押权人在实行抵押权之际,可请求除去后成立的基地使用权。在购买土地使用权时,要注意是否已经设有抵押权的问题。

(2)先成立的物权优先于后成立的物权的例外。表现为:①定限物权优先于所有权。定限物权为于一定范围内限制所有权的权利。同一标的物上,定限物权虽成立于所有权之后,但仍有优先于所有权的效力。②法律明确了特殊的顺位次序时,不适用“时间在先,权利在先”的原则。应依规定的次序决定各物权的效力。③基于公益或社会政策的理由,发生在后的某些物权有优先于发生在前的某些物权的效力。

(二)物权优先于债权的效力

同一标的物上既有物权又有债权时,无论物权成立于债权之前还是之后,它均有优先于债权的效力。如一块土地为债权给付的内容,但该块土地上有抵押权存在,那么,无论抵押权是在债权成立之前还是之后,均有优先于债权的效力,债权人不得请求除去该抵押权。债务人财产上设定了抵押权,于实行该抵押权时,无论债务人财产是否清偿完毕债务,抵押权人就拍卖标的物所得价金均可优先于一般债权人受偿。债务人受破产宣告时,对于债务人财产上设定了担保物权的,担保物权人就该项财产享有别除权。

物权优先于债权的例外:买卖不破租赁。承租人之租赁权优先于后设定的物权。《民法典》第七百二十五条【所有权变动不破租赁】租赁物在承租人按照租赁合同占有期限内发生所有权变动的,不影响租赁合同的效力。

三、物权的追及效力

物权的追及效力指物权成立后,其标的物不论辗转于何人之手,物权的权利人均可得追及物之所在,而直接支配其物之效力。比如:甲的汽车被盗后,几经转手买卖到了乙的手中,甲可直接要求乙返还汽车,乙必须无条件同意,而且乙因购买汽车遭受的损失也与甲无关。又如:房屋所有人就其房屋设定抵押权后,复将房屋让与第三人,如抵押权人之债权届期未获清偿,其就可追及抵押物(房屋)并申请法院拍卖,以实现自己之债权。

第四节　我国的土地财产法

在人类历史上,各个时期的土地财产制度都随着社会生产力的提高和整个社会经济制度的发展而不断向前推进和演变。当然,这种推进和演变不是由个人的意志所决定的,它只有符合经济发展的需要、遵循客观经济规律才能取得成功。自古以来,土地始终是最重要的生产资料和财产,是财产法的主要调整对象。世界各国的财产法中土地财产法都占有重要的地位。新中国成立后,我国实行社会主义公有制,主要属于私法范畴的财产法没有受到应有的重视,但改革开放以来,特别是 1986 年《中华人民共和国民法通则》(简称《民法通则》)颁布之后,财产法逐渐为人们所接受。对于土地来说,越来越多的人认识到它不仅是资源,也是资产或财产,并因此进行了相关的立法。除现行的《民法典》对土地财产权给予确认外,还有一些专门的法律条文,如《土地管理法》和《出让和转让条例》。尽管这两个法律条文主要属于公法范畴,但其中的规定为我国土地财产法的初步形成打下了一定的基础。

一、土地财产制度的概念

要研究土地制度,首先必须明确土地制度的内涵,对于土地制度可以作出广义和狭义两种界定。广义的土地制度泛指与土地所有、使用、管理及利用技术等有关的一切制度,狭义的土地制度是指土地所有、使用、管理的土地经济制度及其相应的法权制度。本章重点研究有关狭义的土地制度即土地财产制度的若干基本问题。

二、土地财产制度的构成

土地财产制度就狭义而言,首先包括土地经济制度。土地经济制度是指人们在一定的社会制度下在土地利用中形成的土地经济关系的总和,是社会经济基础的重要组成部分。其次,土地财产制度还包括相应的土地法权制度。土地法权制度是人们在土地利用中形成的土地经济关系的法律体现,是社会上层建筑的组成部分。在社会形态中,土地经济制度是土地法权制度形成的基础,土地经济制度决定土地法权制度;但土地法权制度反过来又具有反映、确认、保护、规范和强化土地经济制度的功能。完整的土地财产制度包括土地所有制、土地使用制和土地国家管理制度。

三、土地财产制度的特点

土地财产制度有以下特点。

(一)地位的基础性

土地是一个国家最基本的资源和资产。在资本主义大工业发展起来之前,社会处于农业社会发展阶段时,土地是最基本的生产要素,因而成为最主要的财富形式,土地的占有形式基本决定了社会财富的占有和分配形式,因而土地财产制度成为当时基础性的社会经济制度。

18 世纪产业革命后,人类社会逐渐进入大工业时代,国民财富大量增加,财产结构发生巨大变化,土地已经不再占据财产构成中的决定性地位。但是在现代社会发展中,人口膨胀和城市化的发展,使得城市土地日渐稀缺和昂贵,因而使得土地财产制度在决定国家财富的占有和分配中仍然占有相当重要的地位。

(二)国度的差异性

现代世界各主要的资本主义国家中,一般财产占有形式比较单一,基本都是私有制。而土地占有形式在各个国家之间仍然保留着明显的差异。因为土地制度除直接受一个国家生产方式及生产水平的决定性影响外,同时还受到各国土地资源的状况、民族经济文化发展的历史等多种因素影响,因而形成国与国之间明显的差异性。

(三)构成的差异性

相对于一般财产关系而言,土地财产关系要复杂得多。土地作为一种不动产,其所有、占有、使用、收益、处分及管理等构成一系列复杂的财产关系和产权体系。这首先是由土地作为一种不动产所具有的特性所决定的。同时,这种复杂性还随着社会经济的发展、人们土地关系的日益多元化而不断增强。

目前,我国土地产权体系以土地所有权为核心,派生出一系列的权利,主要包括以下四个方面内容。

(1)土地所有权。我国的土地所有权只有两种,即国有土地所有权和集体土地所有权。

(2)土地用益物权。我国的土地用益物权主要包括农地使用权、基地使用权和地役权。目前,能够成为用益物权的农地使用权为农村土地承包经营权。基地使用权包括城镇国有土地使用权、集体建设用地使用权、农村宅基地使用权。地役权指以他人土地供自己土地便宜之用的权利,它与不动产相邻关系在性质上是有本质区别的,不动产相邻关系只是财产所有权的组成部分,而地役权是一种独立的用益物权,需要通过一定的法定程序产生。

(3)土地担保物权。土地担保物权主要包括土地抵押权和土地典权,其中土地典权并不多见。

(4)相邻关系权。指两个或两个以上相互毗邻的不动产的所有人或使用人,在行使不动产的所有权或使用权时,因相邻各方应当给予便利和接受限制而发生的权利义务关系。《民法典》第七章相邻关系对处理相邻关系的原则、相邻关系的类型等做了相应的规定。我国土地产权体系构成见表4-1。

表4-1　我国土地产权体系构成

<table>
<tr><td rowspan="2">土地产权权利束</td><td>自物权</td><td>国有土地所有权
集体土地所有权</td></tr>
<tr><td>他物权</td><td>用益物权
担保物权
相邻关系权</td></tr>
</table>

思考与分析题

1. 简述物权和债权的联系和区别。
2. 简述物权的主要效力。
3. 如何理解“一物一权”? 是否可以存在“一物多权”?

第五章 所有权和土地所有权

学习目标

掌握国有土地所有权和集体土地所有权的特征;熟悉所有权的概念及其权能;了解土地相邻关系。

【学习导入】

所有权是所有人依法对自己财产所享有的占有、使用、收益和处分的权利。所有权是人类社会特有的一种制度,也是一种对财产的支配力量,是一种财产权。一般来说,土地所有权属于财产所有权的范畴。我国实行社会主义公有制,就是全体人民共同占有生产资料,土地也是生产资料,所以说社会主义国家土地制度都是公有制,土地所有权的权利主体只能是国家和农民集体,其他任何组织和公民个人都不享有土地所有权,即"国家所有"和"农村集体土地所有"两种形式。

第一节 所有权的法理学知识

一、所有权的概念和性质

所有权是指在法律规定和限制的范围内,所有人对于所有物全面支配的物权。其具有如下性质。

(一)全面性

所有人对于所有物,在法律规定和限制的范围内,得为全面的占有、使用、收益和处分等全面的概括的支配。《民法典》第二百四十条【所有权的定义】所有权人对自己的不动产或者动产,依法享有占有、使用、收益和处分的权利。

(二)整体性

整体性又称统一的支配力,指所有权系所有人对于标的物有统一的支配力,而非仅为占有、使用、收益及处分等各种权能的量的总和。换言之,所有权是一个整体性的权利,不能说集合使用、收益、处分各种权能即成为所有权。

所有权的整体性特征决定了所有权本身不得在内容或时间上加以分割。例如,当事人不能约定所有权只有 5 年期限,过此期限则所有权消灭。当事人对所有权存续期间的约定是无效的。于所有权上设定用益物权或担保物权时,非属于让与所有权的一部分而是依创设行为创设一个新的独立的物权;于保留所有权买卖,双方约定价金全部清偿前,出卖人仍保留所有权时,买卖标的物的所有权并不随每期价金的支付而发生移转,买受人即使已支付99%的价金,标的物所有权此时仍旧归属出卖人,买受人所取价得者,仅为对于所有权的期待权。

(三)弹力性

弹力性又称归一性。所有权既然具有整体性,则其内容可自由伸缩。例如:所有人于其土地上设定土地使用权于他人后,即须受该土地使用权的束缚或一定程度的限制,但该土地使用权消灭,则土地所有权又恢复其圆满状态。合同内容如违反所有权的弹力性,其约定无效。例如:房屋赠与合同约定永远禁止对于因受赠而取得所有权的房屋加以处分的,其禁止的约定为无效。

(四)恒久性

恒久性又称永久存续性,指所有权不因时效而消灭,也不得预定其存续期间。所有权除因标的物灭失、所有人抛弃等事由而消灭外,能永久存续。

(五)绝对权

所有权不需要他人的积极行为,只要他人不加干预,所有人自己便能实现其权利。所有权关系的义务主体是所有权人以外的一切人,其所负的义务是不得非法干预所有权人行使其权利,是一种特定的不作为义务。

(六)排他性

所有权属于物权,具有排他的性质。所有权人有权排除他人对于其行使权利的干涉,并且同一物上只能存在一个所有权,而不能并存两个以上的所有权。当然,所有权的排他性并不是绝对的,现代各国法律的所有权有不同程度的限制。

(七)平等性

所有权作为私权,其法律地位应当无差别给予保护的物权属性。在我国《民法典》第四条【平等原则】民事主体在民事活动中的法律地位一律平等;第三条【民事权益受法律保护】民事主体的人身权利、财产权利以及其他合法权益受法律保护,任何组织或者个人不得侵犯。这些法律条文体现了社会主义市场经济体制下的所有权平等原则。

二、所有权思想的历史变迁

所有权思想可以分为两大类型:个人主义和团体主义。所谓个人主义的财产所有权思想,是指所有权纯为一种私法上的权利,绝不受个人身份的影响,所有人对标的物为自由的占有、使用、收益和处分。所谓团体主义的财产所有权思想,是指所有权含有公法的性质,依财产利用的不同形态而承认各种权利,如财产权、利用权、身份权和人身支配权等,所有人对标的物的占有、使用、收益和处分都要受到社会和公共利益的影响。

考察对现代法律思想影响较大的人类历史上的财产所有权思想,财产所有权思想的历史变迁大概可分为两个时期:个人主义和团体主义轮回的时期(第二次世界大战之前);个人主义和团体主义调和的时期(第二次世界大战之后)。

(一)个人主义和团体主义轮回的时期

如果说现代文明发源于古希腊、古罗马,显然过于绝对;但说现代法律思想和法律文化发源于古希腊、古罗马,就不为过。从古希腊开始,财产所有权思想经历了个人主义和团体主义轮回的漫长时期。

罗马时代是古代商品经济比较发达的时代(有人称为“古代资本主义”),为了保护个人财产及其安全流通,罗马法注重个人主义思想。罗马的私法非常发达,他们也很早(公元2世纪左右)提出公法的概念,但公法一直没有得到发展。罗马帝国衰亡后,日耳曼民族崛起,欧洲进入封闭的封建领主时代,团体主义色彩浓厚的日耳曼法占据主导地位。但是,随着资本主义商品经济的萌芽,这种制度就不能适应时代的需要了。

18世纪以来,受资本主义启蒙思想的影响,罗马法的个人主义思想又开始勃兴,天赋人权的思想甚嚣尘上,认为所有权与生俱来,天赋所有人对权利标的物有完全支配的绝对权。

1786年,以“自由、平等、博爱”为口号的法国资产阶级大革命取得胜利。1789年,法国《人权宣言》宣示所有权神圣不可侵犯。此观念成为近代民法三大原则中的所有权绝对原则。依此原则,个人对自己所有的财货可以自由使用、收益、处分乃至滥用,国家不得干涉。但这一思想发展到极致后,出现了一些问题,比如:个人为了自己的利益,不惜破坏社会公益或者毁坏社会的生存进化。环境污染、贫富分化造成的社会问题(如经济危机)等,都是个人所有权思想的产物。

19世纪末,个人的所有权思想逐渐被社会的所有权思想所取代。认为所有权的行使应顾及社会公益,不容个人恣意妄为而损害他人利益。于是,所有权观念相对化,认为所有权为附有义务的权利,所有权应受限制的观念于是产生。1919年,德国《魏玛宪法》规定,所有权附有义务,其行使应同时有益于社会公益。至此,法律思想关于所有权的观念发生了根本性变化,演化为排斥个人本位而代之以社会本位。私法上的所有权绝对原则遂修正为所有权限制原则。不过,社会的所有权思想给世界造成的灾害更大。比如:这种思想与法西斯思想相结合,产生了德国纳粹和日本军阀,给世界人民造成了无尽的苦难。

出现这样的轮回现象,主要是因为个人主义和团体主义的所有权思想都存在很大的局限性。个人主义过分强调个人的所有权,有害公益,造成贫富两极分化等社会问题,社会动荡和经济危机不可避免;团体主义过分强调社会的所有权,又足以抹杀个人财产权,妨害个人自由及个人的创造性,阻碍社会的发展,尤其会造成公共权力的滥用,给人类造成巨大的灾难。

(二)个人主义和团体主义调和时期

第二次世界大战后,鉴于团体主义和个人主义的局限性,人们倡导个人与社会调和的所有权思想,认为个人行使所有权时,应顾及社会公益;同时,也只有保持个人享有财产权的适当自由,才能促进社会全体的发展。这种个人与社会调和的所有权思想,不仅是现代所有权思想的主流,也必将成为21世纪所有权思想发展的主流。

团体主义和个人主义调和时期的基本内容和思想如下。

(1)公法的快速发展与健全。古罗马法学家在2世纪就提出了公法和私法的概念,但公法的发展却是在20世纪,特别是第二次世界大战之后才得以兴旺。宪法和行政法等是典型的公法,虽然公法一般不直接包含财产法的内容,但对财产法具有决定性的影响。对财产法影响较大的是国家征用制度、所得税和增值税制度、反垄断法等,这些法律实际上是通过国家权力对财产权利进行干预和调节。

(2)用益物权的优越性。所谓的用益物权,是指在一定范围内占有、使用他人之物并获取收益的一种物权。其核心内容是:在法定范围内,用益物权可以对抗所有权。这在法律上保证了使用权人的财产权利,实际上也是对所有权绝对原则的修正。

(3)债权的优越性。出于债权只是一种请求权和对人权(物权是支配权和对世权),其法律效力要比物权弱。但近代随着合同法等债权法的完善,债权的法律效力和社会功能在一些方面得到了加强,表现出一定的优越性,如所有权的债权化和债权的物权化。债权物权化的一个重要表现是租赁权的物权化。许多国家的土地租赁权,特别是期限较长的,法律赋予其物权化的效力。

三、所有权的权能

所有权为所有人对标的物直接支配的物权。所有人对标的物的直接支配并不止于抽象的存在,而通常表现为若干具体形式,这些形式即所有权的权能。所有权的权能是指所有人对标的物直接支配的具体表现形式,分为积极权能和消极权能。

(一)所有权的积极权能

(1)占有权能。占有权能指特定的所有人对于标的物为管领的事实。在社会生活中,行使物的占有权能是行使物的支配权的基础与前提。但同时作为所有权的一项独立权能,占有权能在一定条件下又可与所有权分离。如国有土地的所有权是国家,但其占有权一般是具体的单位或组织。非所有人享有的占有权同样受法律的保护,所有人不能随意请求返还原物。

(2)使用权能。使用权能指依所有物的性能或用途,在不毁损所有物本体或变更其性质的情形下对物加以利用,以供生活的需要。依民法物权理论,作为他物权的使用权,如我国的土地使用权能,不仅包括对于物的使用权能,而且包括对于物的占有权能和收益权能。

(3)收益权能。收益权能指收取所有物之天然孳息和法定孳息的权能,如采摘果树的果实、收取出租所有物的租金。收益权也可以与所有权分离。

(4)处分权能。处分权能指依法对物进行处置,从而决定物的命运的权能,包括事实上的处分和法律上的处分。事实上的处分指对物进行实质上的变形、改造或毁损等物理上的事实行为,如拆除房屋,撕毁书籍。法律上的处分指使标的物所有权发生转移、限制或消灭,从而使所有权发生变动的法律行为,如买卖中的所有权转移、抵押权设定等。在市场经济条件下,对于商品生产者和经营者,处分权是一项极其重要的权能,因为它是发生商品交换的必要前提。

(二)所有权的消极权能

所有权的消极权能,民法理论上称为排除他人干涉的权能。排除的方法主要为法律所规定的所有人物上请求权。比如:兴建大厦遮掩了邻地阳光,那么所有人就可以依法要求停止建造或者获得补偿。

第二节　土地所有权的基础理论

一、土地所有权的特殊性

前面已经讲过,土地作为一种重要而特殊的物,具有自己的特性。那么,土地所有权作为一种物权,也具有自己的特殊性。

（一）私益性与公益性

土地所有权的私益性，包括生存利益和财产利益。土地是确保人们生活和生存的最重要和最基本的物质条件。任何人离开土地都无以为生。同时，土地所有人将土地作为资产加以保有或利用以获得利益和个人的发展。

土地所有权的公益性包括消极意义上的公益性与积极意义上的公益性。消极意义上的公益性指土地所有权的行使不得违反公共利益。积极意义上的公益性指土地所有权的行使不但不得违反公共利益，而且还要增进公共利益。有时，为了公益必须牺牲私益。

我国实行土地所有权公有制，注重土地所有权的公益性，需要发展的是土地所有权的私益性。需要说明的是，无论是实行公有的土地所有制的国家，还是实行私有的土地所有制的国家，法律所确认的所有权都具有私益性与公益性，土地所有权的私益性与公益性存在于一切类型的土地所有权制度中。

衡量一个土地制度好坏的标准，并不是看它是公或是私，而主要是看它能否调和土地所有权的私益性与公益性。

（二）土地所有权向土地用益权让步——土地用益权的优越性

19 世纪以前，土地所有权被认为是具有优越性、强大性和绝对性的权利，土地所有人可凭借其所有人的地位压迫无地或少地的社会经济生活中的弱者。土地利用人，也就是广大的农民，只能是任由土地所有人剥削和宰割的奴隶或农奴，地位十分低下。到了 19 世纪末期的近代欧洲资本主义社会，形成了三个基本的阶级：代表土地的地主阶级、代表资本的资本家阶级和代表劳动力的劳动者阶级。资本主义自由经济是以资本家阶级为轴心展开的，资本家是土地的主要使用者，为了保护土地的现实利用者，资本主义法律就对土地用益权予以保护，赋予用益权以对抗土地所有权的效力。这种为适应资本运动法则，促进土地有效利用而强化土地利用权的现象，史称土地所有权向土地用益权让步。

所谓土地所有权向土地用益权让步，是指在土地所有权与土地利用权相分离时，提高利用权人的法律地位，使之得以与土地所有人相抗衡。有时，也泛指强化土地现实利用者的法律地位的情形。不过，在大多数情况下，指土地所有权向土地租赁权和基地使用权让步。这一思想对我国的土地制度改革具有重大的指导意义。

二、土地的所有形态

依所有权主体为单数或复数，土地所有权可分为单独所有形态和共有形态。

（一）土地单独所有形态

土地单独所有形态是指由单个的主体享有土地所有权的情形，分为土地的自然人单独所有与法人单独所有两种。这是一种单纯和简单的所有形态。我国因实行土地的社会主义公有制，由国家和农村集体分别拥有土地所有权，故无土地单独所有形态。

（二）土地共有形态

土地共有形态指由多个主体共同享有土地所有权的情形，可以分为土地共同共有、土地按份共有、土地总有三种形式。

（1）土地共同共有。土地共同共有又称合手的共有，指数人基于共同关系而享有同一土地所有权。共同关系可以是家族共同体、依契约组成的合伙共同体等。这种形态的特点是土地为共有财产，个人不得自由处分，也不得请求分割，其管理和处分必须经过全体人的同意。

(2)土地按份共有。土地按份共有指数人按其应有部分对于同一土地享有所有权,而每一共有人得对其应有部分予以自由处分的法律制度。其特点是共有人既可终止共同所有而变更为单独所有,也可请求分割。

(3)土地总有。即由多数人结合而成的尚未形成法律人格的共同体共同享有土地所有权的土地制度,也称"实在的综合人"土地所有权制度。其特征为土地所有权权质的分割,即将土地所有权分割成使用、收益等经济权能和管理、处分权能,每个共有人仅居于成员地位,对共有土地享有使用收益权;而对土地的管理、处分权则由各成员组成的共同体享有。这以欧陆中世纪日耳曼村落共同体土地所有形态最为典型。

第三节　国有土地所有权和集体土地所有权

一、国有土地所有权

(一)国家土地所有权的取得

国家土地所有权的取得方式主要有承继、没收、国有化和征收四种。

1. 承继

承继指中华人民共和国成立后对成立前国家所有土地的承继。以中华人民共和国成立前国家名义享有的土地所有权,自中华人民共和国成立之日起,就归中华人民共和国国家所有。国家承继的土地主要是国家机关的办公用地,也包括国家资本主义企业用地、大型交通设施用地等。

2. 没收

我国以没收的方式取得国有土地所有权主要有两种情况:一是中华人民共和国成立后,在没收官僚、买办资产阶级的资本时,将它们的土地一并收归国家所有。1949年9月29日,中国人民政治协商会议第一届全体会议上通过的《中国人民政治协商会议共同纲领》第三条宣告:"中华人民共和国必须取消帝国主义国家在中国的一切特权,没收官僚资本归人民的国家所有。"1950年,通过的《中华人民共和国土地改革法》(简称土地改革法)第二条规定:"没收地主的土地……。"1950年11月通过的《城市郊区土地改革条例》第三条规定:"地主在城市郊区的土地、耕畜、农具、多余的粮食及其在农村中多余的房屋,照《土地改革法》第二条规定予以没收。"该法第九条规定:"城市郊区所有没收和征收得来的土地,一律归国家所有,由市人民政府管理。"二是根据《土地管理法》的规定,集体经济组织违法使用其所有的土地的,国家依法予以没收。

3. 国有化

中华人民共和国成立后,国家通过两次土地国有化的法令取得了一些远不属于国家所有的土地的所有权。一是1950年6月颁布《中华人民共和国土地改革法》,规定:"大森林、大水利工程、大荒地、大盐田及湖、沼河、港等,均为国家所有。"二是1982年的《中华人民共和国宪法》规定"城市市区的土地属于国家所有",从而将城市中原来不属于国家所有的土地全部收归国家所有。

4. 征收

即国家为了公共利益需要,为了进行各种民用或国防工程建设项目及其他建设而将农村集体经济组织所有的土地转移为国家所有,国家支付一定的补偿费用。“被征收的土地属于国家所有”。随着我国经济的进步和城市化的发展,征收已成为我国现在和将来国家取得土地所有权的主要形式。国家对集体土地进行征收必须坚持两项原则:首先,必须是国家公共利益确有需要,不能随意滥征土地;其次,必须给予合理补偿。

(二)国家土地所有权的特征

1. 国家土地所有权的完全性与绝对性

国家土地所有权的完全性是指国家土地具有所有权的各项权能。这个特征在与集体土地所有权进行比较时更为明显。它的绝对性是指国家土地的所有权在法律上受到绝对的保护,这个特征在与非国有所有权进行比较时更为明显。

在相关的法律规定中充分体现了国有土地所有权上述的两个特征。《宪法》第十二条规定:“国家保护社会主义的公共财产。禁止任何组织或者个人用任何手段侵占或者破坏国家的和集体的财产。”《民法典》第三条【民事权益受法律保护】民事主体的人身权利、财产权利以及其他合法权益受法律保护,任何组织或者个人不得侵犯。充分体现了我国通过立法对国家土地所有权的保护。

与集体土地所有权相比较,国家土地所有权的完全性和绝对性尤为突出,国家土地所有权具备了所有权的四项权能,尤其是在收益权能与处分权能方面。国家土地所有权的收益权能集中表现在国家土地使用权出让中的出让金收取,处分权能集中表现在以非农用地为目的时的土地使用权设定。集体土地所有权显然不具备这两点。当土地在市场中流通压力增大时,国家土地所有权的这两项权能的重要性就更加明显。

当然,依照《宪法》第十条及《土地管理法》第二条的规定,土地所有权,任何组织或者个人不得侵占、买卖或以其他形式转让,这就使得国家土地所有权的处分权能受到了一定的限制,但是这种限制对于集体所有的土地同样存在。

2. 权能可分离性

国家土地所有权的权能可分离性是指国家土地所有权的权能可以与国家土地所有权相分离而形成一项独立的民事权利。这种权能可分离性是所有权弹力性在国家土地所有权中的体现。这一特征是所有权特性的表现,不是基于土地所有权的“国有”特质而存在的。集体土地所有权同样存在着权能可分离性。

国家土地所有权的分离可以采取不同的形态。也就是说,从国家土地所有权中分离出来的各种权能形态,其民事主体可以有不同的性质,既可以是物权性质的民事权利,也可以是债权性质的民事权利。《宪法》第十条规定:“任何组织或者个人不得侵占、买卖或以其他形式非法转让土地。土地使用权可以依照法律的规定转让。”国有土地使用权是国家土地所有权权能分离出的物权性质的民事权利,具有物权效力;国有土地租赁权是国家土地所有权权能分离出的债权性质的民事权利,具有债权效力。

由于《宪法》所规定的土地公有制是不会发生改变的,所以对于国家土地所有权的这种权能的可分离性应该给予充分的重视。应将不同民事主体的不同利益以法律的形式加以规定,形成独立的民事权利。民事权利的明确有助于包括国家在内的民事主体之间纠纷的减少和处理,并在此基础上促进土地利用效率的提高。

3. 移转中的单向流入性

国家土地所有权移转中的单向流入性是指在土地所有权移转的过程中,只可能是集体所有的土地转归国家所有,不可能是国家所有的土地转归集体所有,国家土地所有权的客体只增不减。现实中存在的集体土地所有权与国家土地所有权之间的所有权移转,主要是征收。根据《土地管理法》第二条,国家为了公共利益的需要,可以依法对土地实行征收或者征用并给予补偿。

(三)国家土地所有权的行使

(1)国家土地所有权的授权行使。国家土地所有权的主体是国家,但这并不意味着国家要亲自行使国家土地所有权的各项权能。国家通过法律授权国务院和地方各级人民政府以及国土资源部和地方各级土地行政主管部门行使国有土地的所有权。各级人民政府及土地行政主管部门对国有土地的所有权通过以下方法行使:对已经被国家机关、企事业单位、社会团体和公民个人合法占用的土地,依照有关法律的规定确认使用者的土地使用权,由县级以上人民政府登记造册,核发土地使用权证,并依法收取土地使用金。在国家的授权之下,可以划拨、出让国有土地的使用权;依照相关法律的规定,可以依法收回国有土地的使用权。

(2)国有土地所有权的行使要遵循基本的法律,要求土地资源的特殊性决定了国有土地的所有权人必须合理利用和保护土地,在行使其所有权时,必须遵守《民法典》《土地管理法》等相关条文的规定,对土地使用者履行管理、保护和合理利用土地的义务。

(3)行使国家土地所有权的限制。我国实行社会主义土地公有制,国有土地的使用权可以依法出让、转让、出租、抵押,但是国有土地的所有权不得买卖,也不得以赠与、破产还债等形式非法转让。土地所有权人不能超出法律规定的权限范围滥用土地,以免损害公共利益和他人的合法权益。如擅自改变土地用途、未经合法手续允许他人使用国有土地、任意收回或剥夺他人的土地合法使用权和经营权等行为均属于滥用土地。

(四)国家土地所有权的保护

国家以立法形式确定国有土地的范围,同时制定了一系列相应的法律、法规对其进行保护,并成立了国家土地管理机构对其进行有效的管理,即对国有土地的利用实施规划、控制、调节、组织和监督,采取一系列法律、行政、经济、技术等方面的措施进行管理。根据我国《土地管理法》的规定,对下列侵犯国有土地所有权的行为作出如下处罚规定。

(1)对于非法占地者,全民所有制单位、城市集体所有制单位未经批准或者采取欺骗手段骗取批准而占用土地的,一律责令其退还非法占用的土地,限期拆除或者没收在非法占用的土地上新建的建筑物和其他设施,同时对全民所有制单位和城市集体所有制单位并处罚款。对违法占地单位的主管人员,由其所在单位或者上级机关给予行政处分。对全民所有制单位、城市集体所有制单位超过批准的用地数量占用土地的,其多占的土地,均应按照非法占用土地的规定处理。

(2)对于城镇非农业户口居民未经批准或采取欺骗手段骗取批准,非法占用城镇土地建住宅的,责令其退还非法占用的土地,限期拆除或者没收在非法占用的土地上新建的房屋。若是国家工作人员利用职权之便,未经批准或者采取欺骗手段骗取批准,非法占用土地建住宅的，除责令其退还非法占用的土地，限期拆除或者没收在非法占用的土地上新建的房屋外，还要由其所在的单位或者上级机关给予行政处分。

(3)对于买卖或者以其他形式非法转让国有土地的，除没收非法所得、限期拆除和没收在该非法所得的土地上新建的建筑物和其他设施外，还要对当事人处以罚款。对主管人员，由其所在单位或上级机关给予行政处分。

(4)对于有些单位和个人违法批准占用国有土地的，依照《土地管理法》规定，无权批准征用、使用土地的单位或者个人非法批准占用土地、越权非法批准占用土地的，其批准占用文件一律无效。已经占用的土地，应按非法占用土地的规定处理。对非法批准占用土地的单位主管人员或者个人，必须由其所在单位或者上级机关给予行政处分。从中接受贿赂的，应依照《中华人民共和国刑法》(简称《刑法》)的有关规定追究当事人的刑事责任。

(5)对临时使用城市国有土地，期满不归还的，由有关部门依法予以收回，拒不交出土地的，责令退还土地，并处以罚款。

(6)对侵犯城市国有土地所有权的，由县级以上人民政府土地管理部门责令停止侵犯，赔偿损失。

二、集体土地所有权

(一)集体土地所有权制度的演变

中华人民共和国成立以来，农村土地制度发展的历史表明，集体土地所有权是在农民私人土地所有权的基础上形成的。

中华人民共和国成立初期，我国于1950年颁布《中华人民共和国土地改革法》和《城市郊区土地改革条例》，使广大农民取得了土地所有权。1952年，在全国土地改革基本完成以后，开始了全国性的互助合作社运动。先是农民自愿组织互助组，这实际上是一种劳动协作关系，并没有改变原有的土地私人所有权和家庭经营形式。随后，在中国共产党的领导下，农民开始创办初级农业合作社，这实际上是一种类似于合伙的联合经营关系，即农民以土地入股，集体耕种，收益分红，但土地所有权仍然属于原所有人(合作社此时还不是土地所有权的主体)。

此后，随着农村集体化运动的兴起，经过初级农业合作社(1953年开始)、高级农业合作社(1956年开始)和人民公社(1958年开始)三个阶段，农村的土地私有制迅速转变为集体所有制。在人民公社化的初期，出现过打破集体组织之间的所有权界限现象，在全社乃至全县范围内任意调用土地等生产资料，造成了土地所有权关系的极大混乱，直到1962年中共中央发布《农村人民公社工作条例修正草案》(《六十条》)，才使“三级所有，队为基础”的土地权属关系确定下来。

1979年以后的农村经济体制改革，给我国农村的土地所有权制度带来了重大变化。首先，在绝大多数地区，废除了过去“政社合一”的人民公社体制，代之以单纯政权组织的乡(镇)和单纯社区自治组织的村(村以下分组)。其次，由原来的集体所有、集体共同使用的体制转变为集体所有、农户承包经营的体制。

实行土地承包经营制以后，土地所有权没有改变，但土地使用权移转到了农民手中，过去的集体经营变成了现在的农户私人经营。这一变化导致了在广大农村地区原有集体经济组织的解体。于是,过去的"政社合一",既兼有行政单位又兼有经济组织双重性质的人民公社变成了单纯的行政单位——乡,而过去的生产大队变成了农民社区自治组织——村,而原来的生产队则变成了村的组织成分——村民小组。

20世纪70年代末以来,通过推行农村土地承包经营制,使集体土地使用权逐渐与所有权发生了分离,形成了一种相对稳定的财产权,这是一个非常重要的制度性变革。1986年颁布的《民法通则》明确承认了土地承包经营权的法律地位。今后一个时期,农村集体土地的财产权制度将会沿着"土地承包经营权物权化"和"强化土地使用权"的方向发展,这将使农民在土地上享受更充分、更稳固的财产权地位,这对农业的发展和社会的安定都是必要和有益的。

根据以上事实可以看出,集体土地所有权是历史形成的,它不是国家土地所有权的派生物,也不隶属于国家土地所有权之下。现行立法的规定进一步表明,农民集体土地所有权是一项独立的民事权利,它与国家土地所有权在法律上处于平等的地位。

(二)集体土地所有权的特征

1. 集体土地所有权的不完全性

集体土地所有权的不完全性是指集体土地所有权所具有的权能并不完全。这个特征在于国家土地所有权进行比较时更为明显。

在使用权能方面,集体所有的土地只能用于农业生产或农民宅基地、乡(镇)企事业用地等与集体密切相关的建设中,而对于能够产生巨大经济效益的房地产开发等,集体土地显然没有这个使用目的。依《房地产管理法》第九条的规定,城市规划区内集体所有的土地,经依法征收转为国有土地后,该幅国有土地的使用权方可有偿出让。农民集体所有的耕地,即便用于建筑房屋,也需要经过县级以上人民政府批准。而在1998年《土地管理法》的修正中,提出了土地用途管制。土地用途管制的提出正是以耕地保护等为目的强化了集体土地所有权的不完全性。这一立法必然会大大限制作为所有人的农民集体对其所有土地的使用权能,从而使其所有权权能上的不完全性更为明显。

收益权能方面的不完全性是使用权能方面不完全性的表现。由于集体所有的土地不能用于房地产开发,而必须先由国家征收转变为国家所有后方可出让,这就使得本应属于集体土地所有权的收益权能受到限制,农民集体作为所有人却对其土地上房地产开发等使用的收益不享有收益权。

在处分权能方面,集体对其所有的土地不得买卖、抵押或以其他形式非法转让。对于违反法律规定,在耕地上挖土、挖砂、采石、采矿等,致使耕地丧失耕种条件,或者因开发土地造成土地沙化、盐渍化、水土流失的,除责令其限期治理,还可对其处以罚款。土地的法律处分本来属于土地所有权的一项权能,而集体土地所有权的处分权能由于受征收制度的限制,已经显得很不完全。农用地转用制度和土地用途管制使得集体对土地事实上的处分权也是受到限制的,呈现出不完全性。

2. 集体土地所有权的相对性

集体土地所有权的相对性是指集体土地所有权在法律上只受到相对的保护,这一特征在与国有土地所有权进行比较时,显得十分明显。

依照《宪法》第十二条:"社会主义的公共财产神圣不可侵犯。国家保护社会主义的公共财产。禁止任何组织或者个人用任何手段侵占或者破坏国家的和集体的财产。"虽然甲集体所有的土地不可能是乙集体所有的土地,但集体所有的土地仍然属于“社会主义的公共财产”,因此我国法律给予保护。但是,由于国有土地所有权推定制度的存在,显示了国有土地所有权的绝对性与集体土地所有权的相对性之间的区别,国家所有权需要绝对的保护,只要不能证明为集体所有的土地,即为国家所有。

3. 权能可分离性

集体土地所有权的权能可分离性是指集体土地所有权的权能可与集体土地所有权相分离而形成的一项独立的民事权利。与国家土地所有权的这一特征一样,可分离性是所有权特性的表现,而不是土地“集体所有”的表现。

集体土地所有权权能的分离是随着包产到户的发生而产生的,权能分离的一种表现形式是农村土地承包经营权作为一项独立的民事权利已经为法律所承认,另一表现形式就是形成了宅基地使用权。宅基地使用权虽然不像农村土地承包经营权那样已经为法律所明确承认,却也受到司法的保护。

与国家土地所有权权能可分离性一样,集体土地所有权的权能可分离性反映了这样一种现实:土地所有人与实际利用人不一致时,双方的利益都需要保护,以维护一种正常的秩序。在土地公有制不改变的情况下,土地所有权的权能可分离性在立法中应予以相当重视。

4. 移转中的单向流出性

集体土地所有权移转中的单向流出性是指在土地所有权转移的过程中,只可能是集体所有的土地转归国家所有,不可能是国家所有的土地转归集体所有,集体土地所有权的客体只减不增。这一特征与国有土地所有权移转的单向流入性相反。

由于我国法律禁止土地所有权的买卖、赠与、互易和投资,因而发生集体土地所有权之间的移转的可能性几乎没有。集体土地所有权与国家土地所有权之间的移转通过征收的形式集体流出并流入国家。因而,土地所有权移转只可能是一种单向移转。这种单向移转的后果必然是国有土地所有权客体的范围不断扩大,集体土地所有权客体的范围不断减少。

(三)集体土地所有权的主体范围及其行使

1. 集体土地所有权的主体范围

农民集体土地所有权是农村集体所有权的一种,根据我国现行立法的规定,集体土地的所有权的主体为农村集体经济组织。但在照顾既成事实的情况下,可以是乡(镇)集体组织或村内不同的集体组织。其具体的法律依据如下:

对于农民集体所有的土地,《民法典》第二百六十二条、《土地管理法》第十一条规定:“农民集体所有的土地依法属于村农民集体所有的,由村集体经济组织或者村民委员会经营、管理;已经分别属于村内两个以上农村集体经济组织的农民集体所有的,由村内各该农村集体经济组织或者村民小组经营、管理;已经属于乡(镇)农民集体所有的,由乡(镇)农村集体经济组织经营、管理。”

以上规定的基本精神是:在存在集体经济组织的情况下,以该组织作为农民集体土地所有权的主体;在不存在集体经济组织的情况下,以村民委员会或村民小组为集体土地所有权的主体。但村民委员会和村民小组的性质,属于社区居民自治组织,似与集体经济组织不完全一样。需要指出的是,在有些地方存在着村党支部取代村委员会行使集体土地所有权的现象,这与有关法律的规定是相违背的,应当予以纠正。

2. 集体土地所有权的行使

行使集体土地所有权的内容主要有:

(1)要求县级人民政府颁发集体土地所有权证,行使法律上对土地的占有权。

(2)利用集体土地修建农用设施进行农业生产。如修建水库、水渠、农用公路及种植农作物等。

(3)可以将土地交给集体经济组织内的农民作为宅基地、自留地、自留山使用,或者通过承包经营合同发包给农民使用。

(4)可以依法使用土地兴建乡(镇)企业,或者以土地使用权作为出资和国有企业外商投资企业联营。

(5)在法律规定的范围内,有权依法收回集体土地的使用权。

(四)集体土地所有权的保护

集体土地所有权受到法律的保护,《宪法》和《民法典》对此都作了原则性的规定。《土地管理法》第十二条明确规定:"依法登记的土地的所有权和使用权受法律保护,任何单位和个人不得侵犯。"《土地管理法》第七章和《土地管理法实施条例》对集体土地所有权的保护作了更为具体的规定。

(1)未经批准或者采取欺骗手段骗取批准,非法占用土地的,由县级以上人民政府土地行政主管部门责令退还非法占用的土地,对违反土地利用总体规划擅自将农用地改为建设用地的,限期拆除在非法占用的土地上新建的建筑物和其他设施,恢复土地原状,对符合土地利用总体规划的,没收在非法占用的土地上新建的建筑物和其他设施,可以并处罚款;对非法占用土地单位的直接负责的主管人员和其他直接责任人员,依法给予行政处分;构成犯罪的,依法追究刑事责任。处以罚款时,罚款额为非法占用土地每平方米100元以上1 000元以下,超过批准的数量占用土地,多占的土地以非法占用土地论处。

(2)农村村民未经批准或者采取欺骗手段骗取批准,非法占用土地建住宅的,由县级以上人民政府土地行政主管部门责令退还非法占用的土地,限期拆除在非法占用的土地上新建的房屋。超过省、自治区、直辖市规定的标准,多占的土地以非法占用土地论处。

(3)无权批准征收、使用土地的单位或者个人非法批准占用土地的,超越批准权限非法批准占用土地的,不按照土地利用总体规划确定的用途批准用地的,或者违反法律规定的程序批准占用、征收土地的,其批准文件无效,对非法批准征收、使用土地的直接负责的主管人员和其他直接责任人员,依法给予行政处分;构成犯罪的,依法追究刑事责任。非法批准、使用的土地应当收回,有关当事人拒不归还的,以非法占用土地论处。非法批准征用、使用土地,对当事人造成损失的,依法应当承担赔偿责任。

(4)买卖或者以其他形式非法转让土地的,由县级以上人民政府土地行政主管部门没收违法所得;对违反土地利用总体规划擅自将农用地改为建设用地的,限期拆除在非法转让的土地上新建的建筑物和其他设施,恢复土地原状,对符合土地利用总体规划的,没收在非法转让的土地上新建的建筑物和其他设施;可以并处罚款,罚款额为非法所得的10%以上50%以下;对直接负责的主管人员和其他直接责任人员,依法给予行政处分,构成犯罪的,依法追究刑事责任。

国家在依法对集体土地所有者的所有权给予充分保护的同时,又对集体土地所有者行使其权利予以限制,法律要求所有人在行使土地所有权时要承担法律责任。如集体土地所有者行使土地所有权不得破坏环境、生态平衡及危害社会生产和人们的生活;不得无理阻挠国家为了建设需要而按照法律所规定的条件和程序对土地实行征用;行使土地所有权应当有利于发展生产、促进团结,不得损害相邻方的合法权益;国家建设和乡(镇)建设必须节约使用土地,尽量利用荒地、劣地,不得占用耕地、经济效益好的土地。

第四节 土地相邻关系

土地相邻关系指相邻近的土地所有人和利用人之间的权利义务关系。在相邻近的土地所有人或利用人间,如果各自对自己的土地均可自由地支配、使用,则不免发生利害冲突。法律为调和其利害冲突,遂设相邻近土地所有人或利用人间的权利义务关系的规定。

可见,土地相邻关系是土地所有权内容的当然扩张或限制,是因为法律的直接规定而发生的。因此,它不是一项独立的民事权利,更不是一项独立的物权,而只是土地所有权的内容。

《民法典》第二百八十八条【处理相邻关系的原则】不动产的相邻权利人应当按照有利生产、方便生活、团结互助、公平合理的原则,正确处理相邻关系;《民法典》第二百八十九条【处理相邻关系的法律依据】法律、法规对处理相邻关系有规定的,依照其规定;法律、法规没有规定的,可以按照当地习惯。

一、关于邻地地基动摇或其他危险之防免的相邻关系

土地所有人或利用人挖掘土地或修筑建筑物时,不得因此使邻地地基动摇,或发生危险,或使邻地上的工作物受到损害。对于土地所有人或利用人,在挖掘土地或修筑建筑物时,负有防免危险或损害的义务。对于邻地所有人或利用人,则享有请求土地所有人或利用人为该项防免的权利。例如:当事人违反上述防免义务,致邻地受到妨害或有被妨害之虞时,邻地所有人或利用人可基于物权请求权制度,请求停止施工、除去危险或采取必要的措施;如果造成损害,则可基于损害赔偿请求权制度,请求损害赔偿。

《民法典》第二百九十二条规定:“不动产权利人因建造、修缮建筑物以及铺设电线、电缆、水管、暖气和燃气管线等必须利用相邻土地、建筑物的,该土地、建筑物的权利人应当提供必要的便利。”

二、关于水的相邻关系

水的相邻关系,包括相邻流水关系和相邻排水关系。《民法典》第二百九十条规定:“不动产权利人应当为相邻权利人用水、排水提供必要的便利。对自然流水的利用,应当在不动产的相邻权利人之间合理分配。对自然流水的排放,应当尊重自然流向。”

(一)相邻流水关系

无论是地上水还是地下水,水源地人可自由使用,也必须允许相邻各方利用,不得因自己利用水流而致使邻人用水利益遭受妨害。相邻各方利用同一自然水流时,应尊重其自然形成的流向,按照“由近至远、由高至低”的原则,共同使用,依次灌溉。任何一方不得为自身利益而任意改变水路、截阻水流、独占水流。一方擅自改变、堵截或独占自然水流而影响

他方正常生产活动的,他方有权请求排除妨碍,造成损失者,有权请求赔偿。

(二)相邻排水关系

相邻排水关系包括相邻自然排水关系和相邻人工排水关系。对于自然流水,低地所有人或使用人负有容忍排水的义务,称为承受义务;高地所有人或使用人享有排水权。同时,低地所有人或使用人对自然流水没有疏通的义务,但高地所有人或使用人也有以自己的费用在低地做一定的疏通工作的权利。对于人工排水,土地所有人或使用人原则上并无利用邻地的权利。但有的国家的民法规定,在一定的条件下,高地所有人或使用人有使水流通过低地的权利。其条件为:①行使此权利的目的,在于使浸水之地干涸,或排除家用、农用、工业用废水等;②须有排水的河道或沟渠;③须两地有高低之分。排水时,本着民法诚实信用与对等正义原则,高地之人必须选择于低地之人损害最小的处所及方法进行排水,如因排水致使低地损害时,高地所有人或使用人应支付赔偿金。

三、关于邻地使用的相邻关系

(1)相邻管线安设关系。相邻管线安设关系在民法学说中从权利角度多称为管线安设权、引导权、通过权,指土地所有人或使用人非通过他人土地,不能安设电线、水管、煤气管、下水道、电线时,得通过他人土地之上、下安设的权利。本着民法诚实信用与对等正义原则,管线安设人应选择对邻人损害最小的线路和方法,并应支付赔偿金。《民法典》第二百九十五条规定:"不动产权利人挖掘土地、建造建筑物、铺设管线以及安装设备等,不得危及相邻不动产的安全。"《民法典》第二百九十六条规定:"不动产权利人因用水、排水、通行、铺设管线等利用相邻不动产的,应当尽量避免对相邻的不动产权利人造成损害。"

(2)相邻必要通行关系(必要通行权)。相邻必要通行关系又称必要通行权。一块土地与公共道路不相通时,土地所有人或使用人有权通行周围土地以至公路,周围土地的所有人或利用人则负有忍受通行的义务。根据各国民法,相邻必要通行关系成立,须具备以下要件:①土地与公共道路无适宜之联络;②须土地通常之使用所必要;③须非土地所有人或使用人的任意行为所致。如原本有桥梁等,但土地所有人或使用人将其拆除,则不得请求通行权。《民法典》第二百九十一条规定:"不动产权利人对相邻权利人因通行等必须利用其土地的,应当提供必要的便利。"

四、越界的相邻关系

相邻越界关系主要是越界建筑物的相邻关系、越界根枝的相邻关系和越界果实的相邻关系,我国《民法典》对此未作规定,国外民法大都设有明文。但在实践中时有发生,所以在理论上,也多有述及。

(1)越界建筑。一般来说,相邻一方在地界一侧修筑建筑物时,应与地界线保持适当距离,不得越界侵占对方的土地。如果建筑物越界,受不利一方有下述权利:一是土地购买请求权。相邻一方提出相当的价格,请求越界建筑一方购买越界部分的土地时,越界建筑一方不得拒绝。二是损害赔偿请求权。如越界建筑造成相邻一方损害的,相邻一方有权请求赔偿。需要注意的是,邻地所有人或利用人如知其越界而不及时提出异议的,非但不得请求除去或变更建筑物,相反还负有容忍邻人利用其土地的义务。

(2)竹木根枝越界。相邻一方于地界一侧栽培竹木时,应与地界线保持适当距离,以预防竹木根枝越界侵入对方土地。邻地竹木的根枝越界侵入邻人土地时,邻人得向竹木所有人请求于适当期间内将其剪除或截取,竹木所有人逾期不予剪除的,邻人可以自行剪除或截取越界的根枝。

思考与分析题

1. 如何理解所有权的权能分离与整体性的关系?
2. 简述集体土地所有权的法律地位。
3. 简述国有土地所有权和集体土地所有权的特征。
4. 相邻关系处理的原则是什么?

第六章　土地用益物权

学习目标

掌握用益物权、土地承包经营权、建设用地使用权、宅基地使用权、居住权、地役权的概念和特征；熟悉土地承包经营权的限制内容；了解土地承包经营权、建设用地使用权和地役权的权利和义务。

【学习导入】

所有权与其权能的分离，导致了社会物质资料总量与需求之间的矛盾，为了满足当事人的需求、充分发挥物质资料的效能，不同时期、不同性质的法律都给用益物权以确认和保护。在当代，用益物权制度不仅要在物的所有人和利用人之间维持利益平衡，还要维持社会与物的所有人及利用人之间的利益平衡。我国的用益物权体系主要包括土地承包经营权、建设用地使用权、宅基地使用权、居住权、地役权。

第一节　用益物权的法理学知识

一、用益物权的概念

用益物权是物权的一种，是指非所有人对他人之物所享有的占有、使用、收益的排他性的权利。比如土地承包经营权、建设用地使用权、宅基地使用权、地役权、自然资源使用权(海域使用权、探矿权、采矿权、取水权和使用水域、滩涂从事养殖、捕捞的权利)。

1986年《民法通则》的颁布，是中国民事立法的一个里程碑。它以“与财产所有权有关的财产权”概念代替了用益物权的概念，规定了属于用益物权的国有土地使用权、农村土地承包经营权、国有资源使用权、采矿权、国有企业经营权、相邻权。除《民法通则》规定的用益物权外，中国的其他特别法中还规定了渔业捕捞权、狩猎权、水权等用益物权。最高人民法院的司法解释中还确认了典权和地上权的制度。

《民法典》第三百二十三条规定：“用益物权人对他人所有的不动产或者动产，依法享有占有、使用和收益的权利。”

用益物权具有如下特征。

(1)用益物权为一种定限物权。所有权是完全物权，所有人可永续地在法令限制的范围内发挥其无量作用；但定限物权却没有这样的效力，其权利在时间上和内容上都有一定的限度，因而用益物权人也就只能在一定范围内对标的物占有、使用和收益。

(2)用益物权是以使用收益为目的的定限物权。用益物权是就标的物的使用价值为单方面利用的物权,其目的在于对标的物为使用收益。

(3)用益物权原则上是就他人之物而成立的物权,故罗马法及现代民法理论称为他物权。

(4)用益物权的享有和行使以对物的占有为前提。只有用益物权人对标的物予以占有,才有对标的物为使用收益的可能。因此,用益物权同时包括占有、使用及收益三项权能。

(5)用益物权主要以不动产为标的物,一般是土地、建筑物等;而对于动产,一般采取借贷或租赁等债的方式利用他人之物。其主要原因是,不动产具有固定性和恒久性,法律关系也容易规范;相反,动产的物理性质和法律关系都具有易变的特性,用不牢固但具有很大灵活性的债权关系进行规范,效率更高。

(6)用益物权为独立物权。独立物权是指不以主体享有的其他民事权利为前提,能够独立存在的物权。用益物权人对权利的享有不以享有其他财产权为前提,故用益物权为独立物权。

二、用益物权与担保物权的不同

用益物权与担保物权是近代民法学就物权所作的最基本的学理分类。它们都属于定限物权范畴,具有支配权、绝对权之性质。但是,两者设立的目的是完全不同的,具有本质的差异。

(1)对标的物进行支配的方面有所不同。用益物权是以占有和利用标的物之实体为目的的权利,它主要就物的使用价值方面对标的物进行支配,因此又称为实体物权。担保物权不以取得对物的实体的利用为目的,而是以取得物所蕴含的交换价值为目的,因此它主要就物的交换价值方面对物进行支配,是一种价值权。

(2)用益物权除地役权外,均为主物权,担保物权为从物权。担保物权之存在,以担保物权人对担保物的所有人或其关系人享有债权为前提。债权一旦消失,担保物权也随之消失。

(3)权利实现的时间不同。用益物权人取得用益物权时,即可实现其权利,即对标的物为使用收益。用益物权人可以直接支配标的物,不需要他人行为的介入。可见,用益物权之取得与实现同时,二者之间无时间间隔。担保物权人取得担保物权后,并不能当即实现其权利,而只有在担保物权所担保的债权已届满清偿期而未受清偿时,担保物权人始得行使变价受偿权。可见,权利的实现与权利的取得不能同时,有时间间隔。

(4)用益物权虽然也可以在动产上设立,但是从用益物权的具体类型来看,用益物权主要以不动产为客体,这主要是便于通过登记公示。

(5)二者在物上代位性上的不同。担保物权具有物上代位性。担保物权标的物灭失、毁损,因而获得赔偿金时,该赔偿金即为担保物权标的物的代替物,担保物权人从而就该项赔偿金行使权利。对于用益物权,无论其标的物灭失原因如何,均将导致用益物权确定地、终局性地归于消灭,此时,用益物权人不得请求所有人以其他物替补。

三、用益物权的种类

从1804年法国民法典问世以来,欧陆各国、拉丁美洲各国和亚洲各国民法以及我国台湾地区民法均规定了相应的用益物权制度。不过,由于历史、文化、经济等原因,各国各地区的用益物权制度并不统一,存在一定的差异。法国民法典规定了四种用益物权类型:用益权、使用权、居住权及地役权。德国民法典规定了四种用益物权类型:地上权、先买权、土地负担及役权。我国台湾民法规定了四种用益物权类型:地上权、永佃权、典权及地役权。

在国家或者集体所有的自然资源设立的用益物权类型中,不同的国家有不同的制度安排,这主要是由一个国家的政治、经济、文化和历史不同背景而决定的。我国在《物权法》施行以前,没有物权的成文法,但我国传统民法理论上存在以地上权、地役权和典当权等具有代表性的用益物权。现代社会中,我国的用益物权类型是根据我国的基本经济制度决定的,所以在权利类型上与其他国家有所不同。2007年10月1日施行的《物权法》规定了四种用益物权,即土地承包经营权、建设用地使用权、宅基地使用权和地役权。2021年1月1日施行的《民法典》所规定的用益物权,首次以民事基本法的形式将居住权规定为一种用益物权,即土地承包经营权、建设用地使用权、宅基地使用权、居住权和地役权是我国用益物权的类型。

第二节　土地承包经营权的基础理论

一、土地承包经营权的概念和特征

土地承包经营权指土地承包经营权人依法对其承包经营的耕地、林地、草地等享有占有、使用和收益的权利,有权从事种植业、林业、畜牧业等农业生产。

《民法典》第三百三十条【双层经营体制与土地承包经营制度】农村集体经济组织实行家庭承包经营为基础、统分结合的双层经营体制。农民集体所有和国家所有由农民集体使用的耕地、林地、草地以及其他用于农业的土地,依法实行土地承包经营制度。

具有以下法律特征。

(1)土地承包经营权的主体是集体经济组织的承包农户。

(2)土地承包经营权的客体是集体所有或国家所有、由农民集体使用的农用地。

(3)土地承包经营权的目的是在他人土地上从事农业生产。包含三层意思:其主体不拥有土地所有权;其用途限制为农业利用;它是一种物权,具有物权的性质。

二、土地承包经营权的取得

基于物权理论,农地使用权得依以下两种方式而取得。

(一)基于民事行为取得承包经营权,包括创设取得和移转取得两种情况

(1)土地承包经营权的创设取得,主要是指承包人与发包人通过订立承包经营合同而取得承包经营权,分为家庭承包与以招标、拍卖、公开协商等方式进行的承包。

通过这两种方式承包的,都应当签订承包合同,承包合同自成立之日起生效,承包方于合同生效时取得土地承包经营权。县级以上地方人民政府应当向土地承包经营权人发放土地承包经营权证、林权证、草原使用权证,并登记造册,确认土地承包经营权。

(2)土地承包经营权的移转取得,是指在土地承包经营权的流转过程中,受让人通过转包、互换、转让等方式,依法从承包人手中取得土地承包经营权。

我国《民法典》规定,土地承包经营权人依照法律规定,有权将土地承包经营权互换、转让。未经依法批准,不得将承包地用于非农建设。土地承包经营权互换、转让的,当事人可以向登记机构申请登记;未经登记,不得对抗善意第三人。土地承包经营权人可以自主决定依法采取出租、入股或者其他方式向他人流转土地经营权。

(二)非基于民事行为而取得承包经营权

在这里主要是继承问题。《民法典》继承篇,遗产是自然人死亡时遗留的个人合法财产。没有明确规定土地承包经营权,因此在我国民法学界对于土地承包经营权能否继承有不同的看法。《农村土地承包法》认可承包人应得的承包收益的继承,而有限地认可土地承包经营权的继承:

(1)承包人应得的承包收益,依照继承法的规定继承。以家庭承包方式取得的林地承包经营权,承包人死亡的,其继承人可以在承包期内继续承包。

(2)通过招标、拍卖、公开协商等方式取得土地经营权的,该承包人死亡,其应得的承包收益,依照继承法的规定继承;在承包期内,其继承人可以继续承包。

三、土地承包经营权的效力

(一)土地承包经营权人的权利

(1)土地的经营自主权。土地承包经营权人有权在合同约定的期限内占有农村土地,自主开展农业生产经营并取得收益。土地承包经营权人可以自主决定依法采取出租、入股或者其他方式向他人流转土地经营权。

(2)土地的使用收益权。土地承包经营权人在耕作、养殖或畜牧的范围内,就土地的使用、收益的权利。孳息分两种:天然孳息,如果实;法定孳息,如出租而收取租金。

(3)土地的处分权。主要包括出租、转让和抵押。转让是指农地使用权人将其拥有的使用权依法转让给他人。转让行为一经确认,原土地使用权人就失去土地使用权,受让人就成为新的农地使用权人。目前,我国土地法对农地使用权的处分权有严格的限制,只有法律规定范围内的农地使用权,才能出租、转让和抵押。《民法典》第三百四十二条规定:"通过招标、拍卖、公开协商等方式承包农村土地,经依法登记取得权属证书的,可以依法采取出租、入股、抵押或者其他方式流转土地经营权。"

(二)土地承包经营权人的义务

(1)依法定方法和法定用途使用土地。土地承包经营权人负有依约定的使用方法及目的使用土地的义务。不能擅自改变,否则,由县级以上地方人民政府有关主管部门依法予以处罚。

(2)保持土地的生产力。即土地承包经营权人以耕作、养殖或畜牧为目的使用土地时,负有保持土地生产力之义务。承包方给承包地造成永久性损害的,发包方有权制止,并有权要求赔偿由此造成的损失。

四、承包经营权的限制

(一)不得擅自改变权利取得时设定的土地用途

国家实行土地用途管制制度。国家编制土地利用总体规划,规定土地用途,严格限制农用地转为建设用地,控制建设用地总量,对耕地实行特殊保护。使用土地的单位和个人必须严格按照土地利用总体规划确定的用途使用土地。

国家保护耕地,严格控制耕地转为非耕地。国家实行占用耕地补偿制度。非农业建设经批准占用耕地的,按照“占多少,垦多少”的原则,由占用耕地的单位负责开垦与所占用耕地的数量和质量相当的耕地;没有条件开垦或者开垦的耕地不符合要求的,应当按照省、自治区、直辖市的规定缴纳耕地开垦费,专款用于开垦新的耕地。省、自治区、直辖市人民政府应当制订开垦耕地计划,监督占用耕地的单位按照计划开垦耕地或者按照计划组织开垦耕地,并进行验收。

建设占用土地,涉及农用地转为建设用地的,应当办理农用地转用审批手续。省、自治区、直辖市人民政府批准的道路、管线工程和大型基础设施建设项目,国务院批准的建设项目占用土地,涉及农用地转为建设用地的,由国务院批准。在土地利用总体规划确定的城市和村庄、集镇建设用地规模范围内,为实施该规划而将农用地转为建设用地的,按土地利用年度计划分批次由原批准土地利用总体规划的机关批准。在已批准的农用地转用范围内,具体建设项目用地可以由市、县人民政府批准。

(二)不得闲置耕地,两年以上的,终止合同

禁止任何单位和个人闲置、荒芜耕地。已经办理审批手续的非农业建设占用耕地,一年内不用而又可以耕种并收获的,应当由原耕种该幅耕地的集体或者个人恢复耕种,也可以由用地单位组织耕种;一年以上未动工建设的,应当按照省、自治区、直辖市的规定缴纳闲置费;连续二年未使用的,经原批准机关批准,由县级以上人民政府无偿收回用地单位的土地使用权;该幅土地原为农民集体所有的,应当交由原农村集体经济组织恢复耕种。

在城市规划区范围内,以出让方式取得土地使用权进行房地产开发的闲置土地,依照《房地产管理法》的有关规定办理。

五、土地承包经营权的消灭

土地承包经营权的消灭,包括消灭原因与消灭后果。

(一)土地承包经营权消灭的原因

1. 土地承包经营权的提前收回和交回

土地承包经营权的提前收回,是指在土地承包经营合同约定的承包期届满之前,发包人在发生特定事由时将承包地提前收回,使土地承包经营权归于消灭的行为。土地承包经营权的提前交回,是指在土地承包经营合同约定的承包期届满之前,承包方将承包土地交回发包方,其土地承包经营权归于消灭的行为。《农村土地承包法》和《民法典》都有类似规定,《农村土地承包法》第二十七条规定:“承包期内,发包方不得收回承包地。国家保护进城农户的土地承包经营权。不得以退出土地承包经营权作为农户进城落户的条件。承包期内,承包农户进城落户的,引导支持其按照自愿有偿原则依法在本集体经济组织内转让土地承包经营权或者将承包地交回发包方,也可以鼓励其流转土地经营权。承包期内,承包方交回承包地或者发包方依法收回承包地时,承包方对其在承包地上投入而提高土地生产力的,有权获得相应的补偿。”《民法典》第三百三十七条规定:“承包期内发包人不得收回承包地。法律另有规定的,依照其规定。”

2. 土地承包经营权的期限届满

土地承包经营权是一种有期物权,在期限届满时归于消灭。依《农村土地承包法》规定,土地承包经营权的期限由承包经营合同明确约定,耕地的承包期为30年,草地的承包期为30~50年，林地的承包期为30~70年，特殊林木的林地承包期经国务院林业行政主管部门批准可以延长。以其他方式承包的土地，承包期由合同约定。可见，土地承包经营权的期限届满，土地承包经营权就归于消灭，承包方应将承包地交回发包方。

3. 承包地被征收

国家基于社会公共利益的需要而征收集体所有的农村土地时，在该土地上设立的土地承包经营权当然消灭。但国家在征收土地承包经营的土地时，应当给予承包方充分的、合理的补偿。《民法典》第二百四十三条规定：为了公共利益的需要，依照法律规定的权限和程序可以征收集体所有的土地和组织、个人的房屋以及其他不动产。

征收集体所有的土地，应当依法及时足额支付土地补偿费、安置补助费以及农村村民住宅、其他地上附着物和青苗等的补偿费用，并安排被征地农民的社会保障费用，保障被征地农民的生活，维护被征地农民的合法权益。

征收组织、个人的房屋以及其他不动产，应当依法给予征收补偿，维护被征收入的合法权益；征收个人住宅的，还应当保障被征收入的居住条件。

任何组织或者个人不得贪污、挪用、私分、截留、拖欠征收补偿费等费用。

4. 承包地使用价值丧失

土地承包经营权是一种用益物权，其目的是利用承包地的使用价值，当承包经营之土地的使用价值丧失时，自然无从实现土地承包经营的目的，该项权利也就归于丧失。这里的“使用价值丧失”包括土地本身的灭失，也包括承包用途的丧失。

5. 其他丧失原因

土地承包经营权在下列情形下也可以丧失：

(1)合同解除。双方协商一致，解除承包经营合同，且承包经营权的提前终止不损害国家、集体或他人利益。如承包方由于从事他业或其他原因无力经营原承包土地，经与发包方协商，可以解除承包关系。

(2)不可抗力。由于不能归之于当事人任何一方的原因，承包的目的无法实现。例如，承包经营权因不可抗力的原因而不能行使、承包经营的土地被国家征用，确定承包经营合同所依据的国家定购任务、价格、税收等发生重大变化，承包人户口转为非农业户口等。

(3)继承落空。承包方死亡无人继承或者继承人放弃继承的，土地承包经营权也失去了存在的意义，于是即丧失。

(二)土地承包经营权消灭的法律后果

(1)土地承包经营权消灭时，土地承包经营权人负有解除合同返还土地于所有人之义务。

(2)出产物及农用工作物的取回。土地承包经营权消灭时，土地上的出产物及农用工作物皆为土地承包经营权人花费劳力或资金的设置或所得，应由其取回，始为合理。

(3)土地所有人应偿还特别改良费用或其他有益费用。土地承包经营权人为增加土地的生产力或土地的使用上的便利，而支出特别改良费用或其他有益费用，土地所有人如知其情事而不立即为反对的表示者，土地承包经营权消灭时，应向土地承包经营权人予以返还。至于返还的数额，一般以现存的增加额为限。根据民法上的诚实信用原则、等价有偿原则，这是一个合情合理的法律后果，有利于保护土地使用权人的合法权益，也有利于激励土地使用者加大对土地的投资。但目前，我国法律还缺乏明确的规定。

(4)土地生产力被破坏的，土地承包经营权人应恢复土地的原状或者赔偿损失。

第三节　建设用地使用权的基本理论

一、建设用地使用权的概念和特征

建设用地使用权是指建设用地使用权人依法对国家所有的土地享有占有、使用和收益的权利,有权利用该土地建造建筑物、构筑物及其附属设施。

具有以下法律特征:

(1)建设用地使用权是以国家所有的土地为标的物而成立的物权。标的物是国家所有的土地。

(2)通过出让或划拨等方式设立建设用地使用权。《民法典》第三百四十七条【建设用地使用权的设立方式】设立建设用地使用权,可以采取出让或者划拨等方式。工业、商业、旅游、娱乐和商品住宅等经营性用地以及同一土地有两个以上意向用地者的,应当采取招标、拍卖等公开竞价的方式出让。严格限制以划拨方式设立建设用地使用权。

(3)应根据合同约定使用该权利,进行建设。《民法典》第三百四十八条【建设用地使用权出让合同】通过招标、拍卖、协议等出让方式设立建设用地使用权的,当事人应当采用书面形式订立建设用地使用权出让合同。

(4)建设用地使用权可以分层分别设立。《民法典》第三百四十五条【建设用地使用权的分层设立】建设用地使用权可以在土地的地表、地上或者地下分别设立。

二、建设用地使用权的取得与存续期间

(一)建设用地使用权的取得

(1)基于法律行为而取得。建设用地使用权之设定取得即通过建设用地使用权设定契约而取得建设用地使用权。建设用地使用权设定契约是指土地所有人与建设用地使用权人订立的以直接使建设用地使用权发生为内容的契约,如城镇国有土地使用权出让合同。建设用地使用权也可因转让而取得,如城镇国有土地使用权转让。基于法律行为而取得基地使用权,登记要件主义,须订立书面契约,并经登记,始生效力。

(2)基于法律行为以外的原因而取得。建设用地使用权可以继承取得。另外,还可以因时效取得(对此,我国法律没有明确规定)。

(二)建设用地使用权的存续期间

关于建设用地使用权的存续期间,各国立法一般既不规定其最长期间,也不规定其最短期间,而委托当事人自由订定。我国法律对于城镇国有土地划拨的土地使用权没有规定期限,对以出让方式获得的土地使用权的最高年限做了规定。根据土地用途来确定:居住用地70年;工业用地50年;教育、科技、文化、卫生、体育用地50年;商业、旅游、娱乐用地40年;综合或者其他用地50年。

《房地产管理法》第十四条规定:“土地使用权出让最高年限由国务院规定。”根据《中华人民共和国城镇国有土地使用权出让和转让暂行条例》(国务院令第55号令)第十二条规定:“土地使用权出让最高年限按下列用途规定:(一)居住用地七十年;(二)工业用地五十年;(三)教育、科技、文化、卫生、体育用地五十年;(四)商业、旅游、娱乐用地四十

年;(五)综合或者其他用地五十年。”

三、建设用地使用权人的权利和义务

(一)建设用地使用权人的土地使用权

(1)对土地的使用权。建设用地使用权人于设定契约所约定的目的范围内,有使用他人土地的权利。

(2)基于建设用地使用权的物上请求权。建设用地使用权为使用土地的物权,故建设用地使用权人使用土地的圆满状态受到妨害时,可依侵害形态之不同,行使基于建设用地使用权而生的物上请求权。例如:建设用地使用权人丧失对土地的占有时,建设用地使用权人对侵夺之人有返还请求权;建设用地使用权之行使受到妨害时,有妨害除去请求权;建设用地使用权之行使受到妨害之虞时,有妨害预防请求权。

(3)建设用地使用权的出租和使用借贷。一般来说,建设用地使用权属于物权,建设用地使用权人可以将其出租或借贷于他人。

(4)相邻关系之适用。相邻关系指相邻近的不动产各方在对各自所有或使用的不动产行使所有权或使用权时,因相互间应当依法给予方便或接受限制而发生的权利义务关系。建设用地使用权是对土地加以利用的权利,因此相邻的建设用地使用权人之间、建设用地使用权人与土地所有人之间、建设用地使用权人与土地租赁权人之间以及建设用地使用权人与土地使用借贷人之间,均有相邻关系之适用。

(二)建设用地使用权人的处分权

(1)建设用地使用权之让与(或转让)。除契约另有约定或另有习惯外,建设用地使用权人有权将其建设用地使用权让与他人。

(2)建设用地使用权转移时,建筑物或其他工作物原则上应同时转移。

(3)建设用地使用权之设定担保。建设用地使用权为不动产物权,可以作为抵押权的标的物。但契约另有约定或另有习惯的除外,比如:当事人在设定建设用地使用权时,可以约定不得将建设用地使用权供作债权之担保。

(三)建设用地使用权人支付地租的义务

地租是建设用地使用权成立的要件。如果在设定建设用地使用权当时,当事人约定不支付地租的,建设用地使用权人可免除支付地租的义务。

地租可以定期支付或者一次支付。土地使用权出让金是地租的一种,一般要求一次交清。但有时,为了减轻土地使用者的负担,也可规定分期交款。

(四)建设用地使用权人按设定契约约定的方法和用途使用土地的义务

建设用地使用权人如确实需要改变土地用途的,可向土地所有人申请,经其办理变更土地用途的手续后,方可使用土地。

四、建设用地使用权的消灭

(一)建设用地使用权消灭的原因

建设用地使用权除因物权的一般消灭原因而消灭外,还有下列特殊消灭原因而消灭:

(1)建设用地使用权之抛弃。建设用地使用权为财产权,无论定有期限、未定期限,有支付地租之约定、无支付地租之约定,建设用地使用权人均可抛弃建设用地使用权。

建设用地使用权的抛弃性质上属于有相对人的单独行为,故应向土地所有人以意思表示。在采登记要件主义的法制下,不登记,就不生抛弃的法律效力。同时,如果有支付地租的约定,建设用地使用权人还有支付地租的义务:对于未定有期限而分期支付地租的,建设用地使用权人应于一定期限前通知土地所有人,或支付未到支付期的一年份地租;对于有期限的,建设用地使用权人如欲抛弃其权利,须将未到期的全部地租支付后,才能抛弃其权利。

(2)建设用地使用权之被撤销。与建设用地使用权之抛弃是由建设用地使用权人行使不同,建设用地使用权之被撤销则得由土地所有人为之。一般认为,建设用地使用权之被撤销仅以土地所有人对建设用地使用权人为单独的意思表示即可,不以获得建设用地使用权人的承诺为必要。按照各国法律,建设用地使用权之被撤销有下列两种情形:其一,建设用地使用权人累积欠地租达一定期间,除另有习惯外,土地所有人得撤销建设用地使用权。其二,建设用地使用权人如对土地施加可致永久损害的变更时,土地所有人有权请求停止此种变更。建设用地使用权人如置若罔闻,土地所有人得撤销建设用地使用权。

(3)约定事由发生。在建设用地使用权之设定契约中,当事人约定于一定事由发生时,建设用地使用权消灭。

(4)第三人因时效取得建设用地使用权(在我国,此方式不受法律保护)。建设用地使用权人如不使用其土地,而该土地由第三人以行使建设用地使用权之意思,和平、继续、公然以保有建筑物或其他工作物为目的而使用时,第三人得因而取得该建设用地使用权。但因同一土地上不能存在两个基地使用权,故于第三人因时效而取得建设用地使用权后,原建设用地使用权即当然归于消灭。

(二)建设用地使用权消灭的法律后果

按照近代各国民法,建设用地使用权消灭时通常发生以下法律后果。

(1)建设用地使用权人取回工作物,恢复原状。如地上物之收取有另外的习惯时,则依习惯。

(2)土地所有人之购买权。建设用地使用权消灭时,如土地所有人以市价购买其工作物的,建设用地使用权人通常不得拒绝,称为土地所有人之购买权。一般认为,土地所有人不行使此项购买权时,建设用地使用权人不得起诉请求购买;反之,若土地所有人行使此项购买权时,建设用地使用权人即不得拒绝。

(3)土地所有人之补偿义务。建设用地使用权人之工作物为建筑物时,如建设用地使用权因存续期间届满而消灭,土地所有人应按该建筑物的市价予以补偿。但建设用地使用权设定契约另有约定的,则不在此限。

(4)土地所有人延长建设用地使用权期间之请求权。土地所有人不欲履行补偿之义务或无力补偿时,多数国家和地区民法即采取调和的办法,即赋予土地所有人以延长基地使用权期间之请求权。如果建设用地使用权人拒绝延长,不得请求土地所有人为前述的补偿。

(5)有益费用偿还请求权。建设用地使用权人得请求土地所有人偿还其增加土地价值而支出的有益费用,称为有益费用偿还请求权。有益费用主要包括基地使用权人于土地上设置排水设备、进行工事改良而使土地的客观价值得以实际增加所支出的费用。

我国法律对大部分基地使用权消灭的法律后果都没有明确规定,只对土地使用权出让年限届满的法律后果做了原则性的规定。

《房地产管理法》第二十二条规定:"土地使用权出让合同约定的使用年限届满,土地使用者需要继续使用土地的,应当至迟于届满前一年申请续期,除根据社会公共利益需要收回该幅土地的,应当予以批准。经批准准予续期的,应当重新签订土地使用权出让合同,依照规定支付土地使用权出让金。土地使用权出让合同约定的使用年限届满,土地使用者未申请续期或者虽申请续期但依照前款规定未获批准,土地使用权由国家无偿收回。”

显然,土地所有人不负有上面讲的补偿义务,建设用地使用权人也不享有有益费用偿还请求权。而且,根据《中华人民共和国城镇国有土地使用权出让和转让暂行条例》第四十条规定,土地使用权期满,土地使用权及其地上建筑物、其他附着物所有权由国家无偿取得。土地使用者应当交还土地使用证,并依照规定办理注销登记。第四十一条规定:土地使用权期满,土地使用者可以申请续期。需要续期的,应当依照本条例第二章的规定重新签订合同,支付土地使用权出让金,并办理登记。

这样的法律,有利于保护国家的利益,同时,也使法律后果的操作变得简单易行。其不利的一面是基地使用权人的利益没有得到彻底的保护。

第四节　宅基地使用权的基本理论

一、宅基地使用权的概念和特征

宅基地使用权指宅基地使用权人依法对集体所有的土地享有占有和使用的权利,有权依法利用该土地建造住宅及其附属设施。

具有以下法律特征:

(1)主体的限定性。宅基地使用权的主体为集体经济组织成员,具有人身属性。农村集体经济组织为保障农户生活需要而拨给农户建造房屋及小庭院使用的土地。

(2)宅基地使用权的用途具有限制性。宅基地用于建造住房、辅助用房(厨房、仓库、厕所)、庭院、沼气池、禽兽舍、柴草堆等。《土地管理法》第六十二条规定:“农村村民一户只能拥有一处宅基地,其宅基地的面积不得超过省、自治区、直辖市规定的标准。”

(3)宅基地使用权具有福利性和无期限性。宅基地使用权的取得具有无偿性、福利性,没有使用年限的限制。

二、宅基地使用权的取得与存续期间

(一)宅基地使用权的取得

我国农村居民取得宅基地使用权的主要方式是申请。凡是没有宅基地的,或者因子女结婚等原因确需分户缺少宅基地的,或者因外来人口落户本村需要建住宅而没有宅基地的,以及因自然灾害或者因实施村庄和集镇规划,需要搬迁的,均可提出申请宅基地,农村居民取得的宅基地一般要经过以下程序,即申请、审批、登记。

(二)宅基地使用权存续期间

依照我国法律规定,农村居民对宅基地具有使用权。农村宅基地使用权法律规定没有时间限制。

三、宅基地使用权人的权利和义务

(1)占有和使用宅基地的权利。

宅基地使用权人有权占有宅基地,并在宅基地上建造个人住宅以及与居住生活相关的附属设施。

(2)宅基地使用权人的收益和处分权利。

宅基地使用权人有权获得因使用宅基地而产生的收益,如在宅基地空闲处种植果树等经济作物而产生的收益。

(3)宅基地因自然灾害等原因灭失的,宅基地使用权消灭。对没有宅基地的村民,应当重新分配宅基地。

(4)宅基地使用权人出卖、出租住房后,再申请宅基地的,不予批准。

四、宅基地使用权的消灭

根据相关法律规定,有以下情形之一的,宅基地使用权会被回收,原宅基地使用权消灭。

(1)需要使用该宅基地建设乡(镇)村公共设施和公益事业。

(2)不按照批准的用途使用宅基地。

(3)因撤销、迁移等原因而停止使用宅基地的。

五、宅基地使用权的收回

《土地管理法》第六十六条规定,有下列情形之一的,农村集体经济组织报经原批准用地的人民政府批准,可以收回土地使用权:

(一)为乡(镇)村公共设施和公益事业建设,需要使用土地的;

(二)不按照批准的用途使用土地的;

(三)因撤销、迁移等原因而停止使用土地的。

依照前款第(一)项规定收回农民集体所有的土地的,对土地使用权人应当给予适当补偿。

收回集体经营性建设用地使用权,依照双方签订的书面合同办理,法律、行政法规另有规定的除外。

第五节　居住权的基本理论

居住权最早产生于罗马婚姻家庭关系中,与财产继承制度紧密相关。罗马法上的制度,构成现代居住权制度的雏形。罗马法上,并未抽象出完整的居住权概念,居住权被纳入人役权的概念范畴。人役权是指为特定人的利益而利用他人之物的权利,即以他人之物供自己使用或收益的权利。人役权的根本目的不是实现所有权人的收益,而是满足非所有权人对所有权人之物的利用需求,以解决物的归属和利用之间的矛盾,实现具有特定身份关系的人的生存权。罗马法上的人役权分为三个层次,即用益权、使用权、居住权,其中居住权是以他人房屋为对象的用益权,准用用益权的相关规则。罗马法上的居住权具有伦理性、人身性和期限性的特征,也就是说,居住权的设立是基于伦理关系,仅家庭成员或解放奴隶等特殊身份的主体才能享有,权利期限一般为权利主体的生存期限。

大陆法系主要国家均对罗马法传统规定的居住权有所继受,但并非照抄罗马法上的居住权。以法国和德国为例,法国民法一方面继受了罗马法的人役权制度,构建了用益权、使用权、居住权的规则体系;另一方面又以所有权绝对原则、契约自由原则对居住权制度进行了改造。德国民法则规定了两种性质不同的居住权,一种是属于传统人役权性质的居住权,规定在《德国民法典》中;另一种是突破人役权限制的新型财产权性质的居住权,规定在《住宅所有权及长期居住权法》这一单行法中。

一、居住权的概念和法律特征

居住权是《民法典》物权编新增的用益物权的种类。根据《民法典》第三百六十六条规定:"居住权人有权按照合同约定,对他人的住宅享有占有、使用的用益物权,以满足生活居住的需要。"

居住权作为用益物权具有特殊性,即居住权人对于权利客体即住宅只享有占有和使用的权利,不享有收益的权利,不能以此进行出租等营利活动。

居住权有以下特征。

(一)严格遵循居住属性

居住权的设立目的是满足生活居住需要,因此无论是权利主体、权利客体还是权利内容,都紧密围绕着居住属性展开。居住权的权利主体只能是有生活居住需求的自然人,权利客体只能是用于生活居住用途的房屋,权利内容中的占有、使用该房屋也只能是为了满足居住需要,不可用作其他用途。

(二)以无偿设立为原则

居住权与房屋租赁权不同,其本身的立法目的不是解决市场环境下的房屋供需问题,而是保障特定民事主体的基本居住利益,因而具有一定的福利属性。《民法典》第三百六十八条规定:"居住权无偿设立,但是当事人另有约定的除外。"由此可见,居住权的设立以无偿为原则。但从尊重意思自治的角度考虑,立法者也给当事人通过另行约定为居住权设置一定的对价保留了空间。

(三)流转受到严格限制

居住权是为自然人的居住利益而设立的用益物权,而居住利益显然只能与特定身份的自然人相联系,不具有流转的必要和可能。而且居住权的设立往往是基于当事人之间特定的人身或信赖关系,其在性质上也不适于流转。《民法典》第三百六十九条规定:"居住权不得转让、继承。设立居住权的住宅不得出租,但是当事人另有约定的除外。"因此,基本排除了居住权通过转让、继承、出租的方式进行流转的可能。

二、居住权的设立方式

我国《民法典》规定了两种居住权的设立方式,即第三百六十七条规定的采用订立合同的方式设立居住权,以及第三百七十一条规定的以订立遗嘱的方式设立居住权。目前我国法律上的居住权只能通过这两种民事法律行为设立。

(一)以合同方式设立

居住权合同,是居住权人与房屋所有权人之间为设立居住权而达成的合同。以合同方式设立居住权,是最为常见的居住权设立方式。依据《民法典》第三百六十七条的规定,居住权合同应当采用书面形式订立,属于要式合同。书面合同有利于当事人保留证据,减少和解决纠纷。

设定居住权的合同一般包括下列条款:①当事人的姓名或者名称和住所,应当写明双方当事人的姓名或者名称和住所,特别是居住权人的姓名或者名称和住所;②住宅的位置,约定清楚设定居住权的住宅地址、门牌号码、面积等事项,是居住权的标的能都确定;③居住的条件和要求,明确约定取得居住权的条件、行使居住权的要求是什么;④居住权期限,即从何时起至何时止;⑤解决争议的方法,即发生争议后,通过何种程序解决纠纷。

(二)以遗嘱方式设立

《民法典》第三百七十一条规定了以订立遗嘱的方式设立居住权。遗嘱是一种单方民事法律行为,住宅所有权人可以在生前订立遗嘱,通过相应的意思表示,为居住权人设立居住权。

《民法典》规定以订立遗嘱的方式设立居住权,参照适用合同设立居住权的规定。由此,结合《民法典》继承的规定,遗嘱设立居住权有如下规则:①遗嘱设立居住权,应参照合同设立居住权,采用书面形式。据此,继承编规定的遗嘱形式中,口头遗嘱不属于可以设立居住权的遗嘱形式。②遗嘱中确立的居住权人如是住宅所有权人的法定继承人,则居住权的设立属于遗嘱继承,继承人无须为接受居住权的意思表示;居住权人如不是住宅所有权人的法定继承人,则居住权的设立属于遗赠,受遗赠人需要在知道受遗赠后 60 日内作出接受居住权的意思表示,否则视为放弃受遗赠。③依据《民法典》第二百三十条的规定,因继承取得物权的,物权自继承发生时发生效力,不以登记为生效要件。④遗嘱设立的居住权,其包含居住的条件和要求、期限、是否有偿、居住权住宅是否可以出租等,均遵循遗嘱的内容,居住权人不得擅自违背遗嘱的规定。

三、居住权的登记

就登记对物权变动的影响,《民法典》物权编规定了登记生效主义和登记对抗主义两种模式。其中,对于不动产上的物权变动,采用登记生效主义。居住权是设立在房屋不动产之上的用益物权,且可以依托既有的房屋登记系统进行登记,因此采用登记生效主义是较为恰当的。《民法典》第三百六十八条中规定:“设立居住权的,应当向登记机构申请居住权登记。居住权自登记时设立。”

当事人订立合同设立居住权,但未向不动产登记机构申请居住权登记的,居住权不发生物权效力。但居住权合同本身的效力不受登记与否的影响,居住权人有权依据居住权合同要求住宅所有权人履行合同义务,并配合居住权人办理居住权登记手续。当事人在《民法典》实施前设立居住权的,由于不动产登记机构尚未开展居住权登记业务,如居住权未登记,不宜认为居住权未设立,但居住权不能取得对第三人的对抗效力。居住权人应当及时补办居住权登记,以保障自身的合法利益。

四、居住权人的权利和义务

(一)居住权人的权利

1. 占有、使用住宅的权利

居住权是权利人为满足生活居住需要而占有、使用相应住宅的权利,因此占有、使用住宅的权利是居住权的基本权利内容。居住权人对其权利范围内的住宅部分,其占有、使用具有排他性,不受所有权人和第三人的干涉。居住权人对住宅的有权占有、使用受到妨害或可能受到妨害时,得主张排除妨害、消除危险的物上请求权。

2. 排除第三人对住宅的权利主张

居住权具有对抗第三人的物权效力,因此第三人即使基于有效的权源,也不得向居住权人主张权利,要求其解除对住宅的占有。住宅所有权人如果将住宅进行了转让、抵押、出租等行为,权利受让人仍受住宅上的居住权权利制约,不得妨害居住权人的居住利益。

3. 对房屋进行修缮、添附的权利

居住权对住宅中的有权部分享有排他性权利,因此只要不超出生活居住的用途限制,且不影响所有权人对住宅其他部分的使用,居住权人有权为保障居住条件对房屋进行修缮,或为提高生活质量对房屋进行装修等添附行为,不受房屋所有权人的制约。但基于权利义务的对等性,居住权消灭后,居住权人也不得基于修缮、添附的支出向所有权人要求补偿。

4. 为生活居住需要使用住宅的非权利部分居住权

为生活居住需要使用住宅的非权利部分居住权的制度功能在于保障居住权人的居住利益,如果居住权人在住宅中享有的有权部分不足以满足基本居住需要,必须利用住宅中的一些非权利部分,如住宅的出入口、通道、阳台、厨房、卫生间等,那么所有权人应当容忍居住权人的使用。

5. 优先购买权

《民法典》物权编并未明确居住权人是否享有房屋的优先购买权。但根据合同编关于房屋承租人对房屋优先购买权的规定,则举轻以明重,既然居住权相较于房屋租赁权的保障效力更高,那么理应赋予居住权人相应的住宅优先购买权。优先购买权是指如果房屋所有权人要出卖设有居住权的房屋,则应当在出卖前的合理期限内通知居住权人,并且在同等的购买条件下,居住权人享有优先于第三人购得房屋的权利。

(二)居住权人的义务

1. 不得将住宅用于生活居住以外的用途

居住权的权利内容仅限于基于生活居住需要而对房屋的占有、使用,因此居住权人不得将住宅用作其他用途。居住权人如果将住宅用作商业经营等其他用途,房屋所有权人得向居住权人追究违约责任,乃至依据《民法典》合同编第五百六十三条的规定解除居住权合同,收回住宅的权利。

2. 按照合同约定的居住条件和要求使用住宅

房屋所有权人如果与居住权人约定了使用住宅的相应条件或要求,只要这些条件或要求没有从根本上影响居住权人的居住利益,居住权人就应当遵守相关约定,负有不从事相应行为的义务,否则房屋所有权人得追究居住权人的违约责任。

3. 妥善使用和维护住宅

居住权人作为住宅的占有人,应当妥善使用和维护住宅,不故意损坏住宅,并对住宅履行必要的看护、修缮义务,以保障住宅的居住功能处于正常、良好的状态。居住权人对住宅的使用和维护,应当达到善良管理人的注意义务。如果住宅出现严重损坏或面临危险,居住权人负有及时通知房屋所有权人的义务。

4. 不得将居住权进行转让、继承、抵押

《民法典》第三百六十九条中规定:"居住权不得转让、继承。"据此,居住权人不得将自身享有的居住权转让给第三人,或通过遗嘱对其进行处分。居住权人转让、遗嘱处分居住权的,处分行为无效。同理,对于抵押行为,由于实现抵押权最终也会涉及居住权的转让,因此居住权人也不得将居住权进行抵押。

5. 不得对住宅进行出租,但另有约定的除外

《民法典》第三百六十九条中规定:“设立居住权的住宅不得出租,但是当事人另有约定的除外。”根据该规定,居住权人原则上不得出租其享有居住权的住宅,但如果房屋所有权人与居住权人达成合意,允许后者出租房屋,则居住权人可以将该住宅出租。

6. 按照约定支付居住权的对价

居住权的设立以无偿为原则,但当事人可以为居住权约定对价。如果居住权合同中包含了对价内容,那么居住权人就负有依据合同支付相应对价的义务。

五、居住权消灭的原因

(1)居住权抛弃。居住权人采用明示方法抛弃居住权的,居住权消灭。这种明示的抛弃意思表示应当对所有权人作出。居住权人作出抛弃意思表示的,即发生消灭居住权的效力,并且不得撤销,除非得到所有权人的同意。

(2)居住权期限届满。居住权设定的期间届满,居住权即时消灭,所有权的负担解除。

(3)居住权人死亡。权利主体消灭,居住权也随之消灭。

(4)解除居住权条件成就。在设定居住权的遗嘱、遗赠或者合同中,对居住权设有解除条件的,如果该条件成就,则居住权消灭。

(5)居住权撤销。居住权人具有以下两种情形的,房屋所有权人有权撤销居住权:①故意侵害住房所有权人及其亲属的人身权或者对其财产造成重大损害的;②危及住房安全等严重影响住房所有权人或者他人合法权益的。房屋所有权人行使撤销权,应当经过法院裁决,不得自行为之。

(6)住房被征收、征用、灭失。房屋被征收、征用,以及房屋灭失,都会使居住权消灭。住房所有权人因此取得补偿费、赔偿金的,居住权人有权请求分得适当的份额;如果居住权人没有独立生活能力,也可以放弃补偿请求权而要求适当安置。

(7)权利混同。住房所有权和居住权发生混同,即两个权利归属于同一人的,发生居住权消灭的后果。

居住权消灭,在当事人之间消灭居住权的权利义务关系。居住权人应当归还住房,同时到物权登记机构办理居住权注销登记。

第六节　地役权的基本理论

一、地役权的概念和法律特征

地役权指以他人土地供自己土地便宜之用的权利。在权利的分类上,地役权属于一种为增加自己土地利用价值而使用他人土地的用益物权。例如:为了自己土地的通行便利,而于他人土地上修造道路的物权,即为地役权。其中,受便宜之地为需用地,又称需役地;供他人使用的土地为供用地,又称供役地。

前面已经讲了民法上调节相邻土地间利用的相邻关系制度。一般来说,相邻关系制度对不动产利用的调节,是一种依法律的直接规定而当然发生的调节,在调节范围上相当有限。当利用邻人土地之需要超过相邻关系制度所能调节的范围和限度时,也就无法再进行调节。于是,就有必要在相邻关系制度之外再规定地役权制度,以实现相邻不动产利用的最大限度调节。

例如:相邻关系制度规定,“袋地”的所有人或使用权人有在邻地上的通行权,但如何通过,法律没有明确的规定。如果“袋地”的所有人或使用权人想获得比较好的通行条件,如在邻地上修一条路,就需要与邻地的权利人共同设定修造道路的通行权,这一权利就是地役权。

可见,两者的区别为相邻关系是法律的直接规定人或利用人之间的约定。

地役权具有以下法律特征:

(1)地役权是以限制供用地所有权为内容的他物权。

(2)地役权是以他人土地供自己土地便宜之用的权利。地役权以需用地所提供之便宜为其内容。至于便宜的种类,多无限制,悉由当事人自由制订。根据现代各国地役权实务,地役权内容有下列几种情形:供用地之利用,如通行地役权;由供用地取得收益,如引水地役权;限制供用地所有人权利之行使,如禁止建筑高楼之眺望地役权;排除相邻关系任意规定之适用,如设定竹木根枝越界地役权。

(3)地役权是利用他人土地的物权。

(4)地役权的内容不得违反强行性规定或有悖于公序良俗。

(5)在采用登记要件主义的法制下,邻地使用权的取得,需采取书面形式,经登记后才具有法律效力。

二、地役权的取得

(一)基于法律行为而取得

(1)地役权之设定。由当事人以契约行为设定地役权。契约一般规定地役权的具体内容,即双方的权利、义务。

(2)连同需用地一并让与。地役权为一种从属性权利,不得由需用地分离而让与,但需用地所有人或使用人如将需用地连同地役权一并让与者,受让人即因而取得地役权。

(二)基于法律行为以外的原因而取得

地役权为财产权,故可以因时效而取得,也可以因继承而取得。

三、地役权的效力

根据《民法典》第三百七十四条规定:“地役权自地役权合同生效时设立。当事人要求登记的,可以向登记机构申请地役权登记;未经登记,不得对抗善意第三人。”

(一)地役权人的权利和义务

根据《民法典》第三百七十六条规定:“地役权人应当按照合同约定的利用目的和方法利用供役地,尽量减少对供役地权利人物权的限制。”

(1)供用地之利用。地役权因为于他人土地上存在的权利,故需用地人自有使用供用地之权利。一般认为,依民法诚实信用原则,地役权人于利用供用地时,应于自己土地便宜之用的范围内,择于供用地损害最少的处所及方法为之。这是地役权人行使权利、利用供用地时的一般原则。

(2)得为必要的附随行为与设置。地役权人因行使或维持其权利,既得为必要的行为,也得为必要的设置。例如:为达到排水的目的,得开凿沟渠;为达到放牧的目的,得修筑道路。

(3)得行使基于地役权而生的请求权。在地役权关系中,地役权人于地役权设定的目的范围内,对于供用地享有直接支配的权利。因此,地役权人对于妨害其邻地使用权者,自得请求除去;对于有妨害地役权之虞者,自得请求防止。

(4)维持设置之义务。地役权人既然享有必要的附随行为,并设置工作物的权利,则其对于因行使权利而建造的设置,自有维持的义务。例如:因行使通行地役权而筑路者,地役权人对所筑之路即应负维护、保养之义务。

(二)供用地人的权利和义务

根据《民法典》第三百七十五条规定:"供役地权利人应当按照合同约定,允许地役权人利用其不动产,不得妨害地役权人行使权利。"

(1)容忍及不作为义务。供用地人在有地役权存在后,即负有容忍地役权人于自己土地上为一定行为及自己不为一定行为之义务。

(2)使用地役权人之设置及分担维持设置之费用。在地役权关系中,供用地人有时得与地役权人一同利用供用地。此时,供用地人于不妨碍地役权人行使地役权的范围内,有权使用地役权人因行使其权利而为的设置,以节省再行设置之费用。供用地人一般按其受益程度分担维持设置之费用,以示公平。

(3)供用地使用场所与方法的变更请求权。

(4)对价请求权。邻地使用权之设定,如为有偿的供用地人自有请求给付对价的权利。

四、地役权的消灭

地役权为物权的一种,因而一般认为,物权的共通消灭原因,地役权也适用,如标的物(供役地)消灭、约定存续期间届满、抛弃、混同等。同时,还有一些特殊的消灭原因。

(1)土地灭失。地役权不仅因作为标的物的供用地的灭失而消灭,而且也随需用地的灭失而消灭。另外,供用地虽非全部消灭,但事实上已不能再供原定之便宜(如引水地役权之水源已竭)时,地役权也因此消灭。

(2)法院宣告。世事多变,地役权的存续难免无必要时。此时,若需用地人同意消灭其地役权,自无问题;当用地人不同意时,则供用地人可申请法院为地役权消灭之宣告,以维护自己之的权益。

(3)约定事由发生。设定地役权时,如当事人已设定行为订有特定的消灭事由一旦发生,地役权即归消灭。例如:约定供用地上的建筑物一旦建成,通行地役权即归消灭。

思考与分析题

1. 简述用益物权的概念和特征。
2. 简述地役权人的权利和义务。
3. 农地使用权的限制内容有哪些?

第七章 土地使用权出让和土地使用权转让

学习目标

掌握土地使用权出让和土地使用权转让的概念、方式及其两者之间的区别和联系；熟悉土地使用权出让、土地使用权转让的条件和程序，尤其是划拨国有土地使用权出让和国有土地使用权转让的相关法律规定；了解土地使用权出让合同。

【学习导入】

在过去，我国主要以行政划拨土地使用权为主要方式，经过时间证明，这种单一方式效率是较低的，没有发挥市场机制，造成土地资源的巨大浪费。随着我国土地所有权与使用权的分离，我国正在逐步完善土地市场，通过市场机制的作用把土地资源分配到各土地使用者手中，能够引导土地资源在不同产业中优化配置，更能促进生产力布局的优化。我国主要建立两个市场：土地使用权出让是土地使用权交易一级市场，由国土资源管理部门代表国家通过拍卖、招标、挂牌出让和协议四种方式出让土地；土地使用权转让是土地使用权交易二级市场，采取方式多为买卖、交换、赠与和继承。

第一节 土地使用权出让概述

在我国《土地管理法》中明确规定"国有土地和集体所有的土地使用权可以依法转让"，但目前我国对国有土地使用权的出让及转让问题在《房地产管理法》中已有明确规定，以及《城镇国有土地使用权出让和转让暂行条例》对城镇国有土地出让和转让做了详细的规定，而对集体所有的土地使用权出让、转让，根据2020年1月1日实施的《土地管理法》第六十三条规定："依法登记的集体经营性建设用地，土地所有权人可以通过出让、出租等方式交由单位或者个人使用。"其他相关的法律规定较少，因此本章土地使用权出让和土地使用权转让指城镇国有土地使用权出让和城镇国有土地使用权转让。

一、土地使用权出让的概念、法律特征及法律性质

（一）土地使用权出让的概念

土地使用权出让是指国家将国有土地使用权在一定年限内出让给土地使用者，由土地使用者向国家支付土地使用权出让金的行为。在土地使用权出让法律关系中，一方是出让土地的土地所有者，即国家，称为出让方；另一方是土地使用者，称为受让方。出让方一般是由土地所在地的人民政府土地管理部门代表国家具体行使的。

土地使用权出让是土地使用权转让的一种重要方式。《宪法》和《土地管理法》中把土地使用权发生转移的行为统称为“转让”，如我国《宪法》第十条和《土地管理法》第二条均规定：“任何组织和个人不得侵占、买卖或者以其他形式非法转让土地。土地使用权可以依法转让。”首次将土地使用权出让与土地使用权转让并列加以规定是在1990年5月国务院公布的《出让和转让条例》中，如此并列规定的目的是将土地使用权流转的一级市场和二级市场加以区别。因此，土地使用权出让是作为土地使用权转让的一种主要形式而存在的，它是我国土地有偿使用制度中将土地使用权作为商品进入流通领域的第一步。

(二)土地使用权出让的法律特征

土地使用权出让的法律特征主要表现在以下几个方面：

(1)有偿性。土地使用权出让是由出让人将国有土地的使用权在一定期限内交由土地使用者使用，而受让人需要支付一定数额的出让金的行为。可见在土地使用权出让过程中，土地使用权完全被作为一种财产，受让方为了获得土地使用权必须支付一定数额的出让金，这就充分表明了土地使用权出让的有偿性。

(2)平等性。土地使用权出让法律关系中，双方当事人的法律地位是平等的。《房地产管理法》第十五条规定：“土地使用权出让，应当签订书面出让合同。”合同双方就土地使用权出让问题经过充分协商。达成一致意思，确立出让合同法律关系，必须以双方法律地位平等为前提；否则，就不可能在协商的基础上达成一致意见。因此，我国《出让和转让条例》第十一条规定：“土地使用权出让合同应当按照平等、自愿、有偿的原则，由市、县人民政府土地管理部门与土地使用者签订。”

(3)期限性。我国《房地产管理法》第三条规定：“国家依法实行国有土地有偿、有期限使用制度。”第十四条规定：“土地使用权出让最高年限由国务院规定。”上述规定表明，在我国，出让土地使用权是有一定期限的(划拨国有土地使用权的除外)。这是因为，土地使用权出让仅是国家将国有土地的使用权有偿让渡于土地使用者，国家并不因此而丧失土地所有者的身份，故而在一定条件下，国家即可恢复对该幅土地所有权的完整状态，这些条件中就包括一定期间的届满。因此，土地使用权出让具有期限性。

(4)出让方的单一性和受让方的广泛性。在土地使用权出让法律关系中，出让方只能是土地的所有者——国家，其他任何单位或个人均不能作为土地使用权出让的主体；而与出让方相对应的受让方则具有广泛性，可以是企业或其他单位，也可以是个人。我国《出让和转让条例》第三条规定：“中华人民共和国境内外的公司、企业、其他组织和个人，除法律另有规定者外，均可依照本条例的规定取得土地使用权，进行土地开发、利用、经营。”

(三)土地使用权出让的法律性质

土地使用权出让是我国20世纪90年代初土地使用制度改革过程中产生的一个新的法律问题。关于土地使用权出让的法律性质问题，目前理论界认识尚不统一，概括起来主要有以下四种观点。

(1)土地经营权说。这种观点认为土地使用者取得的国有土地使用权是一种相对独立的财产权，具有物权效力。土地使用者不但可以对其所有的土地进行综合开发利用，而且可以享有转让、抵押、继承和排除妨害权。

(2)地上权说。这种观点认为出让土地使用权完全符合地上权的全部法律特征。土地使用人不仅可以继承、出租、转让和抵押土地使用权，而且享有排除任何人非法妨碍和侵害的权利。

(3)土地租赁权说。这种观点认为土地使用人取得的土地使用权,实则是租赁了土地用益权即土地租用权,用地者与国家之间是一种租赁关系。

(4)基地权说。这种观点认为城镇国有土地使用权出让后,土地使用者取得的国有土地使用权,是因建筑物或其他工作物基地的需要而取得的,它是一种新型的他物权。

二、出让土地使用权与划拨土地使用权的区别

出让土地使用权是通过土地使用权出让所获得的一种土地用益物权,可以是基地使用权,也可以是农地使用权。其法律特征与基地使用权和农地使用权的法律特征相同。

划拨土地使用权是通过土地使用权划拨所取得的一种土地用益物权,也可以是基地使用权或农地使用权。所谓的土地使用权划拨,是指国家依法按照一定程序将土地使用权无偿地转移给土地使用者,它属于行政行为,而非民事行为。在划拨时,一般不设定土地使用权的期限,但却设定了一定的限定条件,如除符合《出让和转让条例》第四条规定外,不得转让、出租和抵押。有时,对于土地所有权人和土地使用权人的权利义务没有明确的界定,在使用过程中可能因此而导致"行政干预"或"产权不清"的问题。

出让土地使用权与划拨土地使用权的区别主要表现为以下两方面。

(1)取得方式不同。出让土地使用权通过出让取得,有偿、有期限;划拨土地使用权通过划拨取得,无偿、无期限。

(2)权利义务关系不同。对于出让土地使用权来说,土地所有权人和土地使用权人的权利义务进行了明确的法律形式的界定,因此它是一种独立的物权,使用权人具有法定范围内任意的处置权,如转让、出租和抵押等;对于划拨土地使用权来说,土地所有权人和土地使用权人的权利义务没有明确的界定,使用权人在行使财产权利时要受所有权人的控制或干扰,还不能成为一种完全意义上的独立物权。

第二节　国有土地使用权出让的条件、程序和方式

一、国有土地使用权出让的条件

总体上看,由于我国实行土地用途管制制度,使用土地的单位和个人必须严格按照土地利用总体规划确定的用途使用土地,而土地使用权出让,必须符合土地利用总体规划、城市规划和年度建设用地计划。具体到不同的土地,出让条件又会有所不同。如已有的建设用地,除社会公益性用地或公共事业用地等土地外,原则上都是可以出让的土地。这类土地的出让,实际上大都属于划拨土地使用权补办出让手续。

新增建设用地用于出让的,国家对此有严格的限制条件,即除必须符合土地利用总体规划和城镇规划外,还必须符合年度建设用地计划和土地使用权出让计划,未纳入出让计划的土地使用权,不得出让。同时,在出让程序上,也有严格的规定。

二、国有土地使用权出让的程序

一般来说,土地使用权的出让程序应该是从政府制订土地使用权出让的计划开始,到实

施具体出让行为完毕而结束。下面对具体到某块土地的使用权出让程序进行简单介绍。

(一)拟订方案和预报

(1)出让地块出让方案。由市、县人民政府自然资源主管部门,会同城市规划和建设、房产管理部门共同拟订出让地块出让方案。其直接依据是经政府部门批准的年度土地使用权出让计划。

出让方案的内容:基本情况说明,包括地块的位置、面积、用途、年限,出让方式,地价评估,使用条件等;编制的土地使用规划、起草的土地使用权出让合同(草案)。

如果是招标出让,还须起草招标通知书、招标公告、招标须知、中标通知书等;如果是拍卖出让,还须起草拍卖公告、竞投须知等。

(2)预报。出让国有土地使用权实行预报制度,出让方案初步确定后,由建设项目所在地的市、县自然资源主管部门向有批准权的上级人民政府的自然资源主管部门预报。其中,向省级以上(含省)自然资源主管部门预报的项目用地,须同时抄报市(地)和省级自然资源主管部门。

预报内容:根据拟采取的土地供应方式,按照建设项目用地预报表所列内容逐项填报。预报表的主要内容有:拟受单位,建设项目名称,拟用地面积(公顷),是否列入年度用地计划,拟出让方式,该地块规划用途,拟用土地来源,预报单位(自然资源主管部门)意见及盖章等。

有批准权的人民政府的自然资源主管部门接到建设项目用地预报表及有关材料后,及时组织现场勘察、审核用地方案,指导下级自然资源主管部门做好正式报批的准备工作。

(二)正式报批

出让土地使用权须经有批准权的人民政府批准。

(1)关于审批权限的规定。出让土地使用权有利于建立国有土地的有偿使用制度,因此对于现有建设用地,一般由市、县人民政府批准;对于需要通过农用地转为建设用地、征地后再出让的,需要进行严格的审批,但此审批权限实际上是农用地转用、征地的审批权限,对此,后文章节有专门介绍。

(2)正式报批程序。市、县自然资源主管部门根据出让计划会同有关部门拟订出让地块的征地、拆迁补偿安置方案,农用地转用方案、补充耕地方案和供地方案,土地使用条件,出让国有土地使用权合同(草案),报同级人民政府审核。按照出让国有土地使用权批准权限,经上级自然资源主管部门审查后,报有批准权的人民政府批准。

(3)须报送的材料。主要有:出让国有土地使用权呈报表,出让地块的地理位置图和规划设计,征地、拆迁补偿安置方案或有关协议,农用地转用方案、补充耕地方案,土地使用条件,出让国有土地使用权合同(草案),人民政府或有关部门的文件或意见,自然资源主管部门的审查意见等。

另外,如果出让国有土地使用权采用协议方式和用于吸收外商投资进行成片土地综合开发经营的,还需附经批准的建设项目设计任务书(可行性研究报告)和企业批准证书副本。

(三)组织实施和发证

土地使用权出让经政府批准后,由市、县自然资源主管部门组织实施向土地使用权受让人的出让活动。协议出让的,出让方与受让方就地价等进行协商一致后即达成协议,签订出让国有土地使用权合同;招标、拍卖出让的,要按照招标、拍卖的程序进行,签订出让合同。

受让方应当在签订合同后60日内,支付土地使用权出让金和其他有关费用,之后,按照规定到自然资源主管部门办理登记手续,领取国有土地使用证。

(四)备案

各级人民政府审批的各类建设项目,在用地正式批准后,市、县自然资源主管部门向上级自然资源主管部门填报出让国有土地使用权备案表,同时,向批准出让的人民政府自然资源主管部门增报正式签订的出让国有土地使用权合同副本和出让土地登记卡复印件。备案的目的是使上级政府和自然资源主管部门及时掌握土地出让情况,加强宏观控制。

三、国有土地使用权出让的方式及其具体程序

出让方式指国有土地的产权代表通过一定形式和程序将国有土地的使用权出让给土地使用者。根据《房地产管理法》和《出让和转让条例》的规定,土地使用权出让可以采取协议、招标、拍卖三种方式。《招标拍卖挂牌出让国有土地使用权规定》明确规定挂牌出让也是土地使用权出让的一种方式,因此国有土地使用权出让的方式有协议、招标、拍卖和挂牌。

(一)协议方式

协议方式指政府或政府委托自然资源主管部门作为出让方与选定的受让方协商用地价款和条件,达成协议,签订土地使用权出让合同的方式。协议方式的基本特点是由政府直接选定受让方,行政管理土地的效率相对较高,但缺点非常明显,没有引入市场竞争机制,容易造成地租的流失和政府部门的腐败。因此,这种方式一般适用于市政工程、公益事业用地,或者是政府扶持、优惠的项目用地,例如:安居工程、经济适用住房、高新技术产业基地。

协议方式的一般程序为:

(1)申请。用地者持用地申请报告和建设项目批准文件、建设用地规划许可证及资信证明等文件,向出让方提出申请。

(2)协商。出让方审查同意申请,在一定时间内通知申请者前来协商用地价款和条件,签订土地使用权出让合同(草案)。

(3)报批。出让方备齐下列材料后,逐级上报有批准权限的人民政府审查批准:用地申请报告;建设项目批准文件和建设用地规划许可证;用地者资信证明;土地使用权出让合同(草案);出让地块范围红线地形图;土地开发建设平面布置图;地块区位地理位置图,地块的国有权属证明文件,或征地、拆迁补偿安置方案或有关协议;人民政府或有关部门的文件和意见;出让方要求提供的其他材料。

(4)登记。经有批准权的人民政府批准后,出让方和受让方正式签订土地使用权出让合同,受让方按合同规定支付全部出让金,办理土地使用权登记手续,领取国有土地使用证。

(二)招标方式

招标方式指在指定的期限内,由符合规定条件的单位或个人,以书面投标形式竞投某宗土地的使用权,由招标单位组成土地招标小组择优确定中标者。招标方式的基本特点为:①引入市场竞争机制,体现了土地使用权商品性竞争的原则;②从发布通告起,投标全过程(开标、标底、标价)都是秘密的,投标人之间不知道竞争对手的标底,招标人对标底严格保密;③投标人一般只有一次投标机会,一旦发出标书,就不能随意变更;④中标者不一定是投标标价的最高者,招标人经过全面、综合评价各方面条件后,确定中标者。

招标方式分为公开招标和定向(邀请)招标两种形式。公开招标是向社会发布公告且不限定投标人的竞争性投标。定向招标是由招标方选择符合条件的单位或个人,向他们发出招标通知,邀请其参加投标。

招标出让的一般程序:

(1)准备工作。招标方编制投标须知、土地利用规划、土地使用权投标书、土地使用权出让合同、中标证明通知书等文件,制作标箱等工具,对投标者进行初步资格审查,并为此发投标邀请书或向社会公开发布招标公告。

(2)投标。参加投标者在规定时间到指定地点领取招标文件,在投标规定的期限内将密封的投标书投入指定标箱或送达指定地点,向招标方交付投标保证金。投标文件包括:填写好的投标书,投标者身份有效证明和有效资信证明,地块开发建设规划方案、建设项目初步设计方案及必要说明。

(3)开标、验标、评标和决标。招标方会同有关部门及聘请专家和专业技术人员组成评标小组,在公证机关现场监证下,当众开标、验标、评标和决标,宣布不符合投标规定的标书无效。招标文件规定只出标价的,以价高者中标;规定既出标价又须提交规划设计方案的,采取综合评分法,总评得分最高者中标。决标后,由公证机关出具公证书,向中标人发出中标通知书。然后,招标方应如数退还未中标者缴纳的投标保证金。

若评标小组认为所有标书都没有达到预期目的,如所有设计方案不符合要求或全部标价低于出让底价的有权废标,重新组织招标。

(4)签约、登记。中标人在接到中标通知书后,在规定的时间内与出让方签订土地使用权出让合同,按合同规定付清出让金,办理土地使用权登记手续,领取国有土地使用证。

中标人在规定时限内不签订出让合同的,视为放弃中标权;中标人已签订合同,但未经招标方同意,逾期未付清出让金,招标方有权解除出让合同。以上两种情况都属于中标人违约,投标保证金不予退还,造成招标方损失的,中标人应负赔偿责任。

(三)拍卖方式

拍卖方式是指土地使用权出让人在指定时间、地点,向符合规定条件的用地需要者公开叫价竞投,并以竞投的最高报价向该出价人出让国有土地使用权的活动。其主要特点为:①具有公开性,拍卖出让公开竞争报价,以价高者取得出让土地;②所有的应买人都有多次报价的机会;③引入市场竞争机制,体现了土地使用权商品性竞争的原则。拍卖方式一般适用于商业用地、娱乐用地。

拍卖出让的一般程序:

(1)公告。出让方印制好土地使用权拍卖须知、土地使用权出让合同样式等文件,在拍卖前不少于30日的时间内将土地使用权拍卖的有关事宜通过新闻媒体予以公告。

(2)领取入场证。竞买者在公开拍卖前几日,持有效证件、资信证明、授权委托书或其他法定文件到指定地点进行资格审查,合格者予以报名登记并交付保证金,领取有关文件,取得入场证。

(3)竞拍。出让方按公告规定的时间、地点,依下列顺序组织竞拍活动:①简介拍卖土地使用权地块的面积、位置、用途、使用年限、规划要求、拍卖规则和有关事宜;②拍卖叫价起点;③竞投者按规定方式竞相应价;④拍卖主持人连续三次宣布最后报价数额而没有竞投者再应价时,举槌敲下,最后应价者为竞得人,取得该幅土地使用权,公证人员现场予以公证。

(4)签约、登记。竞得者应及时与出让方签订土地使用权出让合同,交付定金;出让金余额按合同规定时间交付;办理土地使用权登记手续,领取国有土地使用证。逾期未付清地价款者,视为违约,出让方有权解除合同,保证金和定金不予退还。

(四)挂牌方式

挂牌出让国有土地使用权是指出让人发布挂牌公告,按公告规定的期限将拟出让宗地的交易条件在指定的土地交易场所挂牌公布,接受竞买人的报价申请并更新挂牌价格,根据挂牌期限截止时的出价结果确定土地使用者的行为。挂牌出让方式不仅具有招标、拍卖的公开、公平、公正的特点,而且具有招标、拍卖不具备的优势,是招标、拍卖方式出让国有土地使用权的重要补充。挂牌方式主要适用于竞争性不强的经营性土地。

国有土地使用权挂牌出让程序:

(1)拟订挂牌出让方案。由市、县国土资源局会同规划部门共同拟订拟挂牌出让国有土地使用权方案。

(2)报批。报市、县人民政府批准挂牌出让方案。

(3)编制挂牌出让文件。其包括:挂牌出让公告、竞买须知、宗地图、土地使用条件、报价单、成交确认书、国有土地使用权出让合同文本等。

(4)发布挂牌出让公告。挂牌开始前至少20日发布公告。公告内容包括:①出让人的名称和地址;②出让宗地的位置、现状、面积、使用年期、用途、规划设计要求;③竞买人的资格要求及申请取得竞买资格的办法;④索取挂牌出让文件的时间、地点、方式;⑤挂牌出让时间、地点、竞买方式;⑥确定竞得人的标准和方式;⑦履约保证金;⑧其他事项。

(5)申请竞买人索取挂牌出让文件,并提供以下资料:①竞买人有效的营业执照复印件;②房地产开发企业资质证书复印件;③股份公司董事会关于竞买事宜的决议(附全体董事签字)及董事会签署的委托代理人的授权文件(附委托代理人的身份证明);④其他需要提供的资料。

(6)对竞买人进行资格审查。市、县国土资源局对上述资料进行审查,确定竞买人资格。

(7)挂牌出让。挂牌时间不得少于10日。具体程序为:①在挂牌公告规定的挂牌起始日,出让人将挂牌宗地的位置、面积、用途、使用年期、规划要求、起始价、增价规则及增价幅度等,在地产交易市场挂牌公布;②符合条件的竞买人填写报价单;③出让人确认该报价后,更新挂牌价格;④出让人继续接受新的报价;⑤出让人在挂牌公告规定的挂牌截止时间确定竞得人;⑥出让人与竞得人签订竞买成交确认书。

(8)签订出让合同。在规定的期限内,市、县国土资源局与竞得人签订国有土地使用权出让合同。

(9)缴纳成交地价款和契税。竞得人按出让合同的规定缴纳成交地价款和契税。

(10)地块交付。出让人即市、县国土资源局与竞得人履行地块交付手续。

(11)依法申请办理土地登记,领取国有土地使用权证书。

第三节　国有土地使用权出让合同

一、国有土地使用权出让合同的概念

国有土地使用权出让合同是指国家以土地所有权人的身份(出让人)与土地使用权受让人之间,就土地使用权出让明确双方权利义务的协议。国有土地使用权出让合同可分为宗地出让合同、成片开发土地出让合同和划拨土地使用权补办出让合同等。

国有土地使用权出让合同具有以下特征:

(1)其为民事合同。《出让和转让条例》第十一条规定:“土地使用权出让合同应当按照平等、自愿、有偿的原则。”其适用《民法典》作为民事合同,应当按照“平等、自愿、有偿”的原则签订,任何一方都不能把自己的意愿强加于对方。

(2)标的物具有一定的特殊性。标的物是有期限的土地使用权,作为一种用益物权,是一种特殊的财产权。

二、国有土地使用权出让合同的内容

国有土地使用权出让合同的内容是指合同中规定当事人双方权利义务的各项条款。一般具有以下主要内容:双方当事人的名称、地址;出让土地位置、宗地号、面积、界址;出让年限和起止时间;土地使用条件;出让金数额、付款方式及时间;转让、出租、抵押土地使用权的条件;违约责任;争议的解决和运用的法律;合同生效条件;合同终止条件;合同签订人身份,签订时间、地点;合同的解释和定义条款;合同担保方式;土地使用规则;双方认为应规定的其他条款。

另外,不同类型的合同在条款上是有差异的。宗地出让合同还包括出让国有土地建设项目、建设进度等方面的规定;成片开发土地出让合同还包括成片开发规划、总体规划、公共设施等方面的规定;划拨土地使用权补办出让合同包括原划拨土地的位置、面积、四至、界址、补办出让的面积等。

为了加强国有土地使用权出让的管理,促进合同文本规范化,原国家土地管理局和国家工商行政管理局联合印发了上述各种合同示范文本。

三、国有土地使用权出让合同中当事人的权利义务

国有土地使用权出让合同当事人是出让方和受让方。出让方是国家,由国家授权市、县人民政府在其权限内行使,具体由市、县自然资源主管部门组织施行。受让方是土地使用者。

通过出让取得的土地使用权是一种土地用益物权,根据物权法定主义的原则,应该通过法律条文来明确出让方和受让方的权利义务;同时,不同条件的土地,具体的权利义务又应该有所区别,因此出让时签订土地使用权出让合同来进一步明确权利义务也十分必要。法定的和约定的主要权利义务应该包括以下内容。

(一)出让方的权利和义务

(1)出让方的主要权利:①继续拥有土地的所有权。②监督检查权。在土地的开发利用过程和合同履行过程中,出让方对受让方利用土地情况行使监督检查权。③请求行政处分权。受让方不按法定规定和合同规定期限及条件开发、利用土地的,出让方根据情节,给予警告、收取土地闲置费、罚款直至无偿收回土地使用权。④收回土地使用权。合同规定的出让年限届满,土地使用者未申请续期或申请续期未批准的,出让方无偿收回土地使用权,也可以在特殊情况下,根据社会公共利益的需要,依照法定程序和补偿办法提前收回土地使用权。⑤依法解除出让合同权。受让方在签订土地使用权出让合同后,未按约定支付土地出让金,出让方有权解除合同。⑥请求违约赔偿权。受让方未按合同规定履行法定义务和约定义务,出让方有权要求受让方支付违约赔偿金。⑦提请仲裁或起诉权。对因土地使用权等事项引起的争议享有提请仲裁机构仲裁或向人民法院起诉的权利。

(2)出让方的主要义务:①按合同规定提供土地使用权。出让方必须按照合同规定的面积和标准交付土地使用权。协助受让人依法登记土地使用权,并领取国有土地使用证。②向受让人提供相关资料和文件。其主要有土地的位置、四周环境、建筑密度、容积率、环境保护、园林绿化、交通条件、消防设施、供电、供水等资料和文件。③保证受让方取得应得权利。出让方应保证受让方依照合同所取得的权利不受他人干涉。

(二)受让方的权利和义务

(1)受让方的主要权利:①依法享有土地使用权,包括占有、使用、收益、处分等财产权。这是受让方所获得的法定的用益物权。②依法享有对土地使用权的转让、出租、抵押等财产权。这是土地经营权的重要组成部分,也是法定的权利。受让人取得土地使用权后,经投资和综合开发,达到法律规定最低要求,即有权依法转让和出租。土地使用者有权依照法律规定对土地使用权进行抵押。③依法解除出让合同权。出让方未按法定义务和合同规定提供土地使用权,受让方有权解除合同。④请求违约赔偿。出让方未按法定义务和合同规定履行义务,受让方有权要求出让方支付违约赔偿金。⑤提请仲裁或起诉权。

(2)受让方的主要义务:①缴纳土地使用权出让金并依法办理土地登记。《出让和转让条例》第十四条和第十六条分别规定:"土地使用者应当在签订土地使用权出让合同六十日内,支付全部土地使用权出让金。""土地使用者在支付全部土地使用权出让金后,应当依照规定办理登记。"②按合同规定和城市规划要求对土地进行开发、利用、经营。《出让和转让条例》第十七条规定:"土地使用者应当按照土地使用权出让合同的规定和城市规划的要求,开发、利用、经营土地。"③土地用途变更时,必须征得出让方同意,并经有关部门批准。④土地使用期限届满,返还土地。《出让和转让条例》第四十条规定:"土地使用权期满,土地使用权及其地上建筑物、其他附着物所有权由国家无偿取得。土地使用者应当交还土地使用证,并依照规定办理注销登记。"⑤接受出让方对合同履行情况的监督、检查。⑥执行仲裁机构或人民法院对合同争议所做的裁决。

四、国有土地使用权出让合同的变更和终止

(一)国有土地使用权出让合同的变更

《出让和转让条例》第十八条规定,土地使用者需要改变土地使用权出让合同规定的土

地用途的,应当征得出让方的同意并经土地管理部门和城市规划部门批准,依照有关规定重新签订土地使用权出让合同,调整土地使用权出让金,并办理登记。

这是有关土地用途的变更,其实,国有土地使用权出让合同和国有土地使用证的内容都有可能变更,这些内容的变更,我国相关法律没有作出明确规定,但从用益物权的法理讲,与土地用途的变更一样,都需要依法批准和登记才有效。

(二)国有土地使用权出让合同的终止及主要法律后果

国有土地使用权出让合同可以有多种终止的情形,其相应的法律后果也会有所差别。

(1)因社会公共利益需要,依照法律程序提前收回土地使用权而终止。主要法律后果,由政府部门给予土地使用者适当的补偿。

(2)因土地使用权出让合同规定的年限届满而终止。主要法律后果:其地上建筑物、其他附着物所有权由国家无偿取得,土地使用者无补偿之请求权。法律规定受让方可以申请续期,但是否具有优先权等一类的权利,法律没有进一步的规定。也就是说,合同规定的年限届满,其地上建筑物、其他附着物无论价值多大,土地使用者,即这些财产的所有者,将完全失去这些财产。

(3)因土地灭失使土地使用权出让合同无法履行而终止。主要法律后果:我国法律没有明确规定,但依法理解,土地使用者无条件丧失土地使用权,出让方无补偿的义务,已交的剩余年限的地租(应是部分出让金)是否退还,没有明确规定。

(4)因土地使用者死亡且无合法继承人而终止。主要法律后果:无主财产收归国有。

(5)因人民法院或自然资源主管部门依法做出的没收土地使用权的判决、裁决或决定生效而终止。主要法律后果:其地上建筑物、其他附着物所有权由国家无偿取得,已交的剩余年限的地租(应是部分出让金)是否退还没有明确规定。

(6)因土地使用者某些原因要求提前终止合同,且自然资源主管部门同意提前终止土地使用权出让合同而终止。主要法律后果:土地使用者是否可以要求补偿或退还剩余年限的地租(应是部分出让金),法律没有明确规定。

第四节　划拨土地使用权出让法律规定

划拨土地使用权的主要特点是无期限、无地租,但缺乏经营权上的灵活性,如在转让、出租、担保等方面受限制。我国土地制度的改革方向是建立土地使用权的有偿使用制度,因此国家鼓励和欢迎划拨土地使用权补办出让手续,其条件比较宽泛:土地使用者为经济组织或个人;领有国有土地使用证;具有合法的地上建筑物、其他附着物产权证明;经济组织以外的其他组织需要补办出让手续,须经过其上级主管部门批准。

根据原国家土地管理局《关于划拨土地使用权补办出让手续及办理土地登记程序的通知》,划拨土地使用权补办出让手续程序为:

(1)申请。土地使用者持申请审批表、国有土地使用证、地上建筑物和其他附着物的产权证明等文件,向土地所在地市、县自然资源主管部门提出申请,填写划拨土地使用权补办出让手续及办理土地登记申请审批表。

(2)审查。市、县自然资源主管部门对土地使用者的申请审批表进行审查,签署审核意见,并在15日内以书面形式函告土地使用者。

(3)签订土地使用权出让合同。市、县自然资源主管部门审查同意补办出让手续后,与土地使用者签订土地使用权出让合同。

(4)缴纳土地使用权出让金。在土地使用权出让合同签订后60日内或在合同约定付款期限内,土地使用者向土地所在地市、县土地管理部门缴纳土地使用权出让金。

(5)办理土地登记。土地使用者缴纳全部出让金后,自然资源主管部门直接办理土地使用权出让登记;土地使用权在缴纳出让金前已签订土地使用权转让、租赁、抵押合同的,自然资源主管部门可同时办理土地使用权转让、出租和抵押登记。

第五节　国有土地使用权转让的概念、原则和条件

本节所说的土地使用权,是一种用益物权,主要通过土地使用权出让而创设的独立财产权。国有土地和集体土地都能通过出让设立土地使用权,但目前,以国有土地出让设立土地使用权最为常见。

一、国有土地使用权转让的概念及其与出让的区别

国有土地使用权转让指国有土地使用权人依法将其土地使用权转移给他人的行为。就其本质而言,国有土地使用权转让属于财产权转移的一种,发生财产权之法律主体的变更,而财产权的性质和内容不发生本质的变化,即转让之后,国有土地使用权仍为用益物权,保留与出让产生的土地使用权一样的性质。关于土地使用权转让的方式,《出让和转让条例》第十九条规定,有出售、交换和赠与三种方式。《房地产管理法》第三十七条规定,房地产转让,是指房地产权利人通过买卖、赠与或者其他合法方式将其房地产转移给他人的行为。将转让的方式规定为买卖、赠与或其他合法方式,其他合法方式一般包括:抵债、交换、作价入股、合建、赠予和继承等。目前,国有土地使用权转让的常用法定形式有买卖、交换、赠与和继承四种。

国有土地使用权转让与出让的区别如下。

(1)国有土地使用权出让是创设财产权的行为,而国有土地使用权转让是转移财产权的行为。出让之前,作为独立物权的土地使用权并不存在,土地所有权所包含的占有、使用、收益权能归国家,通过出让才把这些权能分开,成为一项独立的财产权、用益物权,并让与土地使用者。因此,出让的行为是创设土地使用权的行为。但转让,只是土地使用权这种用益物权在公民和法人之间的转移。

(2)法律关系主体不同。国有土地使用权出让的法律关系主体,一方是土地所有者,另一方是土地使用者。国有土地使用权转让的法律关系主体,双方都是土地使用者。

(3)出让金与转让费的构成及反映的关系不同。国有土地使用权出让金除土地所有者在土地上的投资外,主要是地租。地租是土地所有权特有的经济表现,是土地所有权借以实现的经济形式。国有土地使用权转让费除包括出让金、土地使用者的投资与孳息外,还包括经营利润。

(4)国有土地使用权转让不对国家的所有权产生任何影响。新的国有土地使用权受让人在享受权利的同时,也承担对土地所有者(出让方)的各项义务。

二、国有土地使用权转让的原则

国有土地使用权转让的原则是指在国有土地使用权转让的过程中,双方当事人应共同遵守的行为准则。国有土地使用权转让是平等主体间的一种民事活动,故其必须遵守平等、自愿、有偿、不得损害国家和社会公共利益等一般民事活动准则。但由于其客体的特殊性,还必须遵守下列原则:

(1)国有土地使用权转让时,国有土地使用权出让合同和登记文件中载明的权利义务随之转移,此即"认地不认人原则"。不管土地使用权转让多少次、转让到谁,其权利义务仍与原国有土地使用权出让合同中受让人享有的权利义务基本相当。

(2)国有土地使用权与其地上建筑物、其他附着物所有权随之转移原则。我国现行法律采用的是土地使用权与其地上建筑物所有权相一致的原则,这两种权利不分离。《房地产管理法》第三十二条规定:"房地产转让、抵押时,房屋的所有权和该房屋占用范围内的土地使用权同时转让、抵押。"

(3)国有土地使用权转让年限,不得超过出让合同约定的年限扣除已使用年限的剩余年限,并签订合同。

(4)国有土地使用权及其地上建筑物、其他附着物所有权转让,都要依法办理过户登记。采用登记要件主义,只有登记后才有法律效力,受法律保护。

(5)国有土地使用权转让价格应由地产评估机构进行评估,同时转让人应向县级以上人民政府规定的部门申报成交价。转让国有土地使用权增值的,转让方应按照规定缴纳土地增值税;成交价明显低于市场价格的,市、县人民政府有优先购买权。

(6)国有土地使用权转让后,需要改变土地用途的,应按照《出让和转让条例》第十八条的规定办理:土地使用者需要改变土地使用权出让合同规定的土地用途的,应当征得出让方和市、县人民政府城市规划行政主管部门的同意,签订土地使用权出让合同变更协议或者重新签订土地使用权出让合同,相应调整土地使用权出让金。

三、国有土地使用权转让的条件

(一)出让土地使用权整块转让(宗地转让)的条件

为了防止"炒地皮",通过出让获得的土地使用权再转让时,受让方应当遵守原出让合同附具的规划设计条件,并由受让方向城市规划行政主管部门办理登记手续。受让方如需改变原规划设计条件,应当先经城市规划行政主管部门批准。《出让和转让条例》规定:土地使用权转让应当签订转让合同。未按土地使用权出让合同规定的期限和条件投资开发、利用土地的,土地使用权不得转让。土地使用权转让时,土地使用权出让合同和登记文件中所载明的权利、义务随之转移。

我国《房地产管理法》第三十九条规定:以出让方式取得土地使用权的,转让房地产时,应当符合下列条件:(一)按照出让合同约定已经支付全部土地使用权出让金,并取得土地使用权证书;(二)按照出让合同约定进行投资开发,属于房屋建设工程的,完成开发投资总额的百分之二十五以上,属于成片开发土地的,形成工业用地或者其他建设用地条件。转让房地产时房屋已经建成的,还应当持有房屋所有权证书。

关于以上两个法律条文衔接的问题。首先,应该符合《房地产管理法》第三十八条的规定,这是法定条件;其次,根据《出让和转让条例》的规定,看出让合同中的具体约定。如果合同约定符合法定条件,依其约定;如果合同约定不符合法定条件,约定无效,依法定条件;如果合同无约定,依法定条件。

(二)成片开发土地转让的条件

《房地产管理法》和《外商投资开发经营成片土地暂行办法》对成片开发土地转让的条件都作了规定,可概括为:按合同约定,已支付全部土地使用权出让金;取得国有土地使用证;按照出让合同约定进行投资开发,形成工业用地或者其他建设用地条件。

(三)出让土地分割转让的条件

分割转让是指一整块国有土地使用权的局部转让,即部分转让。由于分割转让破坏了国有土地使用权的整体性,涉及国家与出让土地使用权受让人之间的权利义务关系的变更,同时可能引起土地使用权权属的混合,影响国家和社会公共利益。所以,分割转让时,除符合出让土地转让的一般条件外,还必须经自然资源主管部门和房地产管理部门的批准。

《出让和转让条例》第二十五条规定:土地使用权和地上建筑物、其他附着物所有权分割转让的,应当经市、县人民政府土地管理部门和房产管理部门批准,并依照规定办理过户登记。

(四)划拨国有土地使用权转让的条件

根据《出让和转让条例》的规定,符合下列条件,经县级以上人民政府自然资源主管部门批准,其划拨国有土地使用权可以转让:土地使用者为经济组织或个人;领有国有土地使用证;具有合法的地上建筑物、其他附着物产权证明;依法补办了土地使用权出让手续,并按规定缴纳了土地使用权出让金或以转让所获收益抵交土地使用权出让金;符合法律、法规规定的其他条件。

第六节 国有土地使用权买卖

一、国有土地使用权买卖的概念

国有土地使用权买卖是指国有土地使用权人把符合国家法律规定的国有土地使用权与地上建筑物、其他附着物的所有权转移给第三人,第三人给土地使用权人支付相应价款的行为。其基本特征为:

(1)买卖主体是具有平等民事权利的单位或个人。

(2)买卖客体是国有土地使用权与地上建筑物、其他附着物的所有权。

(3)必须遵循买卖原则,双方按平等、自愿、有偿的原则达成买卖协议,通过签订买卖合同确定双方的权利和义务。

国有土地使用权买卖必须符合《土地管理法》《出让和转让条例》《房地产管理法》等法律、法规;否则,视为非法买卖,不受法律保护。国有土地使用权买卖的方式有协议、招标和拍卖三种。

二、国有土地使用权买卖程序

国有土地使用权买卖程序是指国有土地使用权人转让其国有土地使用权时,必须经过

的步骤。其程序一般为:

(1)提出申请。国有土地使用权出卖人向出让人提出申请,说明自己出卖的原因。只要符合法定的条件,申请一般能得到批准,因为买卖土地使用权是土地使用权人的权利之一。

(2)协议、招标、拍卖,从而确定买受人。

(3)签订买卖合同。出卖人和买受人签订买卖合同,明确双方的权利和义务。

(4)办理变更登记。按照《土地登记规则》规定,国有土地使用权转让时,双方应签订转让合同,持原出让合同、转让合同、国有土地使用证、缴纳土地增值税凭证,向当地市、县自然资源主管部门申请办理变更登记,更换国有土地使用证。

三、国有土地使用权买卖合同

(一)国有土地使用权买卖合同的概念和特点

国有土地使用权买卖合同是指国有土地使用权人在出售其使用权时与买受人签订的用以确立国有土地使用权买卖中双方权利义务关系的书面协议。它是出卖人以获取价款为目的而转让土地使用权,买受人获取土地使用权并支付价款的协议。

依法订立的国有土地使用权买卖合同对当事人具有法律效力。双方必须全面履行合同条款中规定的各自应承担的义务,任何一方不得擅自变更和解除合同。国有土地使用权买卖合同是一种买卖合同,具有买卖合同的一般特征,比如:①为双方和多方的法律行为。必须双方或多方当事人意思表示一致。强行交易,订立的合同不受法律保护。②当事人的法律地位对等。③是合法的民事行为。④应当遵循平等、自愿、公平互利和诚实信用原则。

同时,国有土地使用权买卖合同也具有自己的特点:①是一种权利买卖,其标的是国有土地使用权。②是一种要式合同,必须签订书面的合同。

(二)国有土地使用权买卖合同当事人的权利和义务

国有土地使用权买卖合同当事人一方应尽的义务,就是他方享有的权利。

出卖人的主要义务:交付国有土地使用权,保证土地开发程度达到法律规定和出让合同规定的标准,协助买受人办理有关产权转移手续,保证买受人取得的权利不受第三人追索。

买受人的主要义务:按合同规定支付价款;按合同规定接受权利交付,并办理有关产权登记手续。

第七节　国有土地使用权交换、赠与及继承

一、国有土地使用权交换

(一)国有土地使用权交换的概念

交换的基本特征是以物易物。国有土地使用权交换,是国有土地使用权人以其土地使用权换取另一方当事人所有的物或土地使用权。交换时,当事人必须签订交换合同,约定交换双方的权利和义务。

国有土地使用权交换,作为一种国有土地使用权转让的形式,必须符合有关法律、法规的规定,比如:国有土地使用权必须符合法定转让条件;否则,视为非法交换。

国有土地使用权交换的程序一般为协商、签合同、变更登记。

(二)国有土地使用权交换合同

国有土地使用权交换合同是指国有土地使用权人用其土地使用权交换他人所有的物或土地使用权而达成的协议。它具有以下特征:合同的一方或双方以国有土地使用权为给付内容;双方当事人的法律地位均相当于买卖关系中的出卖人和买受人;在以国有土地使用权交易时,合同双方当事人的权利义务基本一致。

由于双方当事人既是出卖人又是买受人,合同双方当事人的权利义务基本一致,主要有:交付国有土地使用权或物;保证交换的国有土地使用权符合法律、法规的要求;在不对等交换中,得益的一方应向受损的一方支付商定的其他物品或补偿价款;保证对方取得的国有土地使用权不受第三方追索。

二、国有土地使用权赠与

(一)国有土地使用权赠与的概念

国有土地使用权赠与是指赠与人即国有土地使用权人自愿将其土地使用权无偿转移给他人的行为。国有土地使用权赠与,作为一种国有土地使用权转让的形式,必须符合有关法律、法规的规定;否则,赠与无效。

国有土地使用权赠与,当事人必须签订赠与合同,约定双方的权利义务。根据《中华人民共和国公证法》,不动产的赠与须经过公证部门的公证才具有法律效力。

国有土地使用权赠与的程序一般为:协商、签合同、公证、变更登记。

(二)国有土地使用权赠与合同

国有土地使用权赠与合同是指赠与人将其享有的国有土地使用权无偿给予受赠人,受赠人接受赠与的协议。其特征为:赠与人无偿地将国有土地使用权转让给受赠人;赠与合同双方当事人的法律地位是平等的;双方当事人的权利义务不是对等的。

赠与方的主要义务:无偿交付国有土地使用权;保证受赠方取得的国有土地使用权不受第三人追索;赠与的国有土地使用权符合法定转让条件。

受赠方的主要义务:按出让合同规定的用途使用土地,保证土地使用权出让合同规定的各项条件和要求的实现;及时办理有关产权变更登记手续,依法缴纳税金;赠与附义务的,受赠人应当按照约定履行其义务。

三、国有土地使用权继承

(一)国有土地使用权继承的概念

国有土地使用权继承是指国有土地使用权人死亡后,由其合法继承人继承其土地使用权的行为。

国有土地使用权继承,作为土地使用权转让的一种形式,与出售转让、交换转让、赠与转让相比,具有一定的特殊性:

(1)转让的条件不同。继承转让的发生是以国有土地使用权人的死亡为唯一条件,它不受出让合同规定的开发程度以及投资额的限制。

(2)转让的范围不同。继承转让,仅指合法继承人;其他转让,可以是任何组织或者个人。

(3)转让的程序不同。继承转让,只需公证(与赠与一样,公证是继承转让的法定程序)、登记两个阶段;其他转让,则需协商、签合同、变更登记等阶段。

(二)国有土地使用权继承人的权利义务

继承人有义务按照有关规定办理国有土地使用权变更登记手续。之后,其权利义务与被继承人死亡前的权利义务相同。

第八节 划拨国有土地使用权转让

一、划拨国有土地使用权转让的程序

划拨国有土地使用权转让是指国有土地使用权人将其通过行政划拨获得的国有土地使用权单独或者随同地上建筑物、其他附着物依法转移给他人的行为。

划拨土地一般是无偿使用的土地,使用权人不能直接转让,须先补办出让手续,再转让。因此,其程序为“补办出让+转让”的程序,具体为:

(1)申请。持国有土地使用证、地上建筑物和其他附着物产权证明等合法证件,向所在地市、县人民政府自然资源主管部门提出欲转让划拨土地使用权的申请。

(2)审批。市、县人民政府自然资源主管部门在接到转让申请书之日起15日内进行审查、审批,并将结果予以回复。符合下列条件者,应予以批准:土地使用者为经济组织和个人;领有国有土地使用证;具有地上建筑物和其他附着物产权证明等合法证件。

(3)签订国有土地使用权出让合同。申请批准后,自然资源主管部门代表土地所有者与申请人签订国有土地使用权出让合同。合同签订后60日内,土地使用权人交付出让金,办理使用权出让登记手续。

(4)签订国有土地使用权转让合同。办理出让登记手续后,即可与土地使用权受让人签订转让合同。

(5)办理国有土地使用权转让登记手续。办理出让登记手续后15日内,转让合同的双方当事人应到所在地市、县人民政府自然资源主管部门办理国有土地使用权转让登记手续。当事人须提交的文件和材料:国有土地使用证、国有土地使用权出让合同、国有土地使用权转让合同、市(县)人民政府自然资源主管部门认为必需的其他材料。

特别注意,转让后,受让人需要改变出让合同规定的内容的,应当征得所在地市、县人民政府自然资源主管部门同意,并按规定审批权限经自然资源主管部门和城市规划部门批准,重新签订国有土地使用权出让合同,调整使用权出让金,并办理国有土地使用权登记手续。

二、国有企业改革中划拨土地使用权的处置规定

中国的国有企业是计划经济的产物,其经营机制、管理体制落后,不能适应市场经济的发展,要进行改革。其改革方向是建立“产权清晰、管理科学、自主经营、自负盈亏”的现代企业。土地使用权制度改革就是其中的一个主要内容。大部分国有企业使用的土地都是行政划拨土地,虽然是无偿、无期限地使用土地,但存在两方面的弊端:其一,企业没有产权明确的土地使用权,不可避免地会受到行政干预,影响企业的经营自主权,不利于“政企分开”的改革方向;其二,无偿使用土地必然会导致土地资源的低效配置和闲置浪费。

因此,合理地处置国有企业的划拨土地使用权,是促进国有企业改革的需要,也是进一步推行土地有偿使用制度、提高土地管理水平的需要。1998 年,国家土地管理局发布了《国有企业改革中划拨土地使用权管理暂行规定》(简称《划拨规定》)。该规定明确了国有企业改革中国有土地使用权处置的条件、方式及程序。

处置国有企业的划拨土地使用权,实际上包含了以下内容:划拨土地使用权补办出让、出让土地使用权转让及国有土地使用权租赁等。

(一)处置的条件

《划拨规定》第九条和第十三条规定的条件为:

(1)土地使用权必须权属合法,无争议,并已办理土地登记,企业持有土地使用权证书;尚未登记的,企业应向土地所在地的自然资源主管部门申请土地权属审核,取得自然资源主管部门出具的土地权属证明。

(2)土地使用权除保留划拨用地方式外,采取其他方式处置的,必须进行地价评估。

(3)其土地用途必须符合当地的土地利用总体规划,在城市规划区内的,还应符合城市规划。

(二)处置方式

处置方式有以下四种。

(1)国有土地使用权出让。《划拔规定》第五条、第六条规定,国有企业破产或出售的,企业原有划拨土地使用权以出让方式处置。企业改革中涉及的划拨土地使用权,有下列情形之一的,应当采取出让或租赁方式处置:国有企业改造或改组为有限责任公司、股份有限公司及组建企业集团的,国有企业改组为股份合作制的,国有企业租赁经营的,非国有企业兼并国有企业的。

(2)国有土地使用权作价出资(入股)。其指国家以一定年限的国有土地使用权作价,作为出资投入改组后的新企业,该土地使用权由新企业持有。新企业获得的土地使用权与出让土地使用权具有相同的法律地位,可以依法转让、出租、抵押。

土地使用权作价出资(入股)所形成的国家股权,由有批准权的人民政府自然资源主管部门委托给有资格的国有股持股单位统一持有,如国有资产管理委员会。

根据《划拨规定》第四条和第七条规定,国家控股公司、国有独资公司、集团公司以及由国家控股的关系国计民生、国民经济命脉的关键领域和基础性行业或大型骨干企业,改造或改组为有限责任公司、股份有限公司以及组建企业集团的,可以采取国有土地使用权作价出资(入股)方式处置。

(3)国有土地使用权租赁。其指国有土地使用者与县级以上人民政府土地管理部门签订一定年限的国有土地租赁合同,并支付租金的行为。

(4)保留划拨用地。《划拨规定》第八条规定,企业改制涉及土地使用权,有下列情形之一的,经批准可以采取保留划拨方式处置:①继续作为城市基础设施用地、公益事业用地和国家重点扶持的能源、交通、水利等项目用地,原土地用途不发生改变,但改造或改组为公司制企业的除外;②国有企业兼并国有企业、非国有企业以及国有企业合并、兼并后的企业是国有工业生产企业的;③在国有企业兼并、合并中,被兼并的国有企业或合并的一方属于濒临破产企业的;④国有企业改组为国有独资公司的。其中,后三项保留划拨用地方式的期限不得超过 5 年。

(三)处置土地使用权的程序

根据《划拨规定》第十条规定,处置土地使用权的程序为:

(1)拟订土地使用权处置方案。由企业或企业隶属单位拟订土地使用权处置方案,主要内容包括企业改革的形式和内容、企业现使用土地的状况和拟处置土地的状况、拟处置方式和处置价格及理由等。

(2)地价评估结果确认和土地使用权处置方案的审批。

地价评估结果和土地使用权处置方案应当报有批准权的人民政府土地管理部门确认和审批,报批时还应同时提交企业改革的批准文件、资产重组方案、土地使用权证书或土地权属证明及其他有关材料。

企业进行公司制改造、改组或组建企业集团,属于国务院或国务院授权部门批准设立的公司和企业集团以及境外上市公司的,土地估价结果和土地使用权处置方案由企业隶属单位报国家土地管理局确认、审批;属于省级人民政府或其授权部门批准设立的公司和企业集团,土地估价结果和土地使用权处置方案由企业隶属单位报省级人民政府土地管理部门确认、审批。

企业实行股份合作制改组、租赁经营和出售、兼并、合并、破产的,土地估价结果和土地使用权处置方案由企业隶属单位报上一级人民政府土地管理部门确认、审批;属于中央企业的,报国家土地管理局确认、审批。

(3)签订合同与变更土地登记。

土地使用权处置方案经批准后,采取国有土地使用权出让方式处置的,企业应持土地使用权处置批准文件和其他有关文件与土地所在地的市、县人民政府土地管理部门签订国有土地使用权出让合同,并按规定办理土地登记手续;采取国有土地租赁方式处置的,企业应持土地使用权处置批准文件和其他有关文件与土地所在地的县级以上人民政府土地管理部门签订国有土地租赁合同,并按规定办理土地登记手续;采取国家以土地使用权作价出资(入股)方式处置的,企业应持国家土地管理局或省级人民政府土地管理部门签署的土地使用权处置批准文件以及作价出资(入股)决定书,按规定办理土地登记手续;采取保留划拨用地方式处置的,企业应持土地使用权处置批准文件及其他有关文件按规定办理土地登记手续。

土地使用权作价出资(入股)决定书的样式、内容由国家土地管理局另行统一规定。

思考与分析题

1. 土地使用权出让与土地使用权转让有何区别?
2. 土地使用权出让有哪些方式?
3. 划拨土地使用权如何办理出让手续?
4. 简述国有土地使用权买卖合同当事人的权利和义务。
5. 土地使用权出让合同应注意哪些法律问题?
6. 划拨国有土地使用权转让的处置方式有哪些?

第八章　土地使用权出租与土地使用权抵押

学习目标

掌握土地使用权出租、土地使用权抵押的概念和特征；熟悉土地使用权出租、土地使用权抵押的条件以及相关合同内容；了解土地使用权出租、土地使用权抵押的程序。

【学习导入】

在中华人民共和国成立后很长一段时间内，人们认为进入社会主义社会后，土地应该是全社会所有的，各种地租的形式都被取消，造成了土地资源的浪费，经济活力不强。随之学者对关于社会主义社会是否还应该存在地租有了较大争议。经济建设的实践证明，无论是绝对地租还是级差地租都有其存在的必要性。随着《物权法》《担保法》的出台，指出土地使用权还具有担保物权等他项权能，也就是说，土地使用权也可以作为一种担保物，抵押设定权是赋予农地使用权物权保护的必然结果，也能充分发挥农地使用权作为一种用益物权的价值。

第一节　国有土地使用权出租概述

一、土地使用权出租的含义

所谓出租（或称租赁），是指出租方将租赁财产交给承租方使用，承租方向出租方支付约定的租金，并在租赁关系终止时，将原租赁财产返还给出租方的法律行为。在租赁法律关系中，转移的只是租赁财产的占有权、使用权，并不转移财产的所有权。

土地使用权出租是指土地使用者作为出租人将土地使用权随同地上建筑物、其他附着物租赁给承租人使用，由承租人向出租人支付租金的行为。土地使用权出租与一般的财产出租不同。它具有以下法律特征。

(1)土地使用权出租关系中的出租方不是土地的所有人，而是土地的使用权人；既包括从所有人处通过订立出让合同取得土地使用权的受让人，也包括通过转让合同从他人手中获得土地使用权的受让人，只要是现实的土地使用权人均可作为出租人。

(2)土地使用权的出租是在土地使用权人（出租人）与土地使用权出让合同之外的第二人（承租人）之间确立权利义务关系。出租人作为土地使用权人的地位并不发生改变，土地使用权出租行为不影响或不改变出租人对国家应尽的义务。出租人与土地所有人签订的土地使用权出让合同，并不因出租行为而变更或终止，“出租人必须继续履行土地使用权出让合同”(《出让和转让条例》第三十条)所规定的各项义务。可见,我国现阶段的土地使用权出租是一种新型的、具有特定内容的租赁法律制度。

土地使用权出租理论是马克思的地租理论在中国的应用,是对马克思地租理论的新发展。新中国成立以来很长一段时间,我们误解了马克思和恩格斯创立的科学社会主义理论,认为土地私有制消灭后,土地与所有其他生产资料一样,都将实现全社会公有,没有土地所有权和经营权的垄断,从而各种形式的地租也不复存在。与此认识相适应,我国实行的是国有土地无偿、无期限使用和管理制度,结果造成土地资源的严重浪费,甚至使国有土地变成了“部门所有”“单位所有”。这是对马克思、恩格斯思想机械和教条地理解及运用的结果。马克思在《共产党宣言》中指出,无产阶级在革命过程中和革命胜利后,要剥夺地产,把地租用于国家支出。恩格斯则在《论住宅问题》中指出:消灭土地私有制并不要求消灭地租,而是要求把地租——虽然是用改变过的形式——转交给社会。马克思、恩格斯的观点告诉我们,从资本主义到共产主义的过渡阶段,土地所有权还有保留的必要,从而地租也有存在的必要性。党的十一届三中全会以来,我们充分认识到这一问题,实行了土地使用制度改革,1988年我国对《宪法》第十条和《土地管理法》有关条款做了相应修改,从法律上肯定了这一改革的成果。随着社会主义市场经济体制的不断完善,我们还应以马克思、恩格斯地租理论为基础,结合新时期出现的新问题、新情况,不断发展土地使用权出租理论,完善土地使用权出租法律制度。

二、土地使用权出租与土地使用权出让的关系

(一)土地使用权出租与土地使用权出让的联系

(1)土地使用权出租与出让转移的均是土地使用权,不转移土地所有权。土地使用权有偿出让的实质是实现土地所有权与使用权的分离,受让人通过协议、招标、公开拍卖和挂牌四种方式取得土地使用权;土地使用权出租法律关系中,受让人只能将从国家取得的土地使用权交给承租人,由承租人使用。

(2)土地使用权出租和出让都是双方当事人在平等、自愿的基础上实施的有偿法律行为。不论是在土地使用权出让法律关系中的土地所有者与土地使用者之间,还是在土地使用权出租法律关系中的出租人与承租人之间,双方当事人的法律地位都是平等的,只有经过充分协商,才能达成一致意见。有偿性是土地使用权出租与出让的一个共同特征。在土地使用权出让法律关系中,受让人必须向国家支付土地使用权出让金;而在土地使用权出租法律关系中,承租人则像在其他任何财产出租关系中一样向出租人交纳租金。

(3)土地使用权出租与出让都具有期限性,且土地使用权出租期限只能确定在出让期限之内。国有土地使用权的出让只是国家对土地使用权的有期限让渡,期限届满后,土地使用者须将土地使用权退还给国家或申请延期。土地使用权出租也是如此,土地使用者按出让合同规定进行开发建设后,让渡一定期限的土地使用权给承租人,但这个期限只能在出让合同规定的年限减去出租人已使用的年限内确定。

(4)土地使用权出租和出让是相互联系、相互作用的。一方面,土地使用权出让是土地使用权出租的前提条件。只有通过出让取得的土地使用权,才是一项独立的财产权利,具有其相对独立性,才可以出租。另一方面,只有允许土地使用权的合理流动,通过出租等经营方式,才能实现土地的最佳利用,建立和完善社会主义土地市场。

（二）土地使用权出租与土地使用权出让的区别

（1）土地使用权出租与出让法律关系的主体不同。土地使用权出让法律关系的主体一方是土地所有者——国家，国家作为国有土地的唯一所有权主体垄断了整个一级土地市场，而另一方当事人为土地使用者。土地使用权出租法律关系的双方当事人都是土地使用者，出租方作为土地使用权出让中的受让人不再是单一的，而是由各种不同的利益主体组成的。

（2）土地使用权出租与出让法律关系的客体不同。土地使用权出让法律关系的客体仅指未开发土地的使用权，而不包含地上建筑物，土地使用权出让的客体具有单一性。而土地使用权出租的客体具有复合性，出租的不仅是土地使用权，还有地上建筑物及其他附着物。

（3）土地使用权出租与出让法律关系中当事人的权利和义务不同。在土地使用权出让法律关系中，受让方取得的土地使用权是一项独立的财产权利，可以出售、交换、赠与，还可以出租或被继承。而在土地使用权出租法律关系中，承租人取得的土地使用权，其内容包括对土地的占有、使用，而不包括对土地的一定程度的处分。因此，土地出租后的承租人只能使用土地，非经出租人同意，不得将土地使用权转租、抵押或进行其他经济活动。

（4）土地使用权出租和出让法律关系成立的法律事实不同。土地使用权出让法律关系的成立是以双方当事人签订土地使用权出让合同后，办理土地登记，受让人领取土地使用权证。而土地使用权出租中，出租人与承租人不需办理权属变更登记，承租人也不领取土地使用证，只要在租赁合同的基础上由出租人分别向土地管理部门和房产管理部门办理土地使用权和地上建筑物及其他附着物的出租登记，法律关系即告成立。

三、土地使用权出租与土地使用权转让的关系

土地使用权转让是指土地使用者把通过出让方式取得的土地使用权转移给其他法人、社会组织或个人的行为，包括出售、交换和赠与三种主要转让形式。土地使用权出租与土地使用权转让既有联系又有区别。

（一）土地使用权出租与土地使用权转让的联系

（1）土地使用权出租与转让都不转移土地所有权，只转移土地使用权。土地使用权出租和转让都是在保留国家对土地享有所有权的前提下，在土地使用者之间转移土地使用权。因此，不论是转让人或受让人，还是出租人或承租人，都不享有土地所有权，转让或出租的均是土地使用权。

（2）土地使用权出租与转让均以土地使用权出让为前提条件。只有通过有偿出让取得的土地使用权，才是一项独立的财产权利，受让人才可以转让、出租。土地使用权的转让人或出租人都是土地使用权出让中的受让人。

（3）土地使用权出租和转让都必须在完成一定的土地投资开发后方可进行。土地使用者从国家取得土地使用权后，必须按照土地使用权出让合同规定的期限和条件对土地进行投资开发，并达到投资开发的标准。未达到土地投资开发标准的，土地使用权不得转让或出租。

（二）土地使用权出租与土地使用权转让的区别

（1）土地使用权出租与土地使用权转让的行为性质不同。土地使用权转让是权利的让渡，转让人通过转让行为而完全丧失了土地使用权，由新的土地使用权人取得土地使用权；而土地使用权出租则是将土地使用权有期限地租给别人使用，土地使用权人并不因出租行

为而完全丧失土地使用权,到租赁期满后仍可以收回该使用权。

(2)对土地使用权出让合同的影响不同。在土地使用权转让中,转让人与国家(出让人)之间的权利义务,因转让行为而一次终结,转让人(土地使用权人)不再履行土地使用权出让合同,而由新的土地使用权受让人履行出让合同。在土地使用权出租中,土地使用权人与国家(出让人)之间的权利义务关系并不因出租而发生任何变化,仍需履行与国家订立的出让合同所规定的各项权利义务,不能由承租人履行出让合同。

(3)土地使用权出租与转让的地上建筑物权属不同。土地使用权的转让是连同地上建筑物所有权一起转让的,即地上建筑物归新的土地使用权人所有。而土地使用权出租中,出租的只是土地使用权及地上建筑物的使用权,地上建筑物的所有权并未转移于承租人。

(4)土地使用权出租必须是有偿的;而土地使用权转让可以是有偿的,也可以是无偿的。

四、土地使用权出租与土地出租的区别

土地使用权出租是指土地使用者作为出租人将土地使用权随同地上建筑物、其他附着物租赁给承租人使用,由承租人向其支付租金的行为。土地出租是以土地私有制为基础的,它与我国土地社会主义公有制体制下的土地使用权出租是完全不同的,主要有以下区别。

(1)土地使用权出租与土地出租法律关系中的出租人不同。土地使用权出租人是指土地使用者,即指通过国家出让土地使用权的方式取得土地使用权,并按出让合同规定开发利用土地的公司、企业、其他经济组织或个人。土地出租人是指土地所有者。在土地私有的制度下,土地可以作为商品在市场上自由流通,因此土地出租人是指享有土地所有权的公司、企业、社会组织和个人。

(2)土地使用权出租与土地出租的客体不同。土地出租的客体仅指土地,出租人出租的土地是自己所有的财产,因此土地出租的客体是一种自物权。土地使用权出租的客体不仅指土地使用权,而且包括地上建筑物及其他附着物。土地使用权出租包括两种不同的物权,其中土地使用权是一种他物权,而地上建筑物及附着物是出租人自己所有的财产,属于自物权。

(3)土地使用权出租与土地出租的法律关系及其内容不同。土地出租法律关系是土地所有人与承租人之间形成的一种权利义务关系。土地所有者与承租人的权利和义务,是由双方当事人在法律法规允许的范围内,充分自由协商所确定的。而土地使用权出租存在两种不同的法律关系,一种是非土地所有人之间形成的法律关系,即出租人是作为土地使用者将土地使用权交给承租人,他们之间的权利义务关系,不仅要符合法律法规的规定,还要受到土地所有者意志的制约;另一种是所有人与非所有人形成的法律关系,即出租人作为建筑物及其附着物所有人将其建筑物及其附着物让渡给承租人使用,他们之间的权利义务关系,可以在符合法律法规规定的前提下,充分自由协商确定。

(4)土地使用权出租与土地出租法律关系中出租人获得的租金属性不同。土地使用权出租是一个商品经营过程,出租人所获得的租金是一种基于房地产经营活动而产生的经营收入。在土地出租中,出租人获得的租金即马克思所说的地租,是土地所有者凭借土地所有权而获得的收入。它产生的经济基础和原因是土地所有权的存在以及土地所有权的垄断性和有限性。此外,两种租金的构成也不同,土地使用权出租人所获得的租金作为一种经营收

入,具有综合性。它包含土地使用权出租人在取得土地使用权时所交付的出让金,在开发土地时所投入的资本及其利息、耗费劳动的价值,在经营过程中要得到的利润。其中,出让金是地租在我国的具体表现形式。而在土地出租中,出租人所获得的租金仅指地租,具有单一性。

第二节 国有土地使用权出租的条件和程序

一、土地使用权出租的条件

土地使用权出租的条件为以下几条。

(1)出租人必须是通过出让、转让依法取得土地使用权的受让人,持有国有土地使用证。

(2)出租人要有地上建筑物、其他附着物的所有权证,而且土地使用权人和房屋所有权人必须是一致的。

(3)出租时,土地使用权人必须已经按照出让合同的约定支付了全部出让金,并依照法定和合同规定的期限、条件进行了一定的投资开发。

(4)土地使用权出租不得违背土地使用权出让合同的规定。出租土地的期限、用途、条件受土地使用权出让合同的制约。例如:期限不得长于出让合同的剩余年限,用途不得改变。

(5)出租土地使用权必须在法律上是可以转移的。例如:无权属纠纷,未受到司法、行政机关任何形式的限制等。

(6)共有土地使用权出租的,必须征得其他共有人的书面同意。

二、划拨土地使用权出租的条件

《出让和转让条例》第四十四条规定,划拨土地使用权,除本条例另有规定外,不得转让、出租、抵押。所谓"另有规定"是指第四十五条的规定,符合下列条件的,经市、县人民政府土地管理部门和房产管理部门批准,其划拨土地使用权和地上建筑物、其他附着物所有权可以转让、出租、抵押:

(1)土地使用者为公司、企业、其他经济组织和个人;

(2)领有国有土地使用证;

(3)具有地上建筑物、其他附着物合法的产权证明;

(4)依照《出让和转让条例》的规定签订土地使用权出让合同,向当地市、县人民政府补交土地使用权出让金或者以转让、出租、抵押所获效益抵交土地使用权出让金。

三、不得出租的土地使用权

不得出租的土地使用权有:

(1)以出让方式取得土地使用权的受让人,未按出让合同约定支付全部出让金,未按合同规定的条件进行一定投资开发的。

(2)以划拨方式取得土地使用权未补办出让手续的。

(3)有权属争议或产权不明的。

(4)国家机关依法裁定、查封或以其他形式限制流通的。

(5)共有土地使用权未经其他共有人书面同意的。

(6)未依法取得土地使用权证书的,地上房屋已建成未领取房屋所有权证书的。

(7)法律、法规规定禁止出租的其他土地使用权。

四、国有土地使用权出租的程序

按现行法律规定,国有土地使用权出租的程序包括签约和登记。

(1)签约。签约是由出租人和承租人签订土地使用权出租合同的行为。《出让和转让条例》第二十九条规定,土地使用权出租,出租人和承租人应当签订租赁合同。可见,签约是出租土地使用权法律关系确定的要式行为。关于土地使用权租赁合同,将在后文章节中介绍。

(2)登记。土地使用权出租登记,由出租人分别向自然资源主管部门和房产管理部门办理土地使用权和地上建筑物、其他附着物出租登记。《出让和转让条例》第三十一条规定:“土地使用权和地上建筑物、其他附着物出租,出租人应当依照规定办理登记。”可见,不经登记的出租行为无法律效力。对登记的具体办法,法律未作具体规定,可根据登记主管部门的要求进行办理。

第三节　土地使用权出租合同

一、土地使用权出租合同的概念和法律特征

土地使用权出租合同是指土地使用权出租人与承租人签订的,在一定期间内将土地使用权和地上建筑物及其附着物交给承租人使用,承租人向出租人支付一定租金的协议。它是一种新型的租赁合同,既有一般财产租赁合同的特点,又有其独有的法律特征。

土地使用权出租合同与一般财产租赁合同的共同特征表现在以下几个方面。

(1)都是双务、有偿合同。合同双方当事人都要为自己所得到的财产或其他经济利益而向对方偿付一定的代价。土地使用权租赁合同的出租人有义务将出租的租赁物交给承租人使用,并有权取得租金收益;同样,承租人有义务支付租金,有权利使用租赁物。

(2)都是诺成合同。当事人只要就合同主要的内容达成一致意见,合同就成立,并不需要等到出租人实际交付标的物(租赁物)之后才成立。

(3)承租人取得的只是合同存续期间租赁物的使用权、收益权,并不取得租赁物的所有权。

土地使用权出租合同也有其独有特征,主要表现在以下几点。

(1)土地使用权出租合同具有从合同的属性。土地使用权出租合同以土地使用权出让合同的存在为前提,并随出让合同的变化而变化,即当国家因社会公共利益的需要变更或终止出让合同时,出租合同也随之变更或终止。

(2)土地使用权出租合同的主体具有特殊性。一般财产租赁合同的主体是财产的所有人或经营管理人。而土地使用权出租合同的出租人只能是对土地享有使用权的人,其取得土地使用权的方式必须是通过出让行为而取得,以行政划拨方式取得土地使用权的民事主

体不得将土地使用权出租,否则属违法行为。

(3)土地使用权出租合同的标的物具有特殊性。首先,土地使用权出租合同的标的物是一种无形物——土地使用权,而一般财产租赁合同的标的是法律允许出租的财产,以有体物为限。其次,土地使用权出租合同的标的不需设定维修保养责任,而有体的财产租赁合同则必须设定维修保养条款。最后,土地使用权出租合同的标的具有综合性。土地使用者出租土地的同时,连同地上建筑物及其附着物一起租赁给承租人使用,这样,就在一个租赁合同里出现了两种不同的标的,一种是无体的财产权利,另一种则是地上建筑物及其附着物,这也是一般财产租赁合同所没有的特征。

(4)土地使用权出租合同是要式合同。土地使用权出租合同不仅要采取书面形式,而且要到国家有关部门进行登记。《出让和转让条例》第三十一条规定:"土地使用权和地上建筑物、其他附着物出租,出租人应当依照规定办理登记。"而一般财产租赁合同都不需要办理登记手续。

二、土地使用权出租合同的主要内容

(一)标的

土地使用权出租合同的标的是出租的土地使用权和地上建筑物及其附着物,体现为一块土地,因此在合同中要指明出租使用权的土地的面积、位置、四至和其他自然状况等。对地上建筑物及其附着物的数量、质量、规格等情况也应作出具体规定。

(二)租金

租金是土地使用者出租土地使用权的目的,因此在土地使用权出租合同中,必须对此作出规定,租金可因地块的不同而有差别。在确定土地使用权租金时,若国家有统一标准,应按国家规定执行;国家没有统一规定的,当事人可以根据市场供需情况,本着公平合理的原则协议商定。对于租金的支付方式,由出租人和承租人自由商定,可以一次支付,也可以分期支付。

(三)建筑物的维修与管理和土地的维护责任

在土地使用权出租合同中,当事人双方必须对建筑物的检查、维修与管理问题作出明确规定,例如:对由谁来维修,维修费怎样支付等问题加以规定,以保证承租人能够安全有效地使用建筑物。在租赁期间,合同双方当事人都必须本着合理利用土地的原则,对土地进行必要的维护,承租人不得随意改变土地使用权出让合同规定的土地用途。

(四)租赁期限

租赁期限由双方当事人约定,可以是定期的,也可以是不定期的,但土地使用权出租期限必须在出让期限或转让期限范围内确定。《出让和转让条例》按土地用途规定了土地使用权出让的最高年限。因此,当事人双方约定租赁期限,不得超过土地使用权出让合同规定的出让期限减去出让合同生效后已经经过的年限后所剩下的期限,超出这一期限的,超出部分无效。地上建筑物及其附着物的出租期限与土地使用权的出租期限相同。如果出租合同未约定具体的租赁期限,在这种情况下,只要没有法定的事由,出租方不得随意收回土地使用权,直至土地使用权期限届满,租赁合同自然终止。

(五)违约责任

土地使用权出租合同双方当事人应在合同中明确规定不履行合同规定的义务时必须承

担的法律责任。

三、土地使用权出租合同变更

(一)土地使用权出租合同变更的含义

土地使用权出租合同变更是指由于某种法律事实的出现,导致原有的土地使用权出租法律关系的主体、客体和内容发生部分的变化,从而在土地使用权出租人与承租人之间形成新的土地使用权出租法律关系。

(二)土地使用权出租合同变更的条件

(1)双方当事人协商变更。土地使用权出租法律关系的产生是双方当事人意思表示一致,在平等自愿的基础上共同协商达成一致的协议,因此法律关系的变更,也应当由双方当事人协商解决。但变更的协议不能损害国家和社会的公共利益;否则,变更的协议不具有法律效力。

(2)由于不可抗力导致部分义务不能履行。

(三)土地使用权出租合同变更的表现

土地使用权出租合同变更主要表现在两个方面:一方面,是合同内容的变更,如租金的增减、租期的缩短或延长等;另一方面,是合同主体的变更,即当事人一方的权利和义务转让给第三人,又称合同的转让。具体来讲,土地使用权出租合同的转让有以下两种情况。

(1)出租方在租赁关系存续期间,将土地使用权转让给第三方时,出租方与承租方之间签订的出租合同并不因此终止,原出租合同对新的土地使用权人仍然有效。新的土地使用权人仍应按原租赁合同规定履行自己的义务。

(2)承租人在符合法定条件的前提下,可以将租赁的土地使用权转让给第三方承租使用。这种法定条件是出租人转租时,必须事先征得出租方的同意。土地使用权属于出租方,出租方有权决定是否同意给第三方承租使用。如果出租方不同意由第三方承租使用,承租方就不得转租,否则要承担违约责任。

四、土地使用权出租合同解除

(一)土地使用权出租合同解除的含义

土地使用权出租法律关系的解除是指由于一定的法律事实的出现,使土地使用权出租法律关系的主体之间的权利与义务归于终止。

(二)土地使用权出租合同解除的条件

(1)出租合同期限届满。

(2)一方当事人违约。根据我国法律的规定,由于一方当事人违约,使土地使用权出租合同的履行成为不必要的,另一方当事人可以解除合同。在租赁期限内,如果承租人不按规定的方法使用租赁物,或擅自将租赁物转租,或逾期不交纳租金,经催交仍不交纳的,出租人可以依法解除合同。如出租人不按合同规定将租赁物交付承租人使用,或不按合同规定履行对租赁物的修缮义务,致使承租人无法继续使用租赁物时,承租人也可依法解除合同。

(3)国家提前收回土地使用权。《出让和转让条例》第四十二条规定,在特殊情况下,根据社会公共利益的需要,国家可以依照法律程序提前收回土地使用权。而土地使用权出让是土地使用权出租的前提条件,国家提前收回土地使用权,出租的前提条件已不存在,则出租法律关系也就归于消灭。

(4)租赁物灭失。由于自然原因造成土地性质彻底改变或原土地面貌彻底改变,地上建筑物及其附着物灭失,使土地使用权出租丧失客体,则土地使用权出租法律关系消灭。

第四节 土地使用权抵押概述

一、抵押的概念和特点

根据《民法典》第三百九十四条规定,抵押权指为担保债务的履行,债务人或者第三人不转移财产的占有,将该财产抵押给债权人的,债务人不履行到期债务或者发生当事人约定的实现抵押权的情形,债权人有权就该财产优先受偿。

在这一关系中,提供担保财产的债务人或第三人称为抵押人,债权人为抵押权人。提供担保的财产为抵押物。根据此概念表述,抵押作为一项法律制度具有如下特点。

(1)抵押是一种担保债权实现的法律关系。根据法律规定,在抵押法律关系中,抵押权人享有抵押权,是指当债务人不履行债务时,抵押权人依照《担保法》的规定直接以抵押物折价或以抵押物拍卖、变卖价款优先受偿的权利。这表明抵押权的设定以确保债权受清偿为目的,具有担保物权的性质。抵押是以物权担保债权实现的法律关系。

(2)抵押物是由债务人或第三人提供的法律允许抵押的财产。这表明作为抵押物的财产必须是债务人或第三人独立拥有的或有权独立支配的财产,即享有所有权和依法有权处分的财产;同时抵押财产的范围是法律规定的而不是任意的。许多国家或地区的民法规定作为抵押物的财产必须是不动产,即土地及其定着物。我国《担保法》虽未把抵押财产的范围限定于不动产范围,但从其第三十四条关于抵押财产范围的规定看,可以作为抵押物的财产主要是不动产和不动产权利,以及一些具有重大价值的财产,如房屋、土地使用权、机器、交通运输工具等。

(3)抵押物不移转占有。在抵押关系中,抵押物以其交换价值担保债权的清偿,因而无须将抵押物的占有移转于抵押权人,债务人或第三人(抵押人)将其财产提供抵押后仍可继续占有其财产并使用、收益,从而最大限度地发挥抵押物的经济效用。抵押制度因此也就成为最理想的债的担保制度。

二、抵押的种类

抵押以不同的标准可以分为不同的种类。

(一)以抵押物的不同分类

以抵押物的不同,抵押可分为不动产抵押、动产抵押、权利抵押、财团抵押等。

(1)不动产抵押。不动产抵押是指以不动产作为抵押物而设定的抵押。不动产抵押是最为常见的抵押形式。有的国家或地区的民法规定抵押仅限于不动产抵押。不动产因其不可移动位置,最能为债权的实现提供充分、安全的保障,而被广泛运用。我国《民法典》第三百九十九条规定,土地的所有权不能作为抵押物,但房屋和土地上的其他定着物均可为抵押权之客体。

(2)动产抵押。动产抵押是指以动产为抵押物的抵押。在传统民法中多以不动产为抵押的标的,而以动产为质权的标的,随着社会经济的发展,抵押担保的形式越来越受到人们的重视,人们不仅以不动产作抵押,而且以动产不移转占有作为债务履行的担保,同时又能对其占有、使用或收益,以充分发挥财产的效用。因而动产抵押也开始为各国法律所确认。我国《民法典》第三百九十五条规定,抵押人所有的生产设备、原材料、半成品、产品、交通运输工具等动产可以抵押。

(3)权利抵押。权利抵押是指以法律规定的各种财产权利作为抵押权客体的抵押。权利是一种无形财产,它本身具有价值,可以通过市场转让来实现其价值,因而它可以作为抵押权的客体。我国《民法典》规定国有土地使用权,依法经发包方同意抵押的承包经营的荒山、荒沟、荒丘、荒滩等荒地的使用权都可以抵押。

(4)财团抵押。财团抵押又称企业抵押,是指抵押人以其所有的动产、不动产及权利的集合体作为抵押权的客体。即企业以其财产组成一个整体,设置一个抵押权。它一般是为担保企业的巨额债务而设定的。由于债务数额巨大,所以就需要价值相当的担保物,某个财产往往难以具有如此巨大的价值,只有把企业的各种财产作为一个整体设定抵押才能起到担保的作用。我国《民法典》未明确规定财团抵押制度,但《民法典》第三百九十五条规定,抵押人可以将前款所列的财产一并抵押。这说明财团抵押也为我国法律所允许。

(二)以债权受担保的抵押权个数的不同分类

以债权受担保的抵押权个数的不同,抵押可以分为单独抵押和共同抵押。

单独抵押是指某个债权受一个抵押权的担保。共同抵押是为了担保同一债权,而在数个不同财产上设定了数个抵押权共同担保债权的实现。无论因其中哪一个抵押权的实行而使债务得以清偿时,其他财产上设定的抵押权都全部解除。

(三)以抵押权所担保的债权额是否确定分类

以抵押权所担保的债权额是否确定,抵押可分为普通抵押和最高限额抵押。

最高限额抵押是指抵押人与抵押权人协议以抵押物对将来一定期间内连续发生的不特定债权,在预定的最高债权额限度内作担保的一种特殊的抵押形式。它有如下特征:

(1)担保的主债权为将来一定期间内连续发生的债权,并非现在已经发生的债权。

(2)所担保债权为将来发生的不确定债权。

(3)担保的主债权范围以预定的最高额为限度,即债权人只能在协议约定的将来发生的最高债权额度内对抵押财产优先受偿。

如果将来发生的债权额实际超过了最高额,超过部分为无担保债权不得优先受偿。我国《民法典》第十七章第二节对最高额抵押权作了专节规定。

土地使用权抵押是指债务人或者第三人不转移对土地使用权财产的占有,将其拥有的土地使用权作为债权的担保;债务人不履行债务时,债权人有权依照法律规定以该土地使用权折价或者以拍卖、变卖该土地使用权的价款优先受偿。

可见,土地使用权抵押与一般财产抵押的唯一不同就在于土地使用权抵押的标的是土地使用权,它是一种权利性的财产,而不是土地实物性的财产。

三、土地使用权抵押的意义

土地使用权抵押的意义如下。

(1)加速资金融通。土地使用权的有偿获取和进一步的开发经营都需要巨额的资金,开发商往往需要通过银行信贷资金的帮助才有可能完成开发事业。银行在出借这笔巨额贷款资金时,为了避免贷款不能收回的风险,要求开发商提供担保。而这样巨额的资金,开发商只有以其已经取得的土地使用权提供担保,才能使银行获得最有效、最充分的担保,从而能够及时获得贷款。在开发商不能按时归还贷款时,银行有权就其享有抵押权的土地使用权作价或者拍卖、变卖的价格中优先受偿,从而能够及时收回贷款。

(2)加快土地开发利用,实现土地保值和增值。土地使用权抵押关系中,土地使用权人无须移转土地使用权于债权人占有,他仍可对土地开发和利用,既能以土地使用权作抵押担保获取巨额开发资金,又能及时将资金运用于土地开发、利用,从而实现土地保值和增值的目的。

四、土地使用权抵押法律关系

土地使用权抵押法律关系是指土地使用权抵押双方当事人在抵押过程中依法形成的权利和义务关系。

法律关系一般由主体、客体和内容三要素构成。关于土地使用权抵押法律关系的主体、客体,前文已有介绍,下文主要介绍其内容,也就是土地使用权法律关系当事人的权利义务。

(一)抵押人的权利义务

抵押人的权利有:

(1)继续享有出让合同中规定和约定的占有、使用和收益的权利。

(2)就同一土地使用权担保价值剩余部分,再设定抵押权的权利。抵押人可以就同一土地使用权设数个不同抵押权,但抵押人不得就同一土地的同一价值再作抵押,即不能重复抵押。比如:就土地使用权价值 100 万元的一块土地,设定了一次 100 万元贷款抵押后,就不能再用于抵押;如果第一次抵押贷款的数额为 50 万元,那么,就还可以进行 50 万元以内的抵押。

(3)处分土地使用权的权利。其主要包括转让、出租土地使用权。抵押设定后,抵押人并不因此丧失土地使用权,所以可以转让、出租土地使用权,但为保证抵押权人行使权利,转让和出租时,需事先通知抵押权人并应征得其同意。而且,对于转让所得价款的处理,应该遵循《民法典》的有关规定。《民法典》第四百一十三条规定:“抵押财产折价或者拍卖、变卖后,其价款超过债权数额的部分由债务人清偿。”

抵押人的义务有:

(1)保证土地完整性的义务。由于抵押人保留对土地的占有、使用,在占有、使用过程中不得违背出让合同的规定和抵押合同的约定。

(2)抵押人有保证抵押权人实现抵押权的义务。

(二)抵押权人的权利和义务

抵押权人的权利有:

(1)优先受偿的权利。其为最基本的权利。

(2)保全抵押权。在抵押人或第三人的行为有可能造成抵押土地价值减少时,抵押权人可以要求侵害人停止侵害,或申请法院限制侵害行为;已造成损害的,抵押权人有权要求恢复原状,赔偿损失。

(3)物上代位权。标的物灭失、毁损,因而得受赔偿金时,该赔偿金成为抵押权标的物的代替物。甚至抵押权人可以根据抵押人让与的赔偿请求权,代替抵押人直接向第三人请求损害赔偿。获得赔偿请求权对抵押权人保护自己的合法权益具有重要意义,因为在毁损发生后,当请求赔偿难度很大时,抵押人可能就不积极请求赔偿。

(4)处分抵押权。即让与抵押权,但必须连同债务一起让与,且须通知抵押人。

抵押权人的义务主要有:抵押权人变卖抵押物价款优先受偿后的剩余部分返还抵押人。

(三)土地使用权抵押法律关系的产生、变更和消灭

(1)产生。通过抵押合同的签订和登记而产生。

(2)变更。主体、客体和内容都可能发生变更。比如:抵押权人把抵押权让与他人,发生主体变更。

(3)消灭。抵押法律关系消灭有以下几种情况:①债务清偿,抵押权实现,抵押法律关系消灭;②抵押权人要求中止抵押权引起抵押法律关系消灭;③作为抵押物的土地灭失的,抵押物灭失,抵押物中止,抵押法律关系消灭;④抵押权人放弃抵押权引起抵押法律关系消灭。

说明:土地灭失,土地使用权自然灭失。如果不能获得赔偿,那么,物上代位权无法实现,抵押法律关系也就消灭。此时,债权法律关系应该继续存在,但由担保之债变为普通之债。

第五节 国有土地使用权抵押的条件和程序

一、国有土地使用权抵押的条件

根据《民法典》《房地产管理法》等有关规定,土地使用权抵押应符合下列条件。

(一)土地使用权抵押的主体条件

(1)土地使用权抵押人必须依法具有对抵押土地的处分权,即抵押人必须是土地使用权人。

(2)土地使用权抵押人必须是通过出让或转让取得土地使用权的受让人。

(3)房地同时抵押的抵押人,必须既是房屋所有权人又是土地使用权人。

(4)抵押人可以是债务人,也可以是第三人。土地使用权人可以作为第三人,以自己享有的土地使用权为他人担保债务。

(5)土地使用权抵押人可以是土地使用权出租人。《民法典》第四百零五条规定:"抵押权设立前,抵押财产已经出租并转移占有的,原租赁关系不受该抵押权的影响。"

(二)土地使用权抵押的客体条件

(1)抵押的土地使用权必须是抵押人的合法权利。

(2)《民法典》第三百九十九条规定,土地所有权不得抵押。

(3)抵押土地使用权时,其地上建筑物、附着物随同抵押;抵押地上建筑物、附着物时,其土地使用权随同抵押。《出让和转让条例》第三十三条规定,地上建筑物、其他附着物抵押时,其使用范围内的土地使用权随之抵押。此规定说明,抵押人抵押具有处分权的地上定着物时,占用范围内的不论是出让还是划拨取得的土地使用权都能抵押。另外,《民法典》规定:"建设用地使用权抵押后,该土地上新增的建筑物不属于抵押财产。该建设用地使用权实现抵押权时,应当将该土地上新增的建筑物与建设用地使用权一并处分。但是,新增建筑物所得的价款,抵押权人无权优先受偿。”

(4)抵押共有土地使用权,应取得其他共有人书面同意。

(5)抵押已出租的土地使用权,应将租赁情况告知抵押权人,同时,将抵押情况告知承租人。

二、国有土地使用权抵押的程序

根据物权的公示原则,登记是土地使用权抵押的形式要件。下面以如何办理抵押登记手续介绍土地使用权抵押的程序。

(一)土地使用权抵押设立登记手续

(1)申请。抵押人持土地使用权证到当地自然资源主管部门提出抵押申请。如涉及建筑物、附着物抵押的,抵押人还应到房地产管理部门提出地上物的抵押申请,并依法出示有关证件。

(2)审批。以出让方式取得的土地使用权抵押,是否必须办理审批,法律没有明确规定;但划拨土地使用权抵押必须进行审批。

(3)签约。签约是抵押双方就土地使用权抵押达成的协议。签约抵押合同是法律规定的必经程序。

(4)登记。抵押合同签订之后,应到当地自然资源主管部门进行登记,涉及地上建筑物和其他附着物的,还应到房产管理部门登记。只有经过登记的合同方为有效。

(5)公证。公证不是土地使用权抵押合同的法定必经条件,但一些地方性法规要求公证为抵押生效的必备条件。将公证作为办理土地使用权抵押的一个程序,有利于避免由于合同规定的不完善而引起的纠纷,有利于依法保护当事人的权利。

(二)抵押权实现后的登记

由于抵押权设立时有过登记,因而,当抵押消灭时,应当办理相应的注销抵押登记。因处分土地使用权和地上建筑物、其他附着物所有权而发生产权变动的,应办理相应的变更登记。

第六节 土地使用权抵押合同

一、土地使用权抵押合同

(一)土地使用权抵押合同的概念

土地使用权抵押合同是指债务人或者第三人不移转对土地使用权的占有,将土地使用权作为债权的担保而与债权人达成明确的相互权利义务关系的协议。依据此协议,在债务人或第三人提供抵押的土地使用权上为债权人设定了抵押权,债务人或第三人对债权人的债权承受土地使用权物上担保义务。当债务人不履行债务时,债权人有权依照法律规定以该土地使用权折价或者以拍卖、变卖土地使用权之价款优先受偿。我国《出让和转让条例》第三十四条规定:“土地使用权抵押,抵押人与抵押权人应当签订抵押合同。”

(二)土地使用权抵押合同的内容

订立土地使用权抵押合同要做到条款齐全、内容完备,首先要明确土地使用权抵押合同应当包括哪些内容,从而使合同的订立能够达到明确当事人抵押权利义务关系的目的。我国《民法典》第四百条规定了抵押合同应当具备的内容。根据本条规定,土地使用权抵押合同应当具备下列内容。

(1)被担保的主债权种类、数额。土地使用权抵押合同的订立就是为了担保主债权的实现,因而抵押合同中应当首先明确土地使用权所担保的主债权的种类和范围。主债权种类是指受担保的债权所属的类别。因为抵押权是在债务人不履行债务时,抵押权人以抵押物的交换价值优先受偿的权利,因而一般认为抵押权所担保的债权应当是金钱债权,例如:金钱借贷的本息支付、财产买卖的贷款支付、财产租赁的租金支付、加工承揽的价金支付等。在土地使用权中,主要用于土地使用权人与银行的信贷借款债权,也用于其他金钱货币债权的担保。主债权的数额就是指抵押权所担保的债权金额。订立土地使用权抵押合同应写明主债权种类、数额。这是由抵押合同的从属性所决定的,只有确定了主债权的种类、数额,才能明确担保对象,并确定抵押的土地使用权的价值可否为债权实现提供充分担保。

(2)债务人履行债务的期限。债务人履行债务的期限是指主债关系的债务人向债权人履行债务的时间界限。抵押权只有当主债务人不履行到期债务时才能实行。因此,写明债务人履行债务的期限是判明债务人是否履行到期债务的时间标准,也是确定抵押权得以实现的时间标准。主债权合同的履行期限可以是一次性履行的期限,也可以是分期履行的期限。对分期履行的债务应写明每一分期的履行期限,债务人就任何一期债务不履行,都会引起抵押人行使抵押权。

(3)抵押物的名称、数量、质量、状况、所在地、所有权权属或者使用权权属。土地使用权抵押法律关系中的抵押物是可用于抵押的土地使用权,以及连同土地使用权一起抵押的房屋等。土地使用权抵押合同应写明是单纯的土地使用权抵押,还是土地使用权连同地上建筑物及其附着物抵押。应写明抵押的土地使用权及其建筑物的权利归属,写明地块面积、地点、等级、使用权年限,建筑物的名称、面积、结构、质量等。这些事项对于将来判定抵押物的价值具有重要意义。

(4)抵押担保的范围。在债务人不履行债务的情况下,债务人不仅不能满足主债权益,而且会因此遭受更大的损失或由此产生新的债权。例如:不能按期履行金钱给付,要遭受利息损失,因违约要支付违约金、赔偿金等。这就涉及土地使用权抵押所担保的范围究竟是主债权本身,还是包括主债权之外因债务人不履行债务而发生的债权。

(5)当事人认为需要约定的其他事项。上述四项内容是法律明确规定抵押合同应当具备的内容,即合同的重要条款。除这些条款外,当事人还可以根据各自利益需要对有关事项予以约定,例如:抵押物的折价方式,抵押权人实施抵押权是否应予催告,抵押人转让抵押物的价款必须提前清偿债务还是向第三人提存,土地使用权抵押合同是否经过公证等。

我国《民法典》第四百条规定,抵押人和抵押权人应当以书面形式订立抵押合同,可见抵押合同为要式合同。抵押合同之所以应当采用书面形式,这是因为抵押权是以抵押物的价值于将来债务人不履行债务时的优先受偿权。抵押合同是担保主债权的从合同,是不移转标的物占有的合同,是于将来实现权利的合同,因此抵押合同不能采用口头形式。如果采取口头形式,发生纠纷,口说无凭,抵押权就难以实现。抵押权的实现是处分抵押物的重大行为,因此抵押合同应当采用书面形式。书面形式既可以是当事人在主合同中达成的关于抵押担保的条款,也可以是主合同之外由抵押人和抵押权人达成的抵押担保协议,以及当事人之间有关抵押担保设立的信函等书面资料。

(三)订立土地使用权抵押合同应注意的事项

(1)订立土地使用权抵押合同必须遵守法律、法规和地方性法规的规定。订立土地使用权抵押合同应当遵守担保法关于抵押担保的一般规定和关于土地使用权抵押的特殊规定,特别是不得违反其禁止性规定。《民法典》第四百零一条规定:"抵押权人在债务履行期限届满前,与抵押人约定债务人不履行到期债务时抵押财产归债权人所有的,只能依法就抵押财产优先受偿。"本条是关于抵押的规定,当事人必须遵守。《出让和转让条例》等行政法规和有些地方制定的有关土地使用权管理的地方性法规中有关土地使用权抵押的规定,当事人都应遵守。

(2)订立土地使用权抵押合同应当注意该宗国有土地使用权出让合同中的有关规定。土地使用权出让合同是土地使用权原始产生的法律事实。出让合同中关于土地的界桩定点、土地使用条件、土地出让年限、土地使用权期满的回收事项,以及关于土地使用权抵押的条款都关系到用于抵押的土地使用权的价值和担保权的将来实现。对土地使用权抵押人来讲,如果是出让合同的一方当事人,自应遵守出让合同的有关规定。对于非出让合同受让方的抵押权人或抵押人来讲,虽不是合同当事人,但出让合同设定的土地使用权是一种物权,针对待定的土地使用权所设定的物上权利和义务具有物权意义,能够对其他任何人发生效力。在出让合同基础上发生的土地使用权转让或抵押行为都应遵守出让合同关于土地使用权的规定,即在取得土地使用权、物权时也要承受其物上义务。《出让和转让条例》第三十四条规定:"土地使用权抵押,抵押人与抵押权人应当签订抵押合同。抵押合同不得违背国家法律、法规和土地使用权出让合同的规定。"

二、土地使用权抵押登记

抵押权是物权,应经登记取得公示效力。《民法典》第三百九十五条和四百零二条规定,土地使用权抵押应当办理抵押登记,抵押权自登记时设立。由此可见,办理抵押登记是土地使用权抵押法律关系成立的重要法律事实。

(1)土地使用权抵押登记的机关。以无地上定着物的土地使用权抵押的,为核发土地使用权证书的自然资源管理部门;以城市房地产或者乡(镇)、村企业的厂房建筑物抵押的,为县级以上地方人民政府规定的部门。可见,土地使用权抵押登记的部门以其土地上有无定着物而由不同的部门办理抵押登记。无地上定着物的土地,即没有房屋等建筑物以及林木及其他附着于土地且不能与土地分离的物的土地,这种土地的使用权抵押为单纯的土地使用权抵押,应当由核发土地使用权证书的自然资源管理部门办理抵押登记。如果是土地使用权连同地上定着物抵押的,应由相关管理部门办理抵押登记。

(2)土地使用权抵押设定登记的程序。土地使用权抵押设定登记一般应经过申请、审查、核准登记、公告程序。申请应当由抵押当事人向法律规定的土地使用权抵押登记机关填写并递交土地使用权抵押登记表,同时提交法律规定的应当提交的登记文件。其主要包括主合同和抵押合同以及抵押的土地使用权证书;房地产抵押的还应提交房屋所有权证书;以承包经营的荒地的土地使用权抵押的,还应提供承包经营合同,以及发包方同意抵押的证明。审查阶段即由负责审查、监督职责的抵押登记部门对当事人提交的抵押登记文件的真实性、合法性予以审查。核准登记是指土地使用权抵押登记的机关对当事人提交的抵押登记文件的真实性、合法性审核确定以后,对抵押权设定的必要事项予以记载。公告是指对抵押登记的资料应当向社会公开,登记部门应当允许当事人和其他人对登记资料查阅、抄录或者复印,从而使土地使用权上的抵押权取得公信力,以避免与抵押的土地使用权有利害关系的人因不知晓而蒙受损失。

(3)土地使用权抵押设定登记的效力。土地使用权抵押设定登记是土地登记中土地各项权利设定登记。其最直接的效力就是使土地使用权抵押合同自登记之日生效,从而在抵押当事人之间发生抵押权利义务关系,同时使经登记的抵押权受到法律的保护并取得物权公示效力,能够对抗第三人,即第三人即使善意取得抵押财产,也不得影响抵押权人对抵押财产行使优先受偿权。

三、土地使用权抵押合同的变更

土地使用权抵押合同的变更是指土地使用权抵押订立后,因某种法律事实的出现使当事人之间既存的土地使用权抵押法律关系的构成要素发生变化,如主体、客体或内容上的变化。引起土地使用权抵押合同变更的法律事实主要有以下几点。

(一)当事人之间的协议修改并经登记

土地使用权抵押法律关系是因当事人之间订立土地使用权抵押合同的合意并经抵押设立登记行为而建立的。抵押法律关系产生后,当事人之间可以通过协议对抵押合同的条款进行修改,并办理变更登记手续,确立新的抵押法律关系。抵押合同变更后,以变更后的内容确定当事人之间的权利义务关系。

(二)抵押权随同主债权一起转让

权利的转让是权利享有人将自己享有的权利依法让与他人。即由权利受让人依法承受原权利人享有的权利,法律关系在新的当事人之间继续有效。它是法律关系主体的变更。主债权和抵押权作为一种权利,权利主体都可以对其加以处分,可以依法转让给他人。只要权利转让合法就会引起法律关系主体的变更。抵押权和主债权的主从关系决定了抵押权的转让必须与主债权一起转让,不得与主债权分离而单独转让。因此,土地使用权、抵押权随同其担保的主债权一起转让的,引起土地使用权抵押合同主体的变更。

根据我国《担保法》的规定,抵押权设定后,抵押人对抵押标的物仍有处分权,可以依法转让。因此,土地使用权设定抵押后,抵押人仍可以转让其土地使用权。但《担保法》在允许抵押人对抵押物有权转让的同时,也对其转让行为作了限定。抵押期间,抵押人转让已办理登记的抵押物的,应当通知抵押权人并告知受让人转让物已经抵押的情况,否则转让行为无效。转让抵押物的价款明显低于其价值的,抵押权人可以要求抵押人提供相应的担保;抵押人不提供的,不得转让抵押物;转让抵押物所得的价款应向抵押权人提前清偿所担保的债权或者向与抵押人约定的第三人提存。由此可见,抵押标的物的转让可以引起抵押法律关系在内容上的一系列变化,如抵押权人的知情权和抵押人的告知义务,抵押权人的担保请求权和抵押人的提供担保义务;抵押权实行期限的提前和方式的改变(提存形式的运用)等。土地使用权抵押设立登记后,抵押人转让土地使用权的也可引起土地使用权抵押合同的上述变化。

（三）抵押的土地使用权价值的减少

作为土地使用权抵押法律关系客体的土地使用权价值变化也会引起该法律关系的变化。《民法典》第四百零八条规定："抵押人的行为足以使抵押财产价值减少的，抵押权人有权请求抵押人停止其行为；抵押财产价值减少的，抵押权人有权请求恢复抵押财产的价值，或者提供与减少的价值相应的担保。抵押人不恢复抵押财产的价值，也不提供担保的，抵押权人有权请求债务人提前清偿债务。"

四、土地使用权抵押合同的解除

土地使用权抵押法律关系的消灭是因已定法律事实的出现使当事人之间既存的土地使用权抵押法律关系归于终止。引起土地使用权抵押法律关系消灭的法律事实主要有：主债务的履行、抵押权的实现、土地使用权抵押的灭失等。

（一）主债务的履行

土地使用权抵押的设定是为了担保主债权的实现，通常依主债权的存在而存在，因主债权的消灭而消灭。如果主债务人到期履行了债务实现了债权人的债权，那么抵押权就没有存在的必要，就要随着主债权的消灭而消灭。当然，除债务人履行债务外，主债权因抵销、提存等原因消灭的，抵押权均应消灭。

（二）抵押权的实现

抵押权的实现是指债务履行期间届满，债务人不履行债务时，抵押权人依照法律规定的程序直接处分抵押财产以抵押财产作价或拍卖、变卖的价款使其债权优先受偿。抵押权实现即抵押权设立的目的达到，抵押合同均应解除。

1. 实现抵押权的条件

实现抵押权的条件也就是行使抵押权的条件。抵押权是为将来行使而设定的权利，非即时行使的权利。只有符合法律规定的条件，即一定的法律事实出现，抵押权人才能行使。这个条件就是债务履行期限届满抵押权人的债权未受清偿。如果债务履行期限未满或债务人已按期清偿了债务，抵押合同随之解除。

2. 实现抵押权的方式

实现抵押权一般有三种方式，即以抵押物折价或者拍卖、变卖抵押物的价款优先受偿。折价就是指把抵押物折合成货币金钱，直接优先清偿债权，抵押物折价超过债权数额的部分由抵押权人退还抵押人，不足部分由债务人清偿；变卖就是指将抵押物出卖，以出卖的价款优先受偿债权。抵押物的折价、变卖都应参照市场价格。拍卖是指依照拍卖程序，在公开场合就抵押物公开叫价竞投，以"价高得"的原则确定买受人。拍卖必须严格按照法律规定的程序进行，必须公开、公正、公平。土地使用权抵押只能以拍卖方式实现。土地使用权拍卖时应遵守国家土地、房地产价格评估制度和成交价格申报制度。

3. 划拨的国有土地使用权抵押权实现的特殊程序

我国《房地产管理法》第二十三条规定："土地使用权划拨，是指县级以上人民政府依法批准，在土地使用者依法缴纳补偿、安置等费用后将该幅土地交付其使用，或者将土地使用权无偿交付给土地使用者使用的行为。"该法第四十条规定："以划拨方式取得土地使用权的，转让房地产时，应当按照国务院规定，报有批准权的人民政府审批。有批准权的人民政府准予转让的，应当由受让人办理土地使用权出让手续，并依照国家有关规定缴纳土地使用权出让金。”该法第五十一条规定:“设定房地产抵押权的土地使用权是以划拨方式取得的,依法拍卖该房地产后,应当从拍卖所得的价款中缴纳相当于应缴纳的土地使用权出让金的款额后,抵押权人方可优先受偿。”由这些法律规定可以看出,在划拨的国有土地使用权上设定抵押,实现抵押权时,必须经过两个特殊程序:一是拍卖该土地使用权,必须报经有批准权的人民政府审批;二是拍卖所得价款必须首先依法缴纳应缴的土地使用权出让金,然后抵押权人才能优先受偿。这是因为划拨土地使用权是无偿取得的,因此能否转让应由政府批准,而且转让所得必须优先缴纳土地使用权出让金,实现国家利益。这是对国家土地所有者利益的特别保护,即国家享有法定的特殊优先受偿权。

4. 土地使用权抵押权实现的顺序

抵押权实现的顺序是指在同一财产上设定了两个以上的抵押权时,各抵押权人受偿的先后次序。同一块土地使用权向两个以上的债权人抵押的,拍卖、变卖该土地使用权所得的价款就应按照法律规定的顺序和原则清偿各个债权人的债权。

按照我国《民法典》第四百一十四条规定:同一财产向两个以上债权人抵押的,拍卖、变卖抵押财产所得的价款依照下列规定清偿:

(一)抵押权已经登记的,按照登记的时间先后确定清偿顺序;

(二)抵押权已经登记的先于未登记的受偿;

(三)抵押权未登记的,按照债权比例清偿。

其他可以登记的担保物权,清偿顺序参照适用前款规定。

土地使用权抵押合同以登记为生效要件,因此应当以其登记的先后顺序来确定抵押的受偿顺序,即先办理土地使用权抵押登记者,其受偿顺序在先,顺序在先的抵押权人充分受偿之后,顺序在后的抵押权人始得受偿。而且后一顺序的抵押权人只能就前一顺序抵押权人受偿后的抵押物价值的剩余部分受偿,如果无剩余则不能受偿。登记的先后顺序,一般是依照登记机关办理土地使用权抵押登记时登记册上登载的时间先后来确定的。如果是同时申请登记的,即处在相同登记顺序的,其受偿顺序相同,各个抵押权人应按照各自债权比例受偿。

5. 土地使用权抵押的实现对相关法律关系的影响

(1)土地使用权抵押的实现对主债权关系的影响。随着土地使用权抵押权的实现,主债权关系可能发生两种变化:一种变化是抵押权人处分抵押物所得价款使主债权全部得到清偿,从而引起主债权关系消灭;另一种情况是抵押权的行使,抵押物价款使主债权的一部分得到清偿,从而使已受偿部分的主债权消灭,其余未受消偿的债权关系仍然存在,债务人应当继续向债权人履行债务。

(2)土地使用权抵押的实现对地上建筑物所有权法律关系的影响。以土地使用权设定抵押权时,土地上有房屋等建筑物存在的,应当将土地上的房屋等建筑物连同土地使用权同时抵押。抵押权人行使抵押权范围就包括土地使用权及土地上的房屋等建筑物。抵押权人有权就土地使用权及其地上房屋等建筑物拍卖,并从拍卖所得价款中优先受偿。如果土地使用权设定抵押时,土地上没有房屋,土地使用权抵押权设定后,土地上新增的房屋等建筑物就不属于抵押财产范围。抵押权人实现抵押权时可以依法将该土地上的新增房屋与土地使用权一同拍卖,但对拍卖新增房屋所得,抵押权人无权优先受偿。就是说抵押权人行使抵押权时,拍卖的范围可以包括土地上的新增房屋,但优先受偿的范围不包括新增房屋。由此可见,土地使用权抵押权的行使必然会引起地上房屋等建筑物所有权法律关系的消灭。不同的是对同时抵押的房屋价款,抵押权人有优先受偿权;对新增房屋拍卖价款,抵押权人无权优先受偿,价款归房屋所有人所有。

(3)抵押权的实现对土地所有权关系的影响。土地使用权抵押权的行使,拍卖的仅仅是作为抵押财产的土地使用权,它只引起土地使用权归属关系的变化,并不涉及土地所有权关系的变化。《民法典》第四百一十八条规定:以集体所有土地的使用权依法抵押的,实现抵押权后,未经法定程序,不得改变土地所有权的性质和土地用途。

(4)抵押权的实现引起第三人向债务人的追偿法律关系。当债务履行期满,债务人不履行债务,抵押权人对抵押的土地使用权行使变价优先受偿权,该土地使用权是第三人为债权人抵押担保时,就等于第三人用自己的财产为债务人清偿了债务,从而他就取得了债权人的地位。他有权就其以抵押物价值清偿的债务向债务人追偿,债务人则负有偿还的义务。这是因抵押权实现的法律事实而在第三人与债务之间引起的一个新的债权债务关系。第三人的追偿权自以其财产为债务人清偿债务之日起开始。债务人不履行偿还义务的,第三人应在诉讼时效期间内向人民法院起诉,由人民法院强制其偿还。

(三)土地使用权抵押的灭失

我国《担保法》第五十八条规定:"抵押权因抵押物灭失而消灭。因灭失所得的赔偿金,应当作为抵押财产。"因此,在土地使用权抵押中,随着土地使用权的灭失,在该土地使用权上设定的抵押权也随之消灭。土地使用权的消灭主要由以下法律事实引起:①土地的灭失,如地震、洪水使土地及其建筑物毁损、灭失。我国《房地产管理法》第二十一条规定:"土地使用权因土地灭失而终止。"②土地使用权出让合同规定的使用年限届满。③依法收回土地使用权。我国《出让和转让条例》第四十二条和《房地产管理法》第十九条都规定国家对土地使用者依法取得的土地使用权,在出让合同规定的年限内不得提前收回,但在特殊情况下,根据社会公共利益的需要,可以依照法律程序提前收回。例如:国家因城市规划的需要或因修建铁路、公路及其他公共设施而收回土地使用权。我国《土地管理法》第三十七条规定,已经办理审批手续的非农业建设占用耕地,一年以上未动工建设的,应当按照省、自治区、直辖市的规定缴纳闲置费;连续二年未使用的,经原批准机关批准,由县级以上人民政府无偿收回用地单位的土地使用权。④土地被依法征收。例如:因城市规划需要,或因修建铁路、公路及其他公共设施而征收集体所有的荒地,以该块土地使用权设定的抵押权就会消灭。

无论是上述哪种原因引起土地使用权消灭的,如果土地使用权人获得了相应的补偿或赔偿,所得财产应当成为抵押财产,抵押权人享有优先受偿权。

综上所述,土地使用权抵押合同可以因主债务的履行、抵押权的实现、土地使用权的消灭等原因而解除。无论哪种情况引起土地使用权抵押权解除的,当事人都应到原登记的机关办理抵押权注销登记。

五、土地抵押权的效力

法律明确规定,土地所有权不能进行抵押。满足规定条件的土地使用权可以进行抵押,应当签订书面的抵押合同,并按照法定程序进行登记,登记之后即产生效力。

根据《民法典》的有关规定,土地抵押登记为抵押合同的生效条件,也就是说,以抵押登记为生效条件的土地抵押合同,自办理抵押登记之日起生效,登记生效日即为抵押合同的生效日。抵押权登记后,抵押权人可以对抗一切的第三人。其效力具体表现为:

(1)当同一土地使用权存在两个或者两个以上抵押权的,如果有的抵押权已经登记,有的抵押权未登记,先登记的抵押权优先于后登记的抵押权受偿。

(2)在土地抵押权存续期间,抵押人转让土地使用权未通知抵押权人或者未告知受让人的,如果抵押权已经登记,抵押权人仍可行使抵押权。也就是说,抵押权一经登记,无论抵押财产的受让人是否属于善意,抵押权人都可与之对抗行使追及权。

(3)抵押合同成立后,抵押人又将土地使用权出租的,抵押权人行使抵押权导致土地使用权转移的,租赁合同不具有对抗抵押权受让人的效力。

(4)已经设立抵押的土地使用权被查封、扣押等财产保全措施或执行措施的,抵押权不受影响。

(5)在抵押期间,抵押人的行为足以导致土地使用权的价值减少或者土地使用权灭失的,抵押权人有权予以制止。

(6)债务人到期不履行债务时,抵押权人有权请求人民法院依法实施扣押,并自扣押之日起对由该土地产生的自然孳息、法定孳息享有收取权。

(7)债务人到期未清偿债务的,抵押权人有权通过拍卖、变卖的方式将该土地使用权转让于第三人,并在转让所得的价款中优先受偿。

思考与分析题

1. 简述土地使用权出租的概念及特征。
2. 分析土地使用权承租人租赁权的法律属性。
3. 简述土地使用权抵押的程序。
4. 简述土地抵押权的效力。
5. 简述土地使用权抵押权实现的顺序。

第九章 土地承包经营权

学习目标

掌握土地承包经营权的概念和法律特征；熟悉土地承包经营权的保护和流转相关内容；了解土地承包经营法律关系和土地承包经营合同。

【学习导入】

土地承包经营权是反映我国经济体制改革中农村承包经营关系的新型物权。公民、集体的承包经营权在民法通则中规定要受法律保护。近年来，涉及农村土地使用权与承包经营权纠纷案件的数量呈逐年上升趋势，土地权属问题成为人们关注的社会热点。随着农村宅基地的登记发证和农村土地承包经营权确权登记工作的顺利实施，明晰了土地产权关系，农民的土地权益受到保护，促使广大农民增加土地上的有效投入，促进农村经济、社会发展。

1956 年以后，我国农村进入人民公社时期，土地为农民集体或国家所有，实行"三级所有，队为基础"的经营管理模式。农民作为社员，参加集体劳动，年终按"工分"参与集体红利分配。在这个时期，农民的心中，只有集体的概念，几乎没有土地的所有权和使用权等财产权利的概念和意识，农民与土地的关系实际上被割裂，导致土地利用效率很低，农村普遍很贫穷。1978 年冬，安徽省凤阳县小岗村的农民，在贫穷和饥饿的逼迫下，鼓起勇气，将集体的土地"包产到户"，当年就获得了粮食丰收，解决了吃饭问题。后来，这一土地经营方式被中央政府发现并给予肯定，在全国推广，称为家庭联产承包责任制。1981 年 12 月中央召开的改革后的第一次全国农村工作会议是对包产到户的社会主义性质的充分肯定。1982 年 12 月 31 日，中共中央政治局讨论通过了《当前农村经济政策的若干问题》（中共中央 1983 年"1 号文件"）包产到户全面推广，到 1983 年底，全国 94.5%的农户已经实行了包产到户，家庭联产承包责任制的统分结合双层经营体制在我国农村普及，并使人民公社体制结束。

家庭联产承包责任制实行后，土地所有权中的占有和处分两项权能归集体，农民掌握了土地的使用和收益两项权能，形成了"集体公有，农户经营"的产权制度新格局。

2002 年 8 月 29 日，第九届全国人民代表大会常务委员会第二十九次会议通过《中华人民共和国农村土地承包法》，2009 年 8 月 27 日第十一届全国人民代表大会常务委员会第十次会议《关于修改部分法律的决定》第一次修正，2018 年 12 月 29 日第十三届全国人民代表大会常务委员会第七次会议《关于修改〈中华人民共和国农村土地承包法〉的决定》第二次修正。

2012年6月,根据《物权法》《农村土地承包法》和农业部等六部门《关于开展农村土地承包经营权登记试点工作的意见》(农经发〔2011〕2号)等法律政策,制定了《农村土地承包经营权登记试点工作规程(试行)》,以便于指导各地区做好农村土地承包经营权试点工作。农业部于2014年2月19日正式发布,2014年3月1日颁布实施农村土地承包经营权确权登记数据库规范、农村土地承包经营权调查规程及农村土地承包经营权要素编码规则等规范文件。2014年9月29日,在中央全面深化改革领导小组第五次会议上,习近平总书记指出,要在坚持农村土地集体所有的前提下,促使承包权和经营权分离,形成所有权、承包权、经营权三权分置,经营权流转的格局。

2015年1月,国务院办公厅发布了《关于引导农村产权流转交易市场健康发展的意见》(简称《意见》),被称为首部针对农村产权流转交易市场的全国性指导文件。该《意见》明确将土地经营权分离出来,对农村土地流转领域的所有权、承包权和经营权进行了分类指导,强调指出:农村产权交易以农户承包土地经营权、集体林地经营权为主,且不涉及农村集体土地所有权和依法以家庭承包方式承包的集体土地承包权。2015年7月30日出台的《国务院办公厅关于加快转变农业发展方式的意见》为在农村改革试验区开展农户承包地有偿退出试点划定了明确范围。目前,我国有58个农村改革试验区,承担着19项改革任务,自愿退出土地承包权只是少数试验区的任务。退出承包权,是农民基于经济利益和生活方式的自主选择。在试点地区,退地的经济补偿如何形成、退出的承包地如何有效利用等各个环节的诸多细节目前仍在探索解决中,还有很多问题需要经过实践才能找到解决方法和路径。

改革开放以来,我国农村土地已经进行了两轮承包,大多数地区的第二轮承包将从2023年起陆续到期。为了给予农民稳定的土地承包经营预期,2017年10月,习近平总书记在十九大报告中指出:要巩固和完善农村基本经营制度,深化农村土地制度改革,完善承包地“三权”分置制度。保持土地承包关系稳定并长久不变。第二轮土地承包到期后再延长30年。

第一节　土地承包经营权概述

一、土地承包经营权的概念

土地承包经营权是指农户或其他个人、经济组织通过土地承包,依法和依合同约定取得的一定期限内使用集体所有或国家所有的土地,进行农业生产经营的权利。农村土地制度改革以来,土地承包经营权的性质已经发生了很大的变化。最开始的“包产到户”只是一年一包,农民所获得的这种权利很不稳定;1988年修订的《土地管理法》明确给予土地承包经营权法律地位,那时的承包期一般为5~12年;1998年修订的《土地管理法》非常强调土地承包经营权的稳定性,明确规定承包期为30年不变;2002年颁布、2003年实施的《农村土地承包法》不仅将草地和林地的承包期进一步延长,还特别规定了登记机构应当向承包方颁发土地承包经营权证或者林权证等证书,并登记造册,确认土地承包经营权,使土地承包经营权成为一种物权。

二、土地承包经营权的法律特征

作为一种物权的土地承包经营权具有以下法律特征。

(1)土地承包经营权的主体是发包方和承包方。发包方是指行使土地所有权,决定土地使用权让渡的当事人,一般为土地所有权人或其代表,如国有土地管理部门、农村集体经济组织、村民委员会或村民小组。承包方是指有权签订土地承包经营合同的农户、单位和个人。

(2)土地承包经营权的客体是指承包方承包经营的国有土地或集体所有的土地。

(3)土地承包经营是一种民事法律行为。双方当事人法律地位平等,应遵循平等、自愿、等价、有偿、诚实、信用的民事法律原则。

(4)土地承包经营是土地所有权实现的一种形式。发包方,即土地所有权人,将土地随同地上建筑物、其他附着物提供给承包方使用、收益;发包方向承包方收取承包金等。

(5)土地承包经营时,地上建筑物、其他附着物一起承包。

(6)土地承包经营关系属于物权法律关系,是一种用益物权。

(7)土地承包经营权是有期限的物权。《农村土地承包法》第二十一条规定,耕地的承包期为30年,草地的承包期为30~50年,林地的承包期为30~70年,特殊林木的林地承包期经国务院林业行政主管部门批准可以延长。前款规定的耕地承包期届满后再延长30年,草地、林地承包期届满后依前款规定相应延长。

三、土地承包经营权的类型

根据《农村土地承包法》第三条的规定,农村土地承包采取农村集体经济组织内部的家庭承包方式,不宜采取家庭承包方式的荒山、荒沟、荒丘、荒滩等农村土地,可以采取招标、拍卖、公开协商等方式承包。可见,土地承包经营权可以分为两种类型:村内家庭承包取得的土地承包经营权和其他方式的承包取得的土地承包经营权。目前,比较多的是村内家庭承包取得的土地承包经营权,《农村土地承包法》主要是对这一权利的规定;其他方式的承包是对村内家庭承包的重要补充。

土地承包经营法律关系是指土地的承包方与发包方为土地承包经营依法律和合同约定而形成的权利义务关系。土地承包经营作为一种法律关系,也是由主体、客体和内容三个要素构成的。其中,主体和客体前文已有介绍,下文介绍土地承包经营法律关系的内容。土地承包经营法律关系的内容是指土地承包经营法律关系主体依法定和依约定所享有的权利和承担的义务。

第二节 土地承包经营法律关系

一、发包方的权利和义务

(一)发包方的权利

《农村土地承包法》第十四条规定,发包方享有下列权利:

(1)发包方集体所有的或者国家所有依法由本集体使用的农村土地;

(2)监督承包方依照承包合同约定的用途合理利用和保护土地;

(3)制止承包方损害承包地和农业资源的行为;

(4)法律、行政法规规定的其他权利。

(二)发包方的义务

《农村土地承包法》第十五条规定,发包方承担下列义务:

(1)维护承包方的土地承包经营权,不得非法变更、解除承包合同;

(2)尊重承包方的生产经营自主权,不得干涉承包方依法进行正常的生产经营活动;

(3)依照承包合同约定为承包方提供生产、技术、信息等服务;

(4)执行县、乡(镇)土地利用总体规划,组织本集体经济组织内的农业基础设施建设;

(5)法律、行政法规规定的其他权利。

二、承包方的权利和义务

(一)承包方的权利

承包方的具体权利由发包方和承包方在承包合同中约定。除承包合同另有约定外,承包方依法享有以下权利。

(1)承包决策权或经营自主权。根据《农村土地承包法》第十四条规定,依法享有承包地使用、收益的权利,有权自主组织生产经营和处置产品。有权在生产经营过程中决定干什么、干多少、怎样干的权利。承包决策权是土地承包经营责任制的核心内容,它使承包者成为真正独立的商品生产者。

(2)收益权。指承包方通过承包经营活动获取利益的权利。承包方在完成有关税费后,有权就剩余的农业收益自行处置。根据《民法典》第三百四十条规定,土地经营权人有权在合同约定的期限内占有农村土地,自主开展农业生产经营并取得收益。

(3)产品处分权。指处置生产产品的权利。随着农产品流通体制的改革和价格的放开,国家订购任务会逐渐缩减并转由市场调节。

(4)转包权、转让权。转包权指承包方在承包期内,征得发包方书面同意,将所承包的土地部分或全部让渡给第三方,由第三方进行生产经营。承包方和发包方原本签订的承包合同依然有效。转让权指承包方在承包期内,征得发包方书面同意,将承包合同让渡给第三方,由第三方向发包方履行承包合同规定的义务,并享有合同规定的权利。承包合同一经转让,原承包方和发包方依据合同规定的权利义务关系即行终止。根据《民法典》第四百四十二条:通过招标、拍卖、公开协商等方式承包农村土地,经依法登记取得权属证书的,可以依法采取出租、入股、抵押或者其他方式流转土地经营权。

(5)优先承包权。优先承包权指在同等条件下,承包人所具有的优先承包集体土地的权利,有两种情况:本组织成员比外部组织成员优先;承包期满,原承包人比其他承包人优先。

(6)承包地被依法征用、占用的,有权依法获得相应的补偿。

(二)承包方的主要义务

《农村土地承包法》第十八条规定,承包方承担下列义务:

(一)维持土地的农业用途,不得用于非农建设。

(二)依法保护和合理利用土地,不得给土地造成永久性损害。

(三)法律、行政法规规定的其他权利。

2005年3月29日,最高人民法院公布了《最高人民法院关于审理涉及农村土地承包纠纷案件适用法律问题的解释》(简称《解释》),该《解释》自2005年9月1日起实施。《解释》在总结农村土地承包纠纷案件审判经验的基础上,对土地承包纠纷案件的具体问题提出了解决办法,也体现了最新的理论与实践成果。

第三节 土地承包经营合同

一、土地承包经营合同

土地承包经营合同是指土地的发包者和承包者之间为承包经营土地而明确双方权利义务的协议。其特征为:

(1)土地承包经营合同为民事合同。双方当事人的法律地位是平等的,签订合同时,必须遵守诚实、信用、自愿、平等、有偿等原则。不能以上压下,采取强迫、命令的方式来签订合同。

(2)土地承包经营合同是为确立和保障土地经营权而达成的协议。

(3)土地承包经营合同为要式合同。必须签订书面协议,才有法律效力。

二、土地承包经营合同的订立

土地承包经营合同的订立是指承包方和发包方就土地承包经营合同的主要条款进行协商,达成一致协议的法律行为。

(一)承包原则

《农村土地承包法》规定,土地承包应当遵循以下原则:

(1)按照规定统一组织承包时,本集体经济组织成员依法平等地行使承包土地的权利,也可以自愿放弃承包土地的权利。

(2)民主协商,公平合理。

(3)承包方案应当按照《农村土地承包法》第十二条的规定,依法经本集体经济组织成员的村民会议2/3以上成员或者2/3以上村民代表的同意。

(4)承包程序合法。

(二)承包程序

土地承包应当按照以下程序进行:

(1)本集体经济组织成员的村民会议选举产生承包工作小组。

(2)承包工作小组依照法律、法规的规定拟订并公布承包方案。

(3)依法召开本集体经济组织成员的村民会议,讨论通过承包方案。

(4)公开组织实施承包方案。

(5)签订承包合同。

(三)土地承包经营合同的内容

发包方应当与承包方签订书面承包合同。承包合同一般包括以下条款:

(1)发包方、承包方的名称,发包方负责人和承包方代表的姓名、住所。

(2)承包土地的名称、坐落、面积、质量等级。

(3)承包期限和起止日期。

(4)承包土地的用途。

(5)发包方和承包方的权利和义务。

(6)违约责任,即当事人一方没有按照合同规定完成自己的义务而必须承担的法律责任。

三、土地承包经营合同的变更和解除

承包合同自成立之日起生效。承包方自承包合同生效时取得土地承包经营权。

国家对耕地、林地和草地等实行统一登记,登记机构应当向承包方颁发土地承包经营权证或者林权证等证书,并登记造册,确认土地承包经营权。土地承包经营权证或者林权证等证书应当将具有土地承包经营权的全部家庭成员列入。登记机构除按规定收取证书工本费外,不得收取其他费用。

承包合同生效后,发包方不得因承办人或者负责人的变动而变更或者解除,也不得因集体经济组织的分立或者合并而变更或者解除。国家机关及其工作人员不得利用职权干涉农村土地承包或者变更、解除承包合同。

(一)土地承包经营合同变更的形式

(1)内容的变更。指双方权利义务的变化,如承包期限的变更,承包指标的变更。

(2)客体的变更。即承包的土地发生了变化,如因国家征用土地而使土地减少。

(3)主体的变更。如承包户分户,由一个承包者变为两个承包者。

(4)转让和转包。必须征得发包方的同意,并以书面形式反映。

(二)土地承包经营合同解除的原因

(1)双方协商自愿解除。在不损害国家和集体利益的情况下,双方当事人可以协商解除合同。

(2)由于不可抗力,导致标的丧失。如因环境污染而使鱼塘无法养鱼。

(3)国家依法征用了承包经营的土地。

(4)承包方主体资格消灭,即承包人丧失了承包能力和条件。如承包人死亡或丧失行为能力、转为非农业户、迁离原居住地等。

(三)土地承包经营合同变更或解除的法律责任

变更或解除土地承包经营合同是一种法律行为,对其引起的法律责任应根据具体情况妥善处理:

(1)双方协商同意,变更或解除土地承包经营合同,由此所造成的损失由责任方承担。

(2)凡因承包土地被依法征用而变更或解除合同时,应按照法律规定,解决承包户因此所造成损失的补偿和安置问题。

(3)因承包方丧失承包能力而变更或解除合同时,承包方应退回自己所使用的土地。承包方有权要求发包方对土地的投资进行合理的补偿。

(4)发包方收回土地,承包人有权依法要求收回或变卖属于自己所有的地上附着物、定着物。

四、无效土地承包经营合同

订立土地承包经营合同是一种法律行为，只有在符合国家法律、法规和政策要求的前提下，才受国家法律保护，产生当事人预期的目的。如果不依法订立，合同无效，不但达不到目的，还要承担由此产生的法律责任，受国家法律的制裁。

无效土地承包经营合同主要有以下几种：

(1)违反国家法律、法规和政策的土地承包经营合同。

(2)采取欺诈、胁迫或利用职权强行签订的土地承包经营合同。

(3)未经发包方同意，承包方擅自转包或分包的土地承包经营合同。

(4)损害集体利益或社会公共利益的土地承包经营合同。

(5)违背合作社章程或村民大会决议的土地承包经营合同。

土地承包经营合同依法确认无效后，发包方和承包方的权利义务自动无效。尚未履行的，不得履行；正在履行的，终止履行。因土地承包经营合同无效引起的财产争议，应由有关机关依法处理。

五、对土地承包经营合同的保护

为了有效地保护农民的土地承包经营权，《农村土地承包法》专门规定了对土地承包经营合同的保护措施，主要包括：

(1)承包合同自成立之日起生效，承包方自承包合同生效时取得土地承包经营权。不是以土地承包经营权证的登记日期为生效日期，意味着不管土地承包经营权证登记与否，只要承包合同成立，土地承包经营权就受法律保护。

(2)县级以上地方人民政府应当向承包方颁发土地承包经营权证或者林权证等证书并登记造册，确认土地承包经营权。土地承包经营权证或者林权证等证书实际上就是产权证书，凭此证书，权利人可以独立地支配自己所拥有的用益物权，在一定条件下，甚至可以对抗所有权。

(3)承包合同生效后，发包方不得因承办人或者负责人的变动而变更或者解除，也不得因集体经济组织的分立或者合并而变更或者解除。国家机关及其工作人员不得利用职权干涉农村土地承包或者变更、解除承包合同。

第四节 土地承包经营权的保护和流转

一、土地承包经营权的保护

(1)承包期内发包方不得收回承包地。国家保护进城农户的土地承包经营权。不得以退出土地承包经营权作为农户进城落户的条件。承包期内，承包农户进城落户的，引导支持其按照自愿有偿原则依法在本集体经济组织内转让土地承包经营权或者将承包地交回发包方，也可以鼓励其流转土地经营权。承包期内，承包方交回承包地或者发包方依法收回承包地时，承包方对其在承包地上投入而提高土地生产能力的，有权获得相应的补偿。

(2)承包期内发包方不得调整承包地。承包期内，因自然灾害严重毁损承包地等特殊情形对个别农户之间承包的耕地和草地需要适当调整的,必须经本集体经济组织成员的村民会议2/3以上成员或者2/3以上村民代表的同意,并报乡(镇)人民政府和县级人民政府农业农村、林业和草原等主管部门批准。承包合同中约定不得调整的,按照其约定。

(3)承包地的交回与调整。承包期内,承包方可以自愿将承包地交回发包方。承包方自愿交回承包地的,应当提前半年以书面形式通知发包方。承包方在承包期内交回承包地的,在承包期内不得再要求承包土地。

承包期内,妇女结婚,在新居住地未取得承包地的,发包方不得收回其原承包地;妇女离婚或者丧偶,仍在原居住地生活或者不在原居住地生活但在新居住地未取得承包地的,发包方不得收回其原承包地。

下列土地应当用于调整承包土地或者承包给新增人口:①集体经济组织依法预留的机动地。《农村土地承包法》第六十七条规定:"本法实施前已经预留机动地的,机动地面积不得超过本集体经济组织耕地总面积的百分之五。不足百分之五的,不得再增加机动地。本法实施前未留机动地的,本法实施后不得再留机动地。"②通过依法开垦等方式增加的。③发包方依法收回和承包方依法、自愿交回的。

二、土地承包经营权的流转

通过家庭承包取得的土地承包经营权可以自主决定依法采取出租(转包)、入股或者其他方式向他人流转土地经营权,并向发包方备案。

(一)土地承包经营权流转的原则

(1)依法、自愿、有偿,任何组织和个人不得强迫或者阻碍土地经营权流转。

(2)不得改变土地所有权的性质和土地的农业用途,不得破坏农业综合生产能力和农业生态环境。

(3)流转的期限不得超过承包期的剩余期限。

(4)受让方须有农业经营能力或者资质。

(5)在同等条件下,本集体经济组织成员享有优先权。

(二)土地承包经营权流转合同

土地承包经营权采取转包、出租、互换、转让或者其他方式流转,土地经营权流转的价款,应当由当事人双方协商确定。流转的收益归承包方所有,任何组织和个人不得擅自截留、扣缴。土地经营权流转,当事人双方应当签订书面流转合同。承包方将土地交由他人代耕不超过一年的,可以不签订书面合同。

土地承包经营权流转合同一般包括以下条款:双方当事人的姓名、住所;流转土地的名称、坐落、面积、质量等级;流转的期限和起止日期;流转土地的用途;双方当事人的权利和义务;流转价款及支付方式;土地被依法征收、征用、占用时有关补偿费的归属;违约责任。

(三)对土地承包经营权流转的管理

土地承包经营权流转的主体是承包方。承包方有权依法自主决定土地承包经营权是否流转和流转的方式。

承包期内,发包方不得单方面解除承包合同,不得假借少数服从多数强迫承包方放弃或者变更土地承包经营权,不得以划分"口粮田"和"责任田"等为由收回承包地搞招标承包,不得将承包地收回抵顶欠款。

土地承包经营权流转的转包费、租金、转让费等，应当由当事人双方协商确定。流转的收益归承包方所有，任何组织和个人不得擅自截留、扣缴。

县级以上地方人民政府应当建立工商企业等社会资本通过流转取得土地经营权的资格审查、项目审核和风险防范制度。工商企业等社会资本通过流转取得土地经营权的，本集体经济组织可以收取适量管理费用。具体办法由国务院农业农村、林业和草原主管部门规定。

经承包方书面同意，并向本集体经济组织备案，受让方可以再流转土地经营权。

土地承包经营权采取互换、转让方式流转，当事人要求登记的，应当向县级以上地方人民政府申请登记。未经登记，不得对抗善意第三人。

承包方可以在一定期限内将部分或者全部土地承包经营权转包或者出租给第三方，承包方与发包方的承包关系不变。

承包方之间为方便耕种或者各自需要，可以对属于同一集体经济组织的土地承包经营权进行互换。

承包方有稳定的非农职业或者有稳定的收入来源的，经发包方同意，可以将全部或者部分土地承包经营权转让给其他从事农业生产经营的农户，由该农户向发包方确立新的承包关系，原承包方与发包方在该土地上的承包关系即行终止。

承包方之间为发展农业经济，可以自愿联合将土地承包经营权入股，从事农业合作生产。经承包方同意，受让方可以依法投资改良土壤，建设农业生产附属、配套设施，并按照合同约定对其投资部分获得合理补偿。

第五节 其他方式的土地承包经营权

不宜采取家庭承包方式的荒山、荒沟、荒丘、荒滩等农村土地，可以通过招标、拍卖、公开协商等其他方式进行承包而取得土地承包经营权。

一、承包方式

以其他方式承包农村土地的，应当签订承包合同，承包方取得土地经营权。当事人的权利和义务、承包期限等，由双方协商确定。以招标、拍卖方式承包的，承包费通过公开竞标、竞价确定；以公开协商等方式承包的，承包费由双方认定。

荒山、荒沟、荒丘、荒滩等可以直接通过招标、拍卖、公开协商等方式实行承包经营，也可以将土地承包经营权折股分给本集体经济组织成员后，再实行承包经营或者股份合作经营。承包荒山、荒沟、荒丘、荒滩的，应当遵守有关法律、行政法规的规定。防止水土流失，保护生态环境。

以其他方式承包农村土地，在同等条件下，本集体经济组织成员享有优先承包权。

发包方将农村土地发包给本集体经济组织以外的单位或者个人承包，应当事先经本集体经济组织成员的村民会议 2/3 以上成员或者 2/3 以上村民代表的同意，并报乡（镇）人民政府批准。

由本集体经济组织以外的单位或者个人承包的，应当对承包方的资信情况和经营能力进行审查后，再签订承包合同。

二、土地承包经营权的流转与继承

通过招标、拍卖、公开协商等方式承包农村土地,经依法登记取得土地承包经营权证或者林权证等证书的,其土地承包经营权可以依法采取转让、出租、入股、抵押或者其他方式流转。

土地承包经营权通过招标、拍卖、公开协商等方式取得的,该承包人死亡,其应得的承包收益依照继承法的规定继承;在承包期内,其继承人可以继续承包。

第六节　土地承包经营权争议的解决和法律责任

一、土地承包纠纷解决办法

因土地承包经营发生纠纷的,双方当事人可以通过协商解决,也可以请求村民委员会、乡(镇)人民政府等调解解决。

当事人不愿协商、调解或者协商、调解不成的,可以向农村土地承包仲裁机构申请仲裁,也可以直接向人民法院起诉。

当事人对农村土地承包仲裁机构的仲裁裁决不服的,可以在收到裁决书之日起三十日内向人民法院起诉。逾期不起诉的,裁决书即发生法律效力。

二、侵权行为的法律责任

任何组织和个人侵害承包方的土地承包经营权的,应当承担民事责任。

(一)发包方的侵权责任

发包方有下列行为之一的,应当承担停止侵害、返还原物、恢复原状、排除妨害、消除危险、赔偿损失等民事责任:

(1)干涉承包方依法享有的生产经营自主权。

(2)违反本法规定收回、调整承包地。

(3)发包方已将承包地另行发包给第三人,或强迫或者阻碍承包方进行土地承包经营权流转。

(4)假借少数服从多数强迫承包方放弃或者变更土地承包经营权而进行土地承包经营权流转。

(5)以划分"口粮田"和"责任田"等为由收回承包地搞招标承包。

(6)将承包地收回抵顶欠款。

(7)剥夺、侵害妇女依法享有的土地承包经营权。

(8)其他侵害土地承包经营权的行为。

(二)承包方的侵权责任

承包方违法将承包地用于非农建设的,由县级以上地方人民政府有关行政主管部门依法予以处罚。

承包方给承包地造成永久性损害的,发包方有权制止,并有权要求承包方赔偿由此造成的损失。

承包方未经发包方同意,采取转让方式流转其土地承包经营权的,转让合同无效。但发包方无法定理由不同意或者拖延表态的除外。

承包方以其土地承包经营权进行抵押或者抵偿债务的,应当认定无效。对因此造成的损失,当事人有过错的,应当承担相应的民事责任。

(三)其他侵权责任

本集体经济组织成员在承包费、承包期限等主要内容相同的条件下主张优先承包权的,应予支持。但在发包方将农村土地发包给本集体经济组织以外的单位或者个人,已经法律规定的民主议定程序通过,并由乡(镇)人民政府批准后主张优先承包权的,不予支持。

承包合同中违背承包方意愿或者违反法律、行政法规有关不得收回、调整承包地等强制性规定的约定无效。

发包方就同一土地签订两个以上承包合同,承包方均主张取得土地承包经营权的,按照下列情形,分别处理:

(一)已经依法登记的承包方,取得土地承包经营权;

(二)均未依法登记的,生效在先合同的承包方取得土地承包经营权;

(三)依前两项规定无法确定的,已经根据承包合同合法占有使用承包地的人取得土地承包经营权,但争议发生后一方强行先占承包地的行为和事实,不得作为确定土地承包经营权的依据。

承包方未依法登记取得土地承包经营权证等证书,即以转让、出租、入股、抵押等方式流转土地承包经营权,发包方请求确认该流转无效。

任何组织和个人强迫承包方进行土地承包经营权流转的,该流转无效。

任何组织和个人擅自截留、扣缴土地承包经营权流转收益的,应当退还。

违反土地管理法规,非法征用、占用土地或者贪污、挪用土地征用补偿费用,构成犯罪的,依法追究刑事责任;造成他人损害的,应当承担损害赔偿等责任。

国家机关及其工作人员有利用职权干涉农村土地承包,变更、解除承包合同,干涉承包方依法享有的生产经营自主权,或者强迫、阻碍承包方进行土地承包经营权流转等侵害土地承包经营权的行为,给承包方造成损失的,应当承担损害赔偿等责任;情节严重的,由上级机关或者所在单位给予直接责任人员行政处分;构成犯罪的,依法追究刑事责任。

思考与分析题

1. 论述土地承包经营权的发展历程、概念和法律特征。
2. 农村土地承包经营合同的主要条款有哪些?
3. 土地承包经营权的流转方式有哪些?

第十章 地籍管理法律制度

学习目标

掌握地籍的概念和地籍管理的主要内容;熟悉土地调查和土地分等定级的概念、类型及其划分形式;理解土地登记程序。

【学习导入】

地籍管理是土地管理的基础,是调处土地争执、恢复界址、确认地权的法律依据;是维护土地安全使用,保护土地所有者和土地使用者合法权益的基础。2020年下半年第三次全国国土调查(以下简称“三调”)数据全国进行汇交,2022年4月“三调”成果数据正式上线“国土调查云”平台,规范了城乡土地调查的数学基础和数据库建设标准,建立了土地利用数据库和地籍信息系统,实现调查信息的互联共享,这能够全面提升地籍管理水平,更好地满足国民经济和国土资源管理事业发展的需要。

第一节 地籍管理概述

一、地籍管理的概念

地籍是记载土地的位置、面积、质量、权属和用途等基本情况的簿册。地籍管理是国家为取得有关地籍资料和全面研究土地的权属、自然和经济状况而采取的以地籍调查、土地登记、土地分等定级、土地统计为主要内容的管理活动。简言之,地籍管理是以地籍簿为核心对土地基本情况进行记载和管理的一种管理活动。

国家为了全面掌握土地的基本状况,需要采取一系列行政、法律、经济和技术措施,收集和系统整理土地资料,建立地籍簿册,因而产生了地籍管理。地籍管理的对象是土地,包括国有和集体所有的土地。在管理层次上可分为国家地籍管理体系、基层地籍管理体系。

地籍管理是我国土地管理制度中的重要组成部分。加强地籍管理,实行土地登记制度,能有效地保护土地所有权人和使用权人的合法权益,有助于从根本上制止违法占地、滥用耕地的行为,对巩固社会主义土地公有制、合理组织土地利用具有重要意义;加强地籍管理,开展土地调查、土地统计和土地评价工作,可以为编制土地利用规划、计划,合理地确定土地征用补偿标准和开征城镇国有土地使用税、土地增值税、耕地占用税,实行土地有偿使用制度,开辟土地使用权出让、转让市场提供科学的依据;只有加强地籍管理,才能将各项土地数据、图件资料和信息收集、整理和储存起来,才能有效地强化土地管理,为现代化建设服务。

地籍管理作为一项国家自然资源管理措施，有特定的内容体系。我国现阶段地籍管理内容主要包括土地调查、土地分等定级、土地统计、土地登记和地籍档案管理。组成地籍工作的五个部分既有各自独立的工作内容，又相互联系。其中，土地调查和土地分等定级是基础；土地统计、土地登记是土地调查的后续工作，是巩固土地调查成果的必要措施；地籍档案管理是地籍管理各项工作成果的归宿，并为开展地籍管理各项工作提供依据。各个组成部分相互联系、相互衔接，共同构成了完整的地籍管理体系。

二、地籍管理的原则

地籍管理是一项政策性、技术性很强的工作。因此，地籍管理法规对地籍工作所应遵循的原则作了规定。

（一）统一地籍管理制度原则

地籍管理对象是全国的土地资源，国家必须对地籍管理的各项工作制定统一的制度，保证地籍工作取得预期的效果。所谓统一的制度，是指地籍管理的内容和方法由国家统一制定。具体地讲，就是要对地籍的簿册、图件等的格式、项目、填写内容及详略程度，统计和登记的分类体系、填报程序和日期，地籍资料中有关土地分类系统及标准等作出统一规定。

（二）地籍资料的连贯性和系统性原则

地籍是有关土地数量、质量、权属和用途等基本状况的簿册。由于土地基本状况经常发生变化，因此地籍资料必须是土地基本状况的连续记载。为保证地籍资料的连贯性和系统性，必须建立起初始地籍和变更地籍（日常地籍）。初始地籍和日常地籍之间，各种簿册和年度报表中的各项内容和数字应互相联系，构成承上启下和不间断的完整体系。

地籍资料是国家制定土地利用总体规划、农业区划和城市规划的基础资料，特别是土地权属登记是得到国家确认的，具有法律效力。因此，通过地籍管理收集和整理的有关资料必须可靠精确，只有这样才能发挥地籍资料的作用。所以，地籍资料的收集和整理必须尊重客观规律，依照法定程序，并采取科学的方法进行。

（三）地籍资料的可靠性和准确性原则

地籍资料涉及土地所有者、使用者和第三人的权益和利害关系，提供不真实和欠缺的资料会给土地权利人带来不必要的损失。同时它又是代表政府提供的资料，应以政府信誉担保；否则，政府要对此承担风险和责任。因此，保证地籍资料的可靠性和准确性是尤为重要的。

（四）地籍资料的概括性和完整性原则

地籍资料的可靠性和精确性，必须以概括性和完整性为前提。地籍资料的概括性、完整性要求地籍内容的各项指标既要简明扼要，具有概括性，又要做到具体完备，地区间和地块间的地籍资料不出现间断、重复和遗漏现象。

三、地籍管理的内容

现阶段，我国地籍管理的主要内容包括：土地调查，土地登记，土地分等定级估价，土地统计，地籍档案管理等。

土地调查是为查清土地的数量、质量、分布、利用和权属状况而进行的调查。《土地管理法》规定：国家建立土地调查制度。县级以上人民政府土地行政主管部门会同同级有关部门进行土地调查。这一规定明确了土地调查是各级土地行政主管部门的一项法定的职责和义务。土地调查内容包括地籍调查、土地条件调查和土地利用现状调查。地籍调查是以土地权属、位置、类别、等级、地界和面积为主要内容的调查,包括权属调查和地籍测量两部分。土地条件调查是对土地的土壤、植被、地貌、气象、水文、地质等自然条件以及对土地投入产出、收益、交通、位置等社会经济条件的调查。土地利用现状调查是为查清土地的利用现状而进行的全面性的调查。

土地登记是国家依照法律程序将土地的权属关系、坐落、面积、用途、等级、价格等在专门簿册上进行的一项重要的土地行政管理工作与制度。土地登记分两类:①初始土地登记,是一种基础性登记,是普遍的土地权属登记。②变更土地登记,也叫日常土地登记或经常性土地登记,它是在初始登记的基础上,根据土地使用者、所有者的土地权属及主要用途变更的情况,随时办理的登记。

土地分等定级估价,是在土地利用分类的基础上,根据土地的自然、经济条件,进一步确定各类土地的登记和基准地价。土地分等定级为合理组织土地利用、制定土地利用规划、合理征收土地税、确定土地补偿标准提供科学依据。

土地统计是指利用数据和图件等形式对土地的数量、分布、权属、利用状况及其动态变化进行系统的调查、整理、分析和预测。

地籍档案管理是对地籍管理工作中直接形成的具有保存价值的历史记录,包括文件、图册、图像资料等,进行收集、鉴定、整理、保管、统计、编码和提供利用等多项工作的总称。地籍档案管理的基本要求有:完整、准确、系统、安全。完整要求做到地籍档案齐全、成套,不能残缺不全。准确要求做到使其内容与所反映的事物及其过程之间保持一致。系统要求保持地籍档案材料之间的有机联系。安全要求做到不发生泄密、失密、窃密事件,不因管理不善而使地籍档案受损,并延长地籍档案的"寿命"。

四、地籍管理立法回顾

我国地籍管理法在土地管理法中的地位,是随着土地制度的变革而逐步形成和确立,并随着社会经济发展而不断完善的。新中国成立初期,地籍管理由各级政府自然资源主管部门负责,其主要服务于废除封建土地所有制,建立新型的社会主义土地制度和土地使用方式,处理城镇房地产权和无主土地,以及为农村土地改革等提供基础资料和法律依据。在社会主义改造和建设时期,地籍管理的任务转为合理利用土地资源,为建设用地提供有关土地的自然、经济和权属状况的基础资料,以及为合理征收农业税、制定征地补偿费标准等提供依据。

在社会主义现代化建设时期,随着以经济建设为中心的基本国策的确立,迫切要求进一步查清全国范围的各类土地资源的数量、质量及其分布状况,掌握其变化规律,为此,全面开展地籍工作被提到议事日程。1984 年国务院批转农牧渔业部、中华人民共和国国家计划委员会等部门《关于进一步开展土地资源调查工作的报告的通知》,全国农业区划委员会制定的《土地利用现状调查技术规程》等,对开展土地利用现状调查的任务、内容、程序和方法等做了具体的规定,并提出在土地调查的基础上开展土地登记、土地统计等地籍管理试点工作。1986 年 3 月中共中央、国务院发布的《关于进一步加强土地管理、制止乱占耕地的通知》中,明确要求"建立健全地籍管理制度",决定设立国家土地管理局,其主要职责的第二项就是主管全国的土地调查、登记和统计工作。1986 年颁布的《土地管理法》,对我国的土地所有权、使用权及土地登记、发证和土地调查、统计工作等作了原则规定。1987 年 8 月,国家土地管理局和国家统计局联合制定和发行了《土地统计报表制度实施办法》;1987 年 9 月,国家土地管理局制定了《城镇村庄地籍调查规程》和《全国土地登记规则》;1987 年 10 月,国家土地管理局依据《土地管理法》,发布了《关于加强地籍管理工作的通知》。这些规范性文件都反映了这一时期国家对全国开展地籍管理的基本方针、政策和立法的基本内容。2012 年 9 月 1 日,实施了《地籍调查规程》,对地籍总调查、日常地籍调查、地籍数据库和地籍信息系统建设等内容制定了行业标准。

随着经济改革的深化,原《土地管理法》中的一些规定不能适应加强土地管理,切实保护耕地的需要。为此,1998 年国家对相关内容作了全面修订,现行《土地管理法》和《土地管理法实施条例》对土地调查、登记、统计和土地分等定级等有了更明确的规定,也为地籍管理单行法规的制定奠定了基础。

第二节　土地调查

土地调查是以查清土地数量、质量、权属、分布和利用现状而采取的一项技术的、行政的和法律的措施。土地分等定级是指根据特定的目的,对土地自然和经济属性进行综合鉴定,并使鉴定结果定量化、等级化,即将土地分为一定的等和级的过程。土地分等定级是土地调查工作的重要组成部分,也可以成为一项独立的工作而专门进行。

《土地管理法》第二十六条和第二十七条规定:“国家建立土地调查制度。县级以上人民政府自然资源主管部门会同同级有关部门进行土地调查。土地所有者或者使用者应当配合调查,并提供有关资料。”“县级以上人民政府自然资源主管部门会同同级有关部门根据土地调查成果、规划土地用途和国家制定的统一标准,评定土地等级。”这为土地调查和土地分等定级提供了法律依据。同时,国家自然资源主管部门对土地调查、土地分等定级制定的办法和规程等,为进一步搞好这方面工作奠定了基础。

根据调查内容不同,土地调查可分为土地利用现状调查、地籍调查(土地权属调查)、土地条件调查。

一、土地利用现状调查

(一)土地利用现状调查的含义及土地分类

土地利用现状调查是按照土地利用方式进行分类后,为查清各类用地数量(面积)、分布及利用状况而进行的调查。由于地籍管理和土地整理的需要,土地利用现状调查还要对行政界线和农民集体土地的所有权界线进行调查。

土地分类是土地利用现状调查的基础。土地分类的任务是划分土地的类型,客观反映土地利用现状,为制定土地政策和土地利用总体规划提供依据。

土地利用分类,主要是按照土地的用途、生产特点、使用方式和地表特征等因素对土地进行分类。

我国的土地分类体系是一个不断发展、完善的过程。全国农业区划委员会在 1984 年 9 月颁布的《土地利用现状调查技术规程》制定了《土地利用现状分类及含义》,规定全国土地利用现状采用两级分类,统一编码排列。其中一级分8类,二级分46类。国土资源部、农业部于2001年8月21日下发了《关于印发试行〈土地分类〉的通知》,制定了城乡统一的全国土地分类体系,并于2002年1月1日起在全国试行,采用三级分类体系:一级类设3个,二级类设15个,三级类设71个。从2007年8月10日起,我国将执行全国统一的《土地利用现状分类》国家标准,采用一级、二级两个层次的分类体系,共分12个一级类、56个二级类。2017年11月1日,经国家质检总局、国家标准化管理委员会批准,发布并实施了新版《土地利用现状分类》(GB/T 21010—2017),新版标准秉持满足生态用地保护需求,采用一级、二级两个层次的分类体系,共分12个一级类、73个二级类,在第三次全国土地调查中全面应用。其中一级类包括:耕地、园地、林地、草地、商服用地、工矿仓储用地、住宅用地、公共管理与公共服务用地、特殊用地、交通运输用地、水域及水利设施用地、其他土地。

土地利用现状分类和编码见表10-1。

表10-1　土地利用现状分类和编码

一级类		二级类		含义
编码	名称	编码	名称	
01	耕地	—		指种植农作物的土地,包括熟地,新开发、复垦、整理地,休闲地(含轮歇地、轮作地);以种植农作物(含蔬菜)为主,间有零星果树、桑树或其他树木的土地;平均每年能保证收获一季的已垦滩地和海涂。耕地中包括南方宽度<1.0 m、北方宽度<2.0 m固定的沟、渠、路和地坎(埂);临时种植药材、草皮、花卉、苗木等的耕地,临时种植果树、茶树和林木且耕作层未破坏的耕地,以及其他临时改变用途的耕地
		0101	水田	指用于种植水稻、莲藕等水生农作物的耕地。包括实行水生、旱生农作物轮种的耕地
		0102	水浇地	指有水源保证和灌溉设施,在一般年景能正常灌溉,种植旱生农作物(含蔬菜)的耕地。包括种植蔬菜等的非工厂化的大棚用地
		0103	旱地	指无灌溉设施,主要靠天然降水种植旱生农作物的耕地,包括没有灌溉设施,仅靠引洪淤灌的耕地
02	园地	—		指种植以采集果、叶、根、茎、汁等为主的集约经营的多年生木本和草本作物,覆盖度大于50%或每亩株数大于合理株数70%的土地。包括用于育苗的土地
		0201	果园	指种植果树的园地
		0202	茶园	指种植茶树的园地
		0203	橡胶园	指种植橡胶树的园地
		0204	其他园地	指种植桑树、橡胶、可可、咖啡、油棕、胡椒、药材等其他多年生作物的园地

续表 10-1

一级类		二级类		含义
编码	名称	编码	名称	
03	林地	—		指生长乔木、竹类、灌木的土地，以及沿海生长红树林的土地。包括迹地，不包括城镇、村庄范围内的绿化林木用地，铁路、公路征地范围内的林木，以及河流、沟渠的护堤林
		0301	乔木林地	指乔木郁闭度≥0.2的林地，不包括森林沼泽
		0302	竹林地	指生长竹类植物，郁闭度≥0.2的林地
		0303	红树林地	指沿海生长红树植物的林地
		0304	森林沼泽	以乔木森林植物为优势群落的淡水沼泽
		0305	灌木林地	指灌木覆盖度≥40%的林地，不包括灌丛沼泽
		0306	灌丛沼泽	以灌丛植物为优势群落的淡水沼泽
		0307	其他林地	包括疏林地（树木郁闭度≥0.1、<0.2的林地）、未成林地、迹地、苗圃等林地
04	草地	—		指生长草本植物为主的土地
		0401	天然牧草地	指以天然草本植物为主，用于放牧或割草的草地。包括施禁牧措施的草地，不包括沼泽草地
		0402	沼泽草地	指以天然草本植物为主的沼泽化的低地草甸、高寒草甸
		0403	人工牧草地	指人工种植牧草的草地
		0404	其他草地	指树木郁闭度<0.1，表层为土质，不用于放牧的草地
05	商服用地			指主要用于商业、服务业的土地
		0501	零售商业用地	以零售功能为主的商铺、商场、超市、市场和加油、加气、充换电站等的用地
		0502	批发市场用地	以批发功能为主的市场用地
		0503	餐饮用地	饭店、餐厅、酒吧等用地
		0504	旅馆用地	宾馆、旅馆、招待所、服务型公寓、度假村等用地
		0505	商务金融用地	指商务服务用地，以及经营性的办公场所用地。包括写字楼、商业性办公场所、金融活动场所和企业厂区外独立的办公场所；信息网络服务、信息技术服务、电子商务服务、广告传媒等用地
		0506	娱乐用地	指剧院、音乐厅、电影院、歌舞厅、网吧、影视城、仿古城以及绿地率小于65%的大型游乐等设施用地
		0507	其他商服用地	指零售商业、批发市场、餐饮、旅馆、商务金融、娱乐用地以外的其他商业、服务业用地。包括洗车场、洗染店、照相馆、理发美容店、洗浴场所、赛马场、高尔夫球场、废旧物资回收站、机动车、电子产品和日用产品修理网点、物流营业网点，以及居住小区及小区级以下的配套的服务设施等用地

续表 10-1

一级类		二级类		含义
编码	名称	编码	名称	
06	工矿仓储用地	—		指主要用于工业生产、物资存放场所的土地
		0601	工业用地	指工业生产、产品加工制造、机械和设备修理及直接为工业生产等服务的附属设施用地
		0602	采矿用地	指采矿、采石、采砂(沙)场,砖瓦窑等地面生产用地,排土(石)及尾矿堆放地
		0603	盐田	指用于生产盐的土地,包括晒盐场所、盐池及附属设施用地
		0604	仓储用地	指用于物资储备、中转的场所用地,包括物流仓储设施、配送中心、转运中心等
07	住宅用地	—		指主要用于人们生活居住的宅基地及其附属设施的土地
		0701	城镇住宅用地	指城镇用于生活居住的各类房屋用地及其附属设施用地,不含配套的商业服务设施等用地
		0702	农村宅基地	指农村用于生活居住的宅基地
08	公共管理与公共服务用地	—		指用于机关团体、新闻出版、科教文卫、风景名胜、公共设施等的土地
		0801	机关团体用地	指用于党政机关、社会团体、群众自治组织等的用地
		0802	新闻出版用地	指用于广播电台、电视台、电影厂、报社、杂志社、通讯社、出版社等的用地
		0803	教育用地	指用于各类教育用地,包括高等院校、中等专业学校、中学、小学、幼儿园及其附属设施用地,聋、哑、盲人学校及工读学校用地,以及为学校配建的独立地段的学生生活用地
		0804	科研用地	指独立的科研、勘察、研发、设计、检验检测、技术推广、环境评估与监测、科普等科研事业单位及其附属设施用地
		0805	医卫慈善用地	指医疗、保健、卫生、防疫、康复和急救设施等用地。包括综合医院、专科医院、社区卫生服务中心等用地;卫生防疫站、专科防治所、检验中心和动物检疫站等用地;对环境有特殊要求的传染病、精神病等专科医院用地;急救中心、血库等用地
		0806	社会福利用地	指为社会提供福利和慈善服务的设施及其附属设施用地。包括福利院、养老院、孤儿院等用地

续表 10-1

一级类		二级类		含义
编码	名称	编码	名称	
08	公共管理与公共服务用地	0807	文化设施用地	指图书、展览等公共文化活动设施用地。包括公共图书馆、博物馆、档案馆、科技馆、纪念馆、美术馆和展览馆等设施用地;综合文化活动中心、文化馆、青少年宫、儿童活动中心、老年活动中心等设施用地
		0808	体育用地	指体育场馆和体育训练基地等用地,包括室内外体育运动用地,如体育场馆、游泳场馆、各类球场及其附属的业余体校等用地,溜冰场、跳伞场、摩托车场、射击场,以及水上运动的陆域部分等用地,以及为体育运动专设的训练基地用地,不包括学校等机构专用的体育设施用地
		0809	公共设施用地	指用于城乡基础设施的用地。包括供水、排水、污水处理、供电、供热、供气、邮政、电信、消防、环卫、公用设施维修等用地
		0810	公园与绿地	指城镇、村庄范围内的公园、动物园、植物园、街心花园、广场和用于休憩、美化环境及防护的绿化用地
09	特殊用地	—		指用于军事设施、涉外、宗教、监教、殡葬、风景名胜等的土地
		0901	军事设施用地	指直接用于军事目的的设施用地
		0902	使领馆用地	指用于外国政府及国际组织驻华使领馆、办事处等的用地
		0903	监教场所用地	指用于监狱、看守所、劳改场、戒毒所等的建筑用地
		0904	宗教用地	指专门用于宗教活动的庙宇、寺院、道观、教堂等宗教自用地
		0905	殡葬用地	指陵园、墓地、殡葬场所用地
		0906	风景名胜设施用地	指风景名胜景点(包括名胜古迹、旅游景点、革命遗址、自然保护区、森林公园、地质公园、湿地公园等)的管理机构,以及旅游服务设施的建筑用地。景区内的其他用地按现状归入相应地类

续表 10-1

一级类		二级类		含义
编码	名称	编码	名称	
10	交通运输用地	—		指用于运输通行的地面线路、场站等的土地。包括民用机场、汽车客货运场站、港口、码头、地面运输管道和各种道路以及轨道交通用地
		1001	铁路用地	指用于铁道线路及场站的用地。包括征地范围内的路堤、路堑、道沟、桥梁、林木等用地
		1002	轨道交通用地	指用于轻轨、现代有轨电车、单轨等轨道交通用地，以及场站的用地
		1003	公路用地	指用于国道、省道、县道和乡道的用地。包括征地范围内的路堤、路堑、道沟、桥梁、汽车停靠站、林木及直接为其服务的附属用地
		1004	城镇村道路用地	指城镇、村庄范围内公用道路及行道树用地，包括快速路、主干路、次干路、支路、专用人行道和非机动车道及其交叉口等
		1005	交通服务场站用地	指城镇、村庄范围内交通服务设施用地，包括公交枢纽及其附属设施用地、公路长途客运站、公共交通场站、公共停车场(含设有充电桩的停车场)、停车楼、教练场等用地，不包括交通指挥中心、交通队用地
		1006	农村道路	在农村范围内，南方宽度≥1.0 m、≤8 m，北方宽度≥2.0 m、≤8 m，用于村间、田间交通运输，并在国家公路网络体系之外，以服务于农村农业生产为主要用途的道路(含机耕道)
		1007	机场用地	指用于民用机场、军民合用机场的用地
		1008	港口码头用地	指用于人工修建的客运、货运、捕捞及工程、工作船舶停靠的场所及其附属建筑物的用地，不包括常水位以下部分
		1009	管道运输用地	指用于运输煤炭、矿石、石油、天然气等管道及其相应附属设施的地上部分用地

续表 10-1

一级类		二级类		含义
编码	名称	编码	名称	
11	水域及水利设施用地	—		指陆地水域，滩涂、沟渠、沼泽、水工建筑物等用地。不包括滞洪区和已垦滩涂中的耕地、园地、林地、城镇、村庄、道路等用地
		1101	河流水面	指天然形成或人工开挖河流常水位岸线之间的水面，不包括被堤坝拦截后形成的水库区段水面
		1102	湖泊水面	指天然形成的积水区常水位岸线所围成的水面
		1103	水库水面	指人工拦截汇集而成的总设计库容≥10 万 m^3 的水库正常蓄水位岸线所围成的水面
		1104	坑塘水面	指人工开挖或天然形成的蓄水量<10 万 m^3 的坑塘常水位岸线所围成的水面
		1105	沿海滩涂	指沿海大潮高潮位与低潮位之间的潮浸地带。包括海岛的沿海滩涂。不包括已利用的滩涂
		1106	内陆滩涂	指河流、湖泊常水位至洪水位间的滩地；时令湖、河洪水位以下的滩地；水库、坑塘的正常蓄水位与洪水位间的滩地。包括海岛的内陆滩地。不包括已利用的滩地
		1107	沟渠	指人工修建，南方宽度≥1.0 m、北方宽度≥2.0 m，用于引、排、灌的渠道，包括渠槽、渠堤、护堤林及小型泵站
		1108	沼泽地	指经常积水或渍水，一般生长湿生植物的土地。包括草本沼泽、苔藓沼泽、内陆盐沼等。不包括森林沼泽、灌丛沼泽和沼泽草地
		1109	水工建筑用地	指人工修建的闸、坝、堤路林、水电厂房、扬水站等常水位岸线以上的建(构)筑物用地
		1110	冰川及永久积雪	指表层被冰雪常年覆盖的土地

续表 10-1

一级类		二级类		含义
编码	名称	编码	名称	
12	其他土地	—		指上述地类以外的其他类型的土地
		1201	空闲地	指城镇、村庄、工矿范围内尚未使用的土地。包括尚未确定用途的土地
		1202	设施农用地	指直接用于经营性畜禽养殖生产设施及附属设施用地；直接用于作物栽培或水产养殖等农产品生产的设施及附属设施用地；直接用于设施农业项目辅助生产的设施用地；晾晒场、粮食果品烘干设施、粮食和农资临时存放场所、大型农机具临时存放场所等规模化粮食生产所必需的配套设施用地
		1203	田坎	指梯田及梯状坡地耕地中，主要用于拦蓄水和护坡，南方宽度≥1.0 m、北方宽度≥2.0 m 的地坎
		1204	盐碱地	指表层盐碱聚集，生长天然耐盐植物的土地
		1205	沙地	指表层为沙覆盖、基本无植被的土地。不包括滩涂中的沙地
		1206	裸土地	指表层为土质，基本无植被覆盖的土地
		1207	裸岩石砾地	指表层为岩石或石砾，其覆盖面积≥70%的土地
20	城镇村及工矿用地	—		指城乡居民点、独立居民点以及居民点以外的工矿、国防、名胜古迹等企事业单位用地，包括其内部交通、绿化用地
		201	城市	指城市居民点，以及与城市连片的和区政府、县级市政府所在地镇级辖区内的商服、住宅、工业、仓储、机关、学校等单位用地。包括其范围内的其他各类用地
		202	建制镇	指建制镇居民点，以及辖区内的商服、住宅、工业、仓储、学校等企事业单位用地。包括其范围内的其他各类用地
		203	村庄	指农村居民点，以及所属的商服、住宅、工矿、工业、仓储、学校等用地。包括其范围内的其他各类用地
		204	盐田及采矿用地	指城镇村庄用地以外采矿、采石、采砂(沙)场，盐田，砖瓦窑等地面生产用地及尾矿堆放地
		205	特殊用地	指城镇村庄用地以外用于军事设施、涉外、宗教、监教、殡葬、风景名胜等的土地

(二)土地利用现状调查的内容

《第三次全国国土调查技术规程》中指出土地利用现状调查包括农村土地利用现状调查和城市,建制镇村庄(以下简称“城镇村庄”)内部土地利用现状调查,查清全国城乡各类土地的分布和利用状况。具体调查内容如下。

(1)查清农村和农、林、牧、渔场以及居民点以外的厂矿、机关、团体、部队等企事业单位之间的土地权属界线和村以上各级行政辖区范围的界线。

(2)查清土地利用类型及分布,并量算各类土地面积。

(3)按土地权属及行政辖区范围汇总出土地面积和地类面积。

(4)编制分幅土地权属界线图和县、乡两级土地利用现状图。

(5)调查、总结土地权属及土地利用的经验和教训,提出确权意见和合理利用土地的建议。

(三)土地利用现状调查的程序及提交的成果

按照县级土地利用现状详查工作的特点和规律,将土地利用现状调查分为以下 4 个阶段进行:

(1)准备工作阶段。由县级土地管理部门编写《土地利用现状调查申请书》,经县级人民政府同意后报上级土地管理部门审批;审批之后,建立领导班子,组织专业队伍,建立工作责任制和进行技术培训。

(2)外业工作阶段。分室内预备和野外调绘。室内预备包括编制调查区航片接片图、刺点描绘航片的作业范围、进行地类及地物等的室内预判、拟定调查路线等;野外调绘包括利用航片在野外对照实地判别地类及分布,查清行政界线和土地使用单位界线,在航片上进行境界、权属界线、地类、线状地物等调绘。

(3)内业工作阶段。其包括航片转绘、土地面积量算和统计汇总。

(4)成果整理与验收阶段。其包括编制土地利用现状图、编制土地权属界线图、编写土地利用现状调查报告、验收。土地利用现状调查成果实行省、县、作业组三级检查和省、县二级验收制度。

土地利用现状调查工作结束后,应提交的调查成果主要有:①县、乡、村各类土地面积统计表和各土地权属单位土地面积统计表;②县、乡土地利用现状图和分幅的土地权属界线图;③县土地利用现状调查报告、乡土地利用现状调查说明书;④县、乡土地边界接合图表;⑤土地权属界线协议书和争议原由书。

二、地籍调查

地籍调查是土地管理的基础工作,分初始地籍调查和变更地籍调查。初始地籍调查在初始土地登记前进行,变更地籍调查在变更土地登记前进行。

地籍调查包括权属调查、地籍勘丈,目的是查清每一宗土地的权属、界址、数量、用途、等级等内容,为土地登记、统计和利用管理提供原始资料。

地籍调查一般在城市和村镇范围内进行。城镇、村土地属于建设用地,权属复杂、用途多变、等级差异大且价值高于农用地。为了使地籍调查顺利进行,必须做到:①按照土地管理行业标准《地籍调查规程》和《土地登记办法》的技术规程要求进行。②成果和文件要合法。在地籍调查中,涉及土地来源、权属地界的调查,必须以政府确认的权属文件为依据,在地界相邻双方的土地所有者或使用者参与下进行,并确认权属地界或签订地界协议书,从而使调查成果或文件具有法律效力。

(1)准备工作。其包括组织准备、资料准备、物资准备和必要的宣传教育。

(2)权属调查。权属调查是对宗地位置、界址等使用情况进行实地核定、调查、记录,为地籍测量和权属审核发证提供法律依据的工作。权属调查必须有本宗地和邻宗地的土地使用者或所有者亲自到场共同指界。对无争议的界址线,指界人在地籍调查表上签字盖章。对争议界址线,按《土地管理法》第十四条关于土地权属争议处理办法的规定处理。经双方定界后无任何争议时,在界址点上作标志或埋设标桩。权属调查应将调查成果现场填写于地籍调查表中,同时绘制宗地草图。

(3)地籍测量。将权属调查确定的土地权属界线、界址点、地类界线及其他地籍要素测绘成图,并准确确定其位置和面积。地籍测量的结果,经办理登记后,具有法律效力。

三、土地条件调查

土地条件调查包括土地自然要素调查和社会经济条件调查。

(一)土地自然要素调查

土地构成要素主要指构成土地的气候、地形、地质、土壤、植被、水文等自然条件因素。

(二)社会经济条件调查

土地的社会经济条件调查也是对土地进行评价的重要依据。调查主要内容包括:人口、劳动力(劳动力的数量及其素质、教育水平),交通状况及区位,基础设施、能源、供水、供电、电信等公共设施,工农业产值及产业结构,国民生产总值(GNP),国内生产总值(GDP),工农业主导产业及市场等。

第三节 土地登记

一、土地登记的概念和特征

土地登记是国家依照法定程序将土地的权属关系、用途、面积、质量等情况记录于专门的簿册,并向土地所有者和土地使用者颁发土地证书,以确认土地所有权或者使用权的法律制度。凡依法进行土地登记的文件、资料都具有法律效力,土地所有者和土地使用者根据土地登记的文件对土地享有权利和义务。因此,土地登记制度有助于维护土地所有者和土地使用者的合法权益,稳定社会主义土地使用制度。

土地登记有以下几个特征:

(1)登记规则的统一性。土地登记是一种法律行为,要求有严格的操作程序和技术规范,对土地的权属、面积、界址、用途、等级、价格的认定必须有统一的标准,就是在全国范围内每一宗地之间登记的程序、方法、内容、格式必须统一。

(2)登记机关的唯一性或称登记区域(空间上)的完整性。土地登记的法律特性要求在一个区域内只能有一个土地登记机关,只有这样,才能保证该区域内的土地不重不漏,资料统一完整,每一宗土地界线清楚、面积准确。

(3)登记时间上的连续性。土地权属不是一成不变的,因此土地登记也相应不断地发生变化，以保持资料的现势性，否则就将成为死档案，失去土地登记的法律意义。

(4)登记效力的一致性。土地登记的内容具有法律效力，就是要求已经登记的每一宗土地，在社会的任何范围内都具有统一的效力。凡进行登记的每一宗土地，都平等地受法律保护，不存在某一类或某一宗土地的效力高于其他土地的问题。无论是所有权登记还是使用权登记，也不论是高一级政府还是低一级政府进行的登记，登记效力都应当是相同的，其结果具有公信力。

二、土地登记的法律依据

(一)一般规定

国家依法实行土地登记发证制度。国有土地使用权、集体土地所有权、集体土地使用权和土地抵押权、地役权及依照法律法规规定需要登记的其他土地权利，都必须依法申请登记。依法登记的土地所有权和土地使用权受法律保护，任何单位和个人不得侵犯。

确认林地、草原的所有权或者使用权，确认水面、滩涂的养殖使用权，分别依照《中华人民共和国森林法》《中华人民共和国草原法》和《中华人民共和国渔业法》的有关规定办理。

《土地登记办法》对土地登记的法律程序及土地登记文件的内容和格式作出统一规定。土地登记资料可以公开查询。

(二)对农村集体土地登记的规定

农民集体所有的土地，由土地所有者向土地所在地的县级人民政府土地管理部门提出土地登记申请，由县级人民政府登记造册，核发集体土地所有权证书，确认所有权。

农民集体所有的土地依法用于非农业建设的，由土地使用者向土地所在地的县级人民政府自然资源主管部门提出土地登记申请，由县级人民政府登记造册，核发集体土地使用权证书，确认建设用地使用权。设区的市人民政府可以对市辖区内的农民集体所有的土地实行统一登记。

(三)对国有土地使用权登记的规定

单位和个人依法使用的国有土地，由土地使用者向土地所在地的县级以上人民政府土地管理部门提出土地登记申请，由县级以上人民政府登记造册，核发国有土地使用权证书，确认使用权。其中，中央国家机关使用的国有土地的登记发证，由国务院土地管理部门负责，具体登记发证办法由国务院土地管理部门会同国务院机关事务管理局等有关部门制定。

未确定使用权的国有土地，由县级以上政府登记造册管理。

(四)对土地权属变更登记的规定

依法改变土地所有权、使用权的，因依法转让地上建筑物、构筑物等附着物导致土地使用权转移的，必须向土地所在地的县级以上人民政府自然资源主管部门提出土地变更登记申请，由原土地登记机关依法进行土地所有权、使用权变更登记。土地所有权、使用权的变更，自变更登记之日起生效。

依法改变土地用途的，必须持批准文件，向土地所在地的县级以上人民政府土地行政主管部门提出土地变更登记申请，由原土地登记机关依法进行变更登记。

(五)对土地使用权注销登记的规定

依照《土地管理法》的有关规定收回用地单位的土地使用权的，由原土地登记机关注销土地登记。土地使用权有偿使用合同约定的使用期限届满，土地使用者未申请续期或者虽申请续期未获批准的,由原土地登记机关注销土地登记。

(六)对土地登记违法行为处理的法律规定

对不依照《土地管理法》规定办理土地登记或变更登记的,由自然资源主管部门责令其限期办理。土地使用者、所有者凡不按规定如期申请初始土地登记的,按照非法占地的处理办法论处;对凡不按规定如期申请变更土地登记的,除按违法占地处理外,视情节轻重报经县级以上人民政府批推,注销土地登记,注销土地证书。

三、土地登记的主要内容

土地登记的主要内容为:

(1)土地权属性质。依据现行法规,土地权属性质有集体土地所有权、国有土地使用权、集体土地建设用地使用权和土地他项权利。所谓的他项权利,是在已经确定了所有权和使用权的土地上保留的其他利用土地方面的权利,包括抵押权、承租权,以及法律、行政法规规定需要登记的其他权利。

(2)土地权属来源。判断某一宗地是国家所有还是集体所有,是国有土地使用权还是集体土地建设用地使用权,必须查清土地权属来源。土地权属来源是指土地所有者最初取得土地的方式。

(3)土地权属界址。土地权属界址指某一产权单位土地的位置和范围,或者说某一单位所有或使用土地的权属界线。土地权属界址通过实地的权属调查和地籍测量取得。

(4)土地产权面积。土地产权面积是指一宗土地权属界址线范围内的土地面积。土地权属界址一经确定,宗地面积随之确定。土地产权面积可以根据土地权利人对宗地的利用情况分为独自使用面积、共有使用面积、共有使用权分摊面积。

(5)土地用途(地类)。依据《土地管理法》第四条规定,国家实行土地用途管制制度。国家编制土地利用总体规划,规定土地用途,将土地分为农用地、建设用地和未利用地。严格限制农用地转为建设用地,控制建设用地总量,对耕地实行特殊保护。申请土地登记的土地用途必须符合土地利用总体规划的规定,土地权利人任意改变土地用途和闲置土地都是违法行为。

(6)土地等级和价格。土地等级作为土地登记内容较为简单且稳定,土地价格则较为复杂且变动较快。目前,土地的标定价、出让价、转让价、申报价、抵押价、入股价格不属于应当登记的内容。

四、土地登记类型

土地登记按其不同特点分为初始土地登记和变更土地登记。初始土地登记是指土地登记机关在规定的期限内对某一宗地的土地所有权、使用权或他项权利进行初始的登记。变更登记是在初始登记完成之后,对发生变化或者新产生的土地权利及内容进行的改正或新设登记。

《土地登记办法》第三十八条规定:“变更登记,是指因土地权利人发生改变,或者因土地权利人姓名或者名称、地址和土地用途等内容发生变更而进行的登记。”目前,我国变更登记主要有土地权属变更登记,土地使用权出租、抵押登记,更名更址登记,土地用途变更登记和注销登记几种类型。

五、土地登记程序

初始土地登记的程序为：

(1)土地登记申请。土地权利人按规定向土地登记机关申报其土地产权状况，并提交有关的证明材料，请求予以登记的行为。在申请阶段，还包括土地登记机关发布要求权利人在何时、何地进行申报的通知或公告，以及受理申请后对申请人提供的有关文件、材料进行初步审查等内容。

(2)地籍调查。土地登记机关对登记申请书初次审查后，组织实地权属调查和地籍测量。地籍调查后，认定权属界线，设定权属界址点，并测绘界址线，为注册登记提供准确的基础资料。

(3)权属审核。自然资源主管部门对土地登记申请和地籍调查结果进行审核，再由县级以上人民政府根据自然资源主管部门的调查结果和审核意见决定对申请登记的土地权属是否准予登记。需要审核的内容主要有：权属来源是否合法、界址是否清楚、面积是否准确、利用是否合理、地价是否合理、资料是否齐全等。当登记机关确认申请登记的土地权属合法、界址清楚、面积准确，即发布公告，以明示申请人的姓名、名称，申请登记的土地权属性质、面积和土地位置等，接受公众的监督。

(4)注册登记。公告期满无异议的，报经人民政府批准后，由自然资源主管部门办理注册登记手续。以一宗地为单位，将土地权属及其有关内容正式填写在土地登记卡上，使之在法律上得到确认。同时，填写土地归户卡和土地证书。

(5)颁发土地证书。土地证书由自然资源主管部门根据土地登记卡填写，县级以上人民政府颁发。土地证书主要有三种：国有土地使用证、集体土地建设用地使用证和集体土地所有证。

土地他项权利登记在其所属的土地所有权或使用权登记卡和土地证上向土地他项权利人颁发他项权利证明书。

变更土地登记的程序与初始土地登记程序基本相同。

第四节　土地分等定级

土地等级是土地质量和价值状况差异的反映，是科学确定土地税费、土地价格、征地补偿费、划定土地利用区的重要依据。

《土地管理法》规定，县级以上人民政府自然资源主管部门会同同级有关部门根据土地调查成果、规划土地用途和国家制定的统一标准，评定土地等级。《土地管理实施条例》规定，国务院自然资源主管部门会同国务院有关部门制定土地等级评定标准。县级以上人民政府自然资源主管部门应当会同同级有关部门根据土地评定标准，对土地等级进行评定。地方土地等级评定结果，经本级人民政府审核，报上一级人民政府自然资源主管部门批准后，应当向社会公布。根据国民经济和社会发展状况，土地等级每五年重新评定一次。

一、土地分等定级的类型

土地分等定级可按土地评定对象的不同分为城镇土地分等定级和农用土地分等定级两

种类型。城镇土地分等定级是在对城镇土地的自然和经济属性及其在社会活动中的地位综合分析的基础上,划分土地等级。其等级揭示了城镇不同区位条件下土地价值的差异规律。农用土地分等定级则是对农用土地质量或对其生产力高低的评定,也是通过农业生产条件的综合分析,对农用土地生产潜力及其差异程度的评估。

二、土地等和级的划分

为正确反映土地在质量上的差异,土地分等定级采用了“等”和“级”两个层次的划分体系。城镇土地“等”反映城镇之间土地的地域差异。它是将各城镇看作一个点,研究整个城镇在社会、自然、经济条件影响下,从整体上表现出的土地差异。土地“等”反映全国或者省、地级行政区域内城镇之间土地利用效益的地域差异。土地“等”的顺序在全国省、地级行政区域内统一排列。城镇土地“级”反映了城镇内部土地的区位条件和利用效益的差异。通过分析土地的自然条件、经济活动程度和投资于土地上的资本,揭示城镇内部各具体地块收益的差异,并据此划分出土地的级别。土地级的顺序是在各城镇内部统一排列的。

农用土地“等”反映不同质量农用地在不同利用水平、不同利用效益条件下收益的差异。土地“等”的划分以构成土地质量的中长期稳定的自然特性的差别以及土地潜力的现实平均利用水平和土地利用平均经济效益上的差异为依据,对全国范围内农用地按相对差异排列。农村土地级反映土地等影响下的土地差异。土地“级”的划分依据是影响土地质量、易变的自然条件的差别以及利用水平、利用效益的细小差别。土地级在县级行政区域内按相对差异评定。

三、土地分等定级的程序

(1)准备工作阶段。主要包括制订工作方案、确定定级因素体系、资料收集、实地调查、资料分析整理汇总等工作。目前,我国土地定级因素体系主要从商业繁华影响度、交通条件、基础设施状况、环境状况、人口状况 5 个方面选取。

(2)土地级别划分及确定过程。主要包括定级因素作用分值计算、定级单元划分、单元各因素分值计算、单元总分值计算、土地级别初步划分、级差收益测算、土地级别确定等步骤。

(3)定级报告编写及成果验收阶段。土地定级成果包括土地定级技术报告、土地定级成果图、土地定级工作报告等。

(4)成果应用与更新阶段。

第五节　土地统计

一、土地统计的概念、类型及法律依据

土地统计是国家对土地数量、质量、分布、利用和权属状况进行的调查、汇总、统计分析和提供土地统计资料的制度。它是社会经济统计的一个重要组成部分。

按内容和进行统计时间的不同,可分为初始土地统计和年度土地统计;按其组织形式和进行统计的范围不同,可分为国家土地统计和基层土地统计。

我国现行土地统计制度是依据《中华人民共和国统计法》(简称《统计法》)和《土地管理法》及其他有关行政法规的规定制定的。各级自然资源主管部门的统计机构和统计人员依法行使土地统计的调查、报告、监督的职权。1987年,国家土地管理局和国家统计局依法制定了土地统计报表制度,它对我国现行土地统计的对象、任务、内容和报表制度、指标体系以及土地统计的体制等,都作了具体的规定。国土资源部成立以后,土地统计报表制度归入国土资源部综合统计年报制度,其主要内容包括每年的土地资源调查、开发利用、管理、科学技术研究和其他一些情况。

二、土地统计管理体制

根据《统计法》的有关规定,我国现行的土地统计制度实行统一领导和分级负责相结合的管理体制。

国务院土地管理部门依法主管全国土地统计工作,会同国家统计局共同制定、发布土地统计报表制度及其有关规定。县级以上人民政府统计机构和自然资源主管部门依法进行土地统计调查,定期发布土地统计资料。土地所有者或者土地使用者应当提供有关资料,不得拒报、迟报,不得提供不真实、不完整的资料。统计机构和自然资源主管部门共同发布的土地面积统计资料是各级人民政府编制土地利用总体规划的依据。

省级人民政府自然资源主管部门主管本辖区的土地统计工作,按期完成各年度土地统计报表的汇总和上报工作,并进行土地统计整理、分析,为地方政府各部门提供准确的土地数据及其分析资料,对本辖区的土地利用进行检查和监督。同时,在完成国家土地统计制度规定任务的前提下,编制地方相应的报表制度和办法,但不得与国家土地统计报表制度的要求和规定相矛盾。

县级人民政府自然资源主管部门负责本县的土地统计报表的汇总和上报工作,进行本级土地统计成果的整理、分析和提供利用等工作。县级以下的基层土地统计工作由县级自然资源主管部门组织乡(镇)土地管理员负责进行。

为了及时准确地完成各级土地统计工作,县级以上自然资源主管部门应设专门的土地统计机构,配备专职人员。

三、土地统计报表制度

根据《土地统计报表制度》规定,我国现行报表由两部分组成:

(1)“土地利用现状分类面积”和“耕地面积变化情况”统计表。根据《国土资源报表制度》的规定:土地利用现状分类面积统计表只要求已完成土地利用现状详查的县下达到乡(镇)按详查数填报,由县级自然资源主管部门负责汇总,主要数字与统计部门共同审查核定后,逐级上报;对耕地面积变化情况统计表,凡是已完成土地利用现状详查的县,可下发到乡(镇)按详查数填报,未完成土地利用现状详查的县,由县级自然资源主管部门以概查数为基础,并根据已掌握的资料填报,资料均由县级自然资源主管部门负责汇总,主要数字与统计部门共同审查核定后,逐级上报,同时抄报同级统计部门。

(2)“各类建设用地当年增加面积”“城镇建设当年增加面积”和“土地利用现状(概查)面积”统计表。为统一管理城乡土地的需要,由国土资源部制订这3套统计表,经国家统计局批准下发到各县级自然资源主管部门填报。其中,土地利用现状(概查)面积统计表只下发到未完成(含正在进行的)土地详查的县级自然资源主管部门,以概查数为基础,并根据已掌握的资料填报。以上3表经审查核定无误后逐级汇总上报,同时抄报同级统计部门。

以上土地统计报表均为年报表,统计截止日期为当年的12月31日,各省、自治区、直辖市应在次年2月底以前汇总数据审核后,分县上报。

思考与分析题

1. 什么是地籍调查?其有哪些内容?
2. 土地利用现状调查的程序是什么?
3. 简述初始土地登记程序。

第十一章 土地利用总体规划保护制度与耕地保护制度

学习目标

掌握土地利用总体规划的概念、特点；熟悉我国实行耕地保护的主要措施和综合整治的内容；理解各种规划之间的关系；了解土地利用总体规划编制和审批程序。

【学习导入】

土地利用总体规划是实行最严格土地管理制度的纲领性文件，是土地管理工作的“龙头”，是各级人民政府依法组织对辖区内全部土地的利用以及土地开发、整治、保护所做的综合部署和统筹安排，是落实土地宏观调控和土地用途管制，规划城乡建设和统筹各项土地利用活动的重要依据。有了科学的规划，也就有了土地利用的总战略、总布局，土地管理工作就有了明确的方向和目标。编制土地利用总体规划的目的是严格限制农用地转为建设用地，控制建设用地总量，对耕地实行特殊保护，这对国民经济的持续、稳定、快速发展起到保障作用。

第一节 土地利用总体规划概述

一、土地利用总体规划的概念

(一)土地利用总体规划的概念及法律地位

土地利用总体规划是在一定规划区域内，根据国家社会经济可持续发展的要求和当地的自然、经济、社会条件，对土地的开发、利用、治理、保护在空间上、时间上所做的总体安排和布局，是国家实行土地用途管制的基础。

土地利用总体规划的编制是政府行为，是土地用途管制的依据。通过土地利用总体规划，国家将土地资源在各产业部门间进行合理配置，确定了每块土地的农用地使用权和建设用地使用权。单位和个人只能在规划的建设用地区内进行非农业建设，而不能在耕地、林地、草地等农业用地内进行非农业建设。

《土地利用总体规划管理办法》对包括规划编制、规划内容、审查和报批、规划实施、规划修改、监督检查、罚则等项作出明确规定。

《中华人民共和国土地管理法》第十八条规定，国家建立国土空间规划体系。编制国土空间规划应当坚持生态优先，绿色、可持续发展，科学有序统筹安排生态、农业、城镇等功能空间，优化国土空间结构和布局，提升国土空间开发、保护的质量和效率。经依法批准的国土空间规划是各类开发、保护、建设活动的基本依据。已经编制国土空间规划的,不再编制土地利用总体规划和城乡规划。

(二)土地利用总体规划的特点

(1)综合性。土地利用总体规划是对规划区域内全部土地的综合规划设计。其综合性表现在:土地利用总体规划解决整个地域内各部门之间以及农业用地内部用地的综合布局配置;土地利用总体规划全面考虑规划区域内全部土地的开发、利用、保护和整治等各个方面,并非局限于其中的利用部分;土地利用总体规划追求的是土地利用的社会效益、生态效益、经济效益等的一致性。

(2)长期性。土地利用总体规划是对土地利用在较长时间内的宏观控制。土地利用总体规划的期限一般为 15 年。土地利用总体规划的长期性是规划本身的要求,一方面,土地利用需要有相对稳定的长期利用方式和目标,并且要有与之相结合的土地利用长期稳定的政策;另一方面,由于影响土地利用的因素很多,对这些因素的调整不是短时间内就能见效的,这需要很长的时间。因此,土地利用总体规划要着眼于长远利益。

(3)战略性。土地利用总体规划所要解决的都是与国民经济、社会发展规划相联系并带有全局性、长远性的重大土地利用问题,规划所提出的土地利用目标、方针、政策、措施都具有战略性,总体规划所涉及的内容本身就是具有战略性的规划措施。

(4)指导性。土地利用总体规划对区域土地利用及区域内的各专项规划、规划设计、下级土地利用规划、土地利用计划具有控制和指导意义。土地利用总体规划作为一个指导性规划,所提出的用地指标和土地利用分区等均有一定的弹性,并允许在实施过程中根据实际情况的变化加以修正。

(5)动态性。土地利用总体规划是一个动态规划,它不仅需要提供规划方案,而且要对土地利用总体规划方案的实施进行动态监测,并进行及时的调控和方案修改。

(6)控制性。土地利用总体规划的控制性主要表现在两个方面:从纵向来讲,下一级的土地利用总体规划受上一级土地利用总体规划的指导和控制,在全国范围内形成一个有机联系的土地利用总体规划体系;从横向来讲,一个区域的土地利用总体规划,对本区域内国民经济各部门的土地利用起到宏观控制作用。

二、土地利用总体规划的体系及各级土地利用总体规划之间的关系

(一)土地利用总体规划的体系

我国的土地利用总体规划由国家、省、地(市)、县、乡(镇)五级组成,形成了完整的土地利用总体规划体系。土地利用总体规划由各级人民政府组织编制,报有批准权的人民政府批准实施。

全国、省级、市(州、地)级的土地利用总体规划属宏观控制性规划,主要的任务是在确保耕地总量动态平衡和严格控制城市、集镇和村庄用地规模的前提下,统筹安排各类用地。上级土地利用总体规划通过规划指标和规划分区对下级土地利用总体规划和专项用地规划进行指导和控制。

县、乡级土地利用总体规划属实施性规划,其主要任务是按照上级土地利用总体规划的指标和布局要求,划分土地利用区,明确各土地利用区的土地主要用途和区内土地作业条件,为单位和个人合理使用土地,进行土地开发、整理提供依据,为政府审批农地转用、划定

基本农田保护区提供依据。

在各层次之间,还可根据需要按自然区划或经济区进行跨省的、跨市县的、跨乡(镇)的土地利用总体规划。

(二)各级土地利用总体规划之间的关系

《土地管理法》第十六条规定:"下级土地利用总体规划应当依据上一级土地利用总体规划编制。地方各级人民政府编制的土地利用总体规划中的建设用地总量不得超过上一级土地利用总体规划确定的控制指标,耕地保有量不得低于上一级土地利用总体规划确定的控制指标"。根据《土地管理法》的要求,在编制土地利用总体规划时,应按照下级服从上级、局部服从整体的原则,自上而下逐级进行。首先编制全国土地利用总体规划,明确规划目标,在保证全国耕地总量不减少的前提下,确保全国土地利用的总体布局和主要控制指标,并逐级分解下达。各级地方土地利用总体规划要严格依据上级土地利用总体规划的布局要求和控制指标并结合当地实际进行编制。这样才能保证全国土地利用总体规划通过地方各级土地利用总体规划落实到乡,落实到地块。

土地利用总体规划控制指标应当包括耕地保有量、建设占用耕地数量、土地开发、整理增加耕地数量等。

《土地管理法》第十六条第三款明确了省、自治区、直辖市人民政府编制的土地利用总体规划,应当确保本行政辖区内耕地总量不减少。省级以下地方人民政府的耕地保有量由省级土地利用总体规划确定。人均耕地面积大、耕地质量高的地方,应当多承担保护耕地的任务;人均耕地少的地方,应做到耕地不再减少,力争耕地面积有所增加。

三、土地利用总体规划与城市规划的关系

根据《土地管理法》规定,城市总体规划、村庄和集镇规划,应当与土地利用总体规划相衔接,城市总体规划、村庄和集镇规划中建设用地规模不得超过土地利用总体规划确定的城市和村庄、集镇建设用地规模。不得突破土地利用总体规划确定的城市和村庄、集镇建设用地规模。因此,土地利用总体规划一经批准,城市规划在用地规模上就应当服从土地利用总体规划。原批准的城市规划的建设用地规模超过了土地利用总体规划划定的建设用地范围的,应当及时按土地利用总体规划划定的建设用地的范围修订城市规划。

四、土地利用总体规划的目标

土地利用总体规划的目标,简单地说,就是在规划期内要实现的土地利用结构和各类用地的布局。具体来讲,土地利用总体规划的目标是在土地利用结构研究的基础上,根据国民经济发展的长期规划对土地资源的需求、土地资源的供给状况、土地的人口承载力和土地利用战略的研究成果,提出规划区域所应实现的土地利用目标。我国规定的土地利用总体规划的目标是:实施耕地总量动态平衡的战略思想;逐级落实指令性指标,实现土地资源的可持续利用和管理;保证重点项目的用地需求,严格控制城市用地外延扩展,优先安排农用地,因地制宜地发展园地、林地,防止水土流失,改善生态环境,合理调整土地利用结构和布局,提高土地利用效率。

五、土地利用总体规划的作用

实践表明,各级土地利用总体规划的编制与实施,在一定程度上增强了各级政府对土地利用的宏观调控能力,促进了我国有限土地资源的开发、利用、治理和保护。

一是在协调的基础上,通过土地利用总体规划确定了重点能源、交通、水利等基础设施用地,确定了城市、集镇、村庄及各类开发区等建设用地的规模和布局,确定了种植业、林业、牧业以及基本农田保护区等农用地的规模和布局,为 13 亿人口的"吃饭"和"建设"提供了土地保障。

二是各级土地利用总体规划的编制,为制订和实施土地利用年度计划提供了依据,为各级政府审批建设项目和开发复垦项目提供了依据。

三是为土地利用的监督检查提供了依据。各级政府依据土地利用总体规划规定的土地用途监督检查土地的使用,不符合土地利用总体规划的,责令其限期改正。

六、土地利用总体规划的内容

根据土地利用总体规划的任务和目的,其主要内容可归纳为:第一,进行土地利用现状分析和评价,然后确定土地利用目标和方针,或是战略思想和对策;第二,进行土地需求量预测和土地适宜性评价;第三,确定各部门、各地区的用地规模,协调用地关系;第四,提出各级土地利用结构的指导性规划指标和调整方向,确定各类用地的控制性指标;第五,进行土地利用分区,按地域或用地类型指导土地利用;第六,确定骨干工程与设施的布局;第七,制定实施规划的政策和措施。

第二节　土地利用总体规划的编制和审批

一、土地利用总体规划的编制

(一)土地利用总体规划编制的原则

《中华人民共和国土地管理法》第十七条规定,土地利用总体规划的编制必须遵循以下原则:

(一)落实国土空间开发保护要求,严格土地用途管制;

(二)严格保护永久基本农田,严格控制非农业建设占用农用地;

(三)提高土地节约集约利用水平;

(四)统筹安排城乡生产、生活、生态用地,满足乡村产业和基础设施用地合理需求,促进城乡融合发展;

(五)保护和改善生态环境,保障土地的可持续利用;

(六)占用耕地与开发复垦耕地数量平衡、质量相当。

(二)土地利用总体规划的编制程序

按照土地利用总体规划编制的特点,其工作内容和程序可以分为四个阶段和若干步骤。各个阶段的工作如下。

1. 准备阶段

编制土地利用总体规划的准备工作包括：制订工作计划和工作方案，落实经费，组织规划领导小组和规划工作组，选择专题项目和研究课题，进行人员业务培训等。工作计划和工作方案关系到整个编制规划工作的方向和进度，制订工作计划要因地制宜，从本区域或规划工作范围内的实际情况出发。工作计划要留有余地，要有合理的人员和经费安排，能切实保证规划工作的顺利展开。

土地利用总体规划要在政府组织领导下编制，各级规划编制时应由相应的各级政府组织有关部门成立规划领导小组，同时在各级土地管理部门设立规划办公室或规划工作组，负责规划的具体编制工作。各有关部门派人员参加规划的编制，提供资料，参与规划的研究与审议。

规划的编制工作开展之前要落实各级财政提供的经费数额、拨款时间，并做好经费使用制度和会计制度，保证土地利用总体规划经费的正常支出。

此外，还要按照工作的要求对参加规划的工作人员进行技术培训。掌握土地利用总体规划的内容、方法和操作步骤，并按规划工作中的技术步骤和分工将工作人员分成一定的作业小组，负责规划各项或各阶段的工作。

2. 调查和研究阶段

调查和研究阶段是制定正确的土地利用总体规划方案的基础。这一阶段的工作主要包括：收集各种资料，分析土地利用现状，对土地资源进行分析讲究，预测各部门的土地需求，研究土地利用战略，确定总体规划的目标和任务等。

编制土地利用总体规划涉及多方面的内容，因此要做广泛的资料收集工作，一般需要收集土地利用现状面积数据及图件、各类用地分布状况、土地利用的历史和变化趋势的资料，土地资源的评价资料，国民经济和社会发展计划及统计资料，城市规划和保护区资料，以及与土地利用总体规划有关的其他资料。如果资料收集不全，须督促工作人员补充调查。

土地利用现状分析是在规划区域的自然、社会、经济条件下，对各类土地的不同利用方式及其组合所做的分析。分析包括对土地利用的经济效益、社会效益和生态效益的分析，这种研究分析是从了解土地资源评价结果和规划区域的土地资源特点入手，对各类后备土地资源的数量、质量和开发利用中存在的问题进行研究，为估算土地利用潜力、确定规划目标、调整用地结构、协调各部门用地矛盾、平衡土地供需及土地开发提供依据。在研究中要注意保证两个平衡：一是农业用地与建设用地的平衡，按照“一要吃饭，二要建设”的原则，妥善解决农业用地与建设用地的矛盾；二是各部门用地数量和布局的平衡，政府应根据各部门对土地的需求量、依照规划目标确定土地使用顺序，优先保证重点项目用地。

在对土地利用战略进行研究的基础之上，可以确定土地利用总体规划的目标和任务。土地利用总体规划必须依据国民经济和社会发展的规划、国土整治和资源环境保护的要求、土地供给能力以及各项建设对用地的要求，对国民经济各部门的用地需求做出科学、合理的计划和规划。土地利用规划目标和上一级的目标应该一致，在整个规划过程中要经上下级多次反馈，各用地部门反复协调，最后才能确定。

3. 编制规划方案阶段

编制方案是在土地利用现状分析、资源分析、土地利用战略分析研究的基础之上，根据规划目标和任务而进行的。编制方案的工作主要由用地需求综合平衡、编制规划方案、编绘土地利用总体规划图、编写土地利用总体规划报告等部分组成。

编制规划方案要从用地数量和用地形态分布两个方面进行,编制时可以以不同的条件为前提编制 2~3 个方案,并对各个方案做出效果评价以供领导小组审批和决策。土地利用总体规划图的编绘应与报告的撰写同时进行,规划图的一个重要内容就是土地利用分区。依《土地管理法》第十九条的规定,县级土地利用总体规划应当划分土地利用区,明确土地用途。乡(镇)土地利用总体规划应当划分土地利用区,根据土地使用条件,确定每一块土地的用途,并予以公告。土地利用总体规划报告是土地利用总体规划的重要成果之一,也是对总体规划的系统总结和说明。它所包括的主要内容有导言(或称为规划区概述)、规划目标和任务、土地利用现状和存在的问题、规划地域分区或用地分区、土地利用基本方针、土地利用调整指标、实现规划的措施和有关建议等。

4. 规划审批和实施阶段

土地利用总体规划按法定程序和批准权限审批后,报送上一级土地管理部门备案,最后由地方人民政府正式公布实施。经过批准的土地利用总体规划具有法律效力,它既是各个部门利用土地的准则,又是各地土地管理部门编制中期和年度土地利用计划,审批、监督土地使用的依据。经过批准的土地利用总体规划应向群众公布并广为宣传,以利于规划的监督实施,土地利用总体规划的期限一般为 15 年。

二、土地利用总体规划的审批与修改

(一)土地利用总体规划的审批

根据《土地管理法》第二十条规定,土地利用总体规划实行分级审批。省、自治区、直辖市的土地利用总体规划,报国务院批准。省、自治区政府所在地的市、人口在 100 万以上的城市以及国务院指定的城市的土地利用总体规划,经省、自治区人民政府审查同意后,报国务院批准。除此以外的土地利用总体规划逐级上报省、自治区、直辖市人民政府批准。其中,乡(镇)土地利用总体规划可以由省级人民政府授权设区的市、自治州人民政府批准。土地利用总体规划一经批准,必须严格执行。

(二)土地利用总体规划的修改

依《土地管理法》第二十四条的规定和《土地管理法实施条例》第十二条的规定,土地利用总体规划的修改应遵循以下原则:

(1)经批准的土地利用总体规则的修改,须经原批准机关批准;未经批准,不得改变土地利用总体规划确定的土地用途。

(2)经国务院批准的大型能源、交通、水利等基础设施建设用地及需要改变土地利用总体规划的,根据国务院的批复文件修改土地利用总体规划。

(3)经省、自治区、直辖市人民政府批准的能源、交通、水利等基础设施建设用地及需要改变土地利用总体规划的,属于省级人民政府土地利用总体规划批准权限内的,根据省级人民政府批准文件修改土地利用总体规划。修改后的土地利用总体规划应当报原批准机关批准。

(4)上一级土地利用总体规划批准后,涉及下一级土地利用总体规划的,由上一级人民政府通知下一级人民政府做出相应的修改,并报原批准机关备案。

第三节 耕地保护

我国是一个人口众多、人均耕地少的发展中国家。根据人口增长及人民生活水平提高的要求,我国政府提出的耕地保护目标是实现耕地总量动态平衡,确保耕地总量只能增加不能减少,并逐步提高耕地质量,扭转在人口继续增加情况下耕地大量减少的失衡趋势。

一、耕地总量动态平衡制度

耕地总量动态平衡制度是《土地管理法》确定的一项重要制度,包括以下内容。

(一)严格控制耕地转为非耕地

我国耕地数量有限,而且可以开垦为耕地的后备资源有限,因此耕地的数量保护除实行开垦未利用土地、进行土地整理和复垦补充耕地的方法外,更重要的是严格控制非农业建设占用耕地。

控制各项建设占用耕地的措施包括:实行严格的用途管制制度,通过制定土地利用总体规划,划定建设用地区,限定建设可以占用土地的区域;对各项建设用地下达土地利用年度计划,控制建设占用土地(包括占用耕地)的计划;严格控制农用地转用,须报省级以上人民政府批准。通过这些措施,使各项建设占用耕地的总量降到最低限度。

(二)占用耕地补偿

国家保护耕地,严格控制耕地转为非耕地。国家实行占用耕地补偿制度。非农业建设项目经批准占用耕地的,按照“占多少、垦多少”的原则,由占用耕地的单位负责开垦与所占耕地的数量和质量相当的耕地;没有条件开垦或者开垦的耕地不符合要求的,应当按照省、自治区、直辖市的规定缴纳耕地开垦费,专款用于开垦新的耕地。省、自治区、直辖市人民政府应当制订开垦耕地计划,监督占用耕地的单位按照计划开垦耕地或者按照计划组织开垦耕地,并进行验收。

(1)任何建设占用耕地都必须履行开垦耕地的义务。无论是国家重点工程、城市建设,还是企业、农村村民建住宅,占用耕地的都必须履行开垦耕地的义务。

(2)开垦耕地的责任者是占用耕地的单位。根据目前建设用地情况,责任人分为三种情形:①城市建设用地区统一征地后供地的,承担造地义务的责任人为市、县人民政府,造地的费用计入建设用地成本,但责任必须由县、市人民政府承担。②对于城市建设用地区外建设项目用地,承担开垦耕地义务的责任人是建设单位,县、市人民政府自然资源主管部门负责监督和验收。③对于村庄、集镇建设占用耕地,承担开垦耕地义务的责任人是农村集体经济组织或村民委员会,县、市人民政府自然资源主管部门负责监督和验收。

(3)建设单位和地方人民政府都必须根据需要落实开垦耕地的资金。

(4)各地制定土地利用总体规划时,应当根据当地土地资源的状况制定耕地后备资源开发的区域,使建设单位有地可开。开垦耕地还应与保护生态环境相结合,防止乱开滥伐。

(5)没有条件开垦或开垦耕地不符合要求的,建设单位可以缴纳耕地开垦费,由地方政府自然资源主管部门履行造地义务。开垦耕地不符合要求是指数量和质量没有达到规定的指标。没有条件开垦是指建设单位没有开垦的人力和机械而无法从事土地开垦工作。

(6)省级人民政府在实行占用耕地补偿制度中的职责有:①制订开垦耕地的计划。省级人民政府是耕地总量动态平衡的责任者,也是耕地开垦的组织者和监督者,因此省级人民政府应根据土地利用总体规划、土地利用计划和建设占用土地的实际情况,制订开垦耕地的计划,分解下达。②对建设单位和县、市人民政府开垦耕地进行监督。为保证开垦耕地真正落实,省级人民政府要切实履行监督职责,其监督对象是县、市人民政府和大中型建设项目的建设单位。监督的内容是计划是否落实,开垦耕地是否达到规定的标准。③组织开垦耕地。省级人民政府主要是组织一些建设单位和地方人民政府对一些重点地区进行开垦,特别是解决一些跨县、市行政区的耕地开垦问题,协调地方人民政府、土地所有者和开垦者之间的关系,保障耕地开垦工作的进行,并对开垦耕地进行验收。

(三)建设占用耕地的耕作层利用

耕地耕作层是经过多年耕种形成的,是农业生产的宝贵资源。而在工程建设中,耕作层的土壤好坏与建设要求无关紧要,有的工程还必须将耕作层挖掉来加固基础。因此,将耕作层土壤用来开垦耕地和其他耕地的土壤改良是必要的,可改良土壤或加快耕地熟化的过程。国内外都有许多工程建设将耕作层剥离用于开垦耕地的成功经验。因而《土地管理法》规定:县级以上地方人民政府可以要求占用耕地的单位将所占用耕地耕作层的土壤,用于新开垦耕地、劣质地或者其他耕地的土壤改良。

当然,将耕地耕作层用于开垦耕地,受当地自然条件和开垦耕地成本的影响。如当地土壤条件较好,开垦耕地不需要另加耕作层,或者运距太远造成成本太高等原因使其难以实现。因此,法律规定县级以上地方人民政府可以要求这样做,政府将根据当地的实际情况,实事求是地对具备条件的、提出将耕地耕作层土壤用于造地的要求。

(四)省级人民政府在实现耕地总量动态平衡目标中的责任

《土地管理法》第十六条规定:"省、自治区、直辖市人民政府编制的土地利用总体规划,应当确保本行政区域内耕地总量不减少。"第三十二条规定:"省、自治区、直辖市人民政府应当严格执行土地利用总体规划和土地利用年度计划,采取措施,确保本行政区域内耕地总量不减少、质量不降低。耕地总量减少的,由国务院责令在规定期限内组织开垦与所减少耕地的数量与质量相当的耕地;耕地质量降低的,由国务院责令在规定期限内组织整治。新开垦和整治的耕地由国务院自然资源主管部门会同农业农村主管部门验收。个别省、直辖市确因土地后备资源匮乏,新增建设用地后,新开垦耕地的数量不足以补偿所占用耕地的数量的,必须报经国务院批准减免本行政区域内开垦耕地的数量,易地开垦数量和质量相当的耕地。"

二、永久基本农田保护

我国实行永久基本农田保护制度,《土地管理法》及《基本农田土地管理法保护条例》等法律条文对此进行了具体规定。

(一)永久基本农田保护制度及其主要内容

所谓永久基本农田,是指按照一定时期人口和社会经济发展对农产品的需求及对建设用地的预测,依据土地利用总体规划确定的长期不得占用的耕地。对永久基本农田实行特殊保护,而依据土地利用总体现划和依据法定程序确定的特定保护区域,称为永久基本农田保护区。

划定永久基本农田保护区的任务是在县级土地利用总体规划确定的目标、方针和耕地指标控制下，确定必保永久基本农田的面积，划定保护区的范围，并落实到地块，建立起相应的保护措施。

对划入永久基本农田保护区的耕地实行特殊保护的措施，是党中央、国务院根据我国耕地资源和建设占用耕地的状况提出的保护耕地的重大措施。实践证明，永久基本农田保护制度是实行耕地保护的有效办法。一是制止了乱批乱占耕地，保住了高产稳产农田和人口增长所需耕地；二是稳定了耕地承包者的思想，调动了农民对耕地增加投入的积极性，提高了农作物的产量；三是通过划定保护区，协调安排了今后若干年的各类建设用地。

建立永久基本农田保护区耕地力保养和环境保护制度，可以有效地保护好永久基本农田。永久基本农田保护制度的主要内容包括永久基本农田的规划、划定、保护、监督管理等。

(二)永久基本农田保护区的划定

(1)划定永久基本农田的依据和范围。划定永久基本农田的依据是土地利用总体规划。土地利用总体规划是协调各业用地的最高规划，特别是县、乡级土地利用总体规划，将明确划出各种土地利用区，其中包括确定永久基本农田保护区，并考虑各行业的用地需要、耕地的保有量和永久基本农田保护的需要，因此永久基本农田划定应以土地利用总体规划为依据。

国家实行永久基本农田保护制度。下列耕地应当根据土地利用总体规划划为永久基本农田，实行严格保护：①经国务院农业农村主管部门或者县级以上地方人民政府批准确定的粮、棉、油、糖等重要农产品生产基地内的耕地。②有良好的水利与水土保持设施的耕地，正在实施改造计划及可以改造的中、低产田和已建成的高标准农田。③蔬菜生产基地。④农业科研、教学试验田。⑤国务院规定应当划为永久基本农田的其他耕地。

(2)划定永久基本农田保护区的数量要求。《土地管理法》规定，各省、自治区、直辖市划定的永久基本农田一般应当占本行政区域内耕地的百分之八十以上，具体比例由国务院根据各省、自治区、直辖市耕地实际情况规定。

(3)永久基本农田保护区的确定和基本农田划定的方法。永久基本农田保护区划区定界后，由省级人民政府组织自然资源主管部门和农业行政主管部门验收确认，或由省级政府授权设区的市、自治州人民政府组织相应部门验收确认。永久基本农田划定以乡(镇)为单位进行，由县级人民政府自然资源主管部门会同同级农业农村主管部门组织实施。永久基本农田应当落实到地块，纳入国家永久基本农田数据库严格管理。

乡(镇)人民政府应当将永久基本农田的位置、范围向社会公告，并设立保护标志。

任何单位和个人不得破坏或者擅自改变永久基本农田保护区的保护标志。

(三)永久保护基本农田的有关规定

1. 永久基本农田的数量保护

永久基本农田经依法划定后，任何单位和个人不得擅自占用或者改变其用途。国家能源、交通、水利、军事设施等重点建设项目选址确实难以避让永久基本农田，涉及农用地转用或者土地征收的，必须经国务院批准。禁止通过擅自调整县级土地利用总体规划、乡(镇)土地利用总体规划等方式规避永久基本农田农用地转用或者土地征收的审批。非农业建设必须节约使用土地,可以利用荒地的,不得占用耕地;可以利用劣地的,不得占用好地。禁止占用耕地建窑、建坟或者擅自在耕地上建房、挖砂、采石、采矿、取土等。禁止占用永久基本农田发展林果业和挖塘养鱼。

禁止任何单位和个人闲置、荒芜耕地。已经办理审批手续的非农业建设占用耕地,一年内不用而又可以耕种并收获的,应当由原耕种该幅耕地的集体或者个人恢复耕种,也可以由用地单位组织耕种;一年以上未动工建设的,应当按照省、自治区、直辖市的规定缴纳闲置费;连续二年未使用的,经原批准机关批准,由县级以上人民政府无偿收回用地单位的土地使用权;该幅土地原为农民集体所有的,应当交由原农村集体经济组织恢复耕种。

在城市规划区范围内,以出让方式取得土地使用权进行房地产开发的闲置土地,依照《房地产管理法》的有关规定办理。

承包经营耕地的单位或者个人连续二年弃耕抛荒的,原发包单位应当终止承包合同,收回发包的耕地。

经国务院批准占用永久基本农田的,当地人民政府应当依法修改土地利用总体规划,并补充划入数量和质量相当的永久基本农田。

2. 永久基本农田的质量保护

各级人民政府应当采取措施,维护排灌工程设施,改良土壤,提高地力,防止土地荒漠化、盐渍化、水土流失和污染土地。

利用永久基本农田从事农业生产的单位和个人应当保持和培肥地力。国家提倡和鼓励农业生产者对其经营的永久基本农田施用有机肥料,合理施用化肥和农药。

县级以上地方人民政府应当采取措施,预防和治理耕地土壤流失、污染,有计划地改造中低产田,建设高标准农田,提高耕地质量,保护黑土地等优质耕地,并依法对建设所占用耕地耕作层的土壤利用做出合理安排。非农业建设依法占用永久基本农田的,建设单位应当按照省、自治区、直辖市的规定,将所占用耕地耕作层的土壤用于新开垦耕地、劣质地或者其他耕地的土壤改良。县级以上地方人民政府应当加强对农业结构调整的引导和管理,防止破坏耕地耕作层;设施农业用地不再使用的,应当及时组织恢复种植条件。

3. 永久基本农田保护的监督管理

省、自治区、直辖市人民政府应当将国务院确定的耕地保有量和永久基本农田保护任务分解下达,落实到具体地块。国务院对省、自治区、直辖市人民政府耕地保护责任目标落实情况进行考核。在建立永久基本农田保护区的地方建立层层责任制。县级以上地方人民政府应当与下一级人民政府签订永久基本农田保护责任书,乡(镇)人民政府与农村集体经济组织或村民委员会签订永久基本农田保护责任书。

县级以上地方人民政府应当建立永久基本农田保护监督检查制度,定期组织自然资源主管部门、农业行政主管部门及其他有关部门对永久基本农田保护情况进行检查,并向上一级人民政府汇报。被检查单位应如实提供有关情况和资料,不得拒绝。

县级以上地方人民政府自然资源主管部门、农业行政主管部门有权责令纠正发生在本行政区内的破坏基本农田的行为。

第四节　土地综合整治

一、土地开发

广义上讲,土地开发指因人类生产建设和生活不断发展的需要,采用一定的现代科学技术和经济手段,扩大对土地的有效利用范围或提高对土地的利用深度所进行的活动,包括对尚未利用的土地进行开垦和利用,以扩大土地利用范围,也包括对已利用的土地进行整治,以提高土地利用率和集约经营程度。狭义上讲,土地开发主要是指对未利用土地的开发利用,要实现耕地总量动态平衡,未利用土地开发是补充耕地的一种有效途径。

国家鼓励单位和个人按照土地利用总体规划,在保护和改善生态环境、防止水土流失和土地荒漠化的前提下,开发未利用的土地;适宜开发为农用地的,应当优先开发成农用地。国家依法保护开发者的合法权益。

一般来说,土地开发应遵循三个基本原则:农用土地开发优先的原则、生态平衡原则及综合性开发的原则。

开发未利用土地的法律规定有:

(1)禁止单位和个人在土地利用总体规划确定的禁止开垦区内从事土地开发活动。在土地利用总体规划确定的土地开垦区内,开发未确定土地使用权的国有荒山、荒地、荒滩从事种植业、林业、畜牧业、渔业生产的,应当向土地所在地的县级以上人民政府自然资源主管部门提出申请,报有批准权的人民政府批准。

(2)国家鼓励单位和个人按照土地利用总体规划,在保护和改善生态环境、防止水土流失和土地荒漠化的前提下,开发未利用的土地;适宜开发为农用地的,应当优先开发成农用地。国家依法保护开发者的合法权益。保护开发者的合法权益不受侵害,对侵害开发者合法权益的单位和个人将依法做出处理。开发未确定土地使用权的国有荒山、荒地、荒滩从事种植业、林业、畜牧业、渔业生产的,经县级以上人民政府批准,可以确定给开发单位和个人使用,也可以依法将土地的使用权或承包经营权确定给土地开发者,明确土地使用权或承包经营权的年限,使用期或承包期内不得收回土地使用权或承包经营权。土地使用权或承包经营权可以继承,但不得用于非农业建设。

(3)开垦未利用的土地,必须经过科学论证和评估,在土地利用总体规划划定的可开垦的区域内,经依法批准后进行。禁止毁坏森林、草原开垦耕地,禁止围湖造田和侵占江河滩地。开发未确定使用权的国有荒山、荒地、荒滩从事种植业、林业、畜牧业、渔业生产的,经县级以上人民政府依法批准,可以确定给开发单位或者个人长期使用。

二、土地整理

土地整理是指通过采取各种措施,对田、水、路、林、村综合整治,调整土地关系,提高耕地质量,增加有效耕地面积,改善农业生态条件和生态环境的行为。在我国大部分地区,农田中不同程度地分散着一些闲散地、废沟渠、取土坑等。国家鼓励土地整理。县、乡(镇)人民政府应当组织农村集体经济组织,按照土地利用总体规划,对田、水、路、林、村综合整治,提高耕地质量,增加有效耕地面积,改善农业生产条件和生态环境。地方各级人民政府应当采取措施,改造中、低产田,整治闲散地和废弃地。农村居民点内也有许多闲散地、"空心村",通过整理既可提高耕地质量,也可增加耕地有效面积。据测算,通过土地整理,全国可增加耕地上亿亩,因此土地整理是补充耕地的有效途径。

(1)国家鼓励土地整理。县级人民政府应当按照国土空间规划关于统筹布局农业、生态、城镇等功能空间的要求,制订土地整理方案,促进耕地保护和土地节约集约利用。县、乡(镇)人民政府应当组织农村集体经济组织,实施土地整理方案,对闲散地和废弃地有计划地整治、改造。土地整理新增耕地,可以用作建设所占用耕地的补充。鼓励社会主体依法参与土地整理。

(2)应当对土地整理做出规划,依据土地利用总体规划,与村镇建设、农田水利基本建设相结合,进行土地整理项目设计,使土地整理达到增加有效耕地面积,改善耕地生产条件和生态环境的目的。

(3)土地整理应当由县、乡级人民政府按照土地利用总体规划,组织农村集体经济组织制订土地整理方案,并组织实施。因为土地整理往往涉及几个村或几个村民小组,几十个承包经营者,没有统一的组织是很难进行的。同时,土地整理后,土地重划工作也要县、乡级人民政府统一协调安排,防止借土地整理侵害农民的合法权益。

三、土地复垦

土地复垦是指对在生产建设过程中,因挖损、塌陷、压占等造成破坏的土地,采取整治措施,使其恢复到可供利用状态的活动。开垦未利用的土地,必须经过科学论证和评估,在土地利用总体规划划定的可开垦的区域内,经依法批准后进行。禁止毁坏森林、草原开垦耕地,禁止围湖造田和侵占江河滩地。根据土地利用总体规划,对破坏生态环境开垦、围垦的土地,有计划、有步骤地退耕还林、还牧、还湖。因挖损、塌陷、压占等造成土地破坏的,用地单位和个人应当按照国家有关规定负责复垦;没有条件复垦或者复垦不符合要求的,应当缴纳土地复垦费,专项用于土地复垦。复垦的土地应当优先用于农业。据调查分析,我国现有工矿废弃地等待复垦的土地资源几千万亩,按50%的比例复垦为耕地,全国可以增加耕地上千万亩,其他还可复垦为鱼塘、建设用地等。因此,土地复垦不仅可以补充耕地,同时,对改造生态环境具有深远意义。

土地复垦的有关法律规定如下。

(一)土地复垦企业或个人对生产建设中破坏的土地所应尽的义务

(1)土地复垦实行"谁破坏、谁复垦"的原则。土地复垦费用可列入基本建设投资或生产成本。复垦后的土地由当地人民政府自然资源主管部门验收,要达到规定标准。同时,土地复垦中采取"谁复垦、谁受益"的政策,复垦土地者可优先取得土地使用权。没有条件复垦或者复垦不符合要求的应当缴纳土地复垦费,专项用于复垦,由当地自然资源主管部门统一组织复垦。对不履行土地复垦义务的要给予处罚。

(2)企业和个人对其破坏的其他单位使用的国有土地或者集体所有土地,除负责复垦外,还应向遭受损失的单位支付土地损失补偿费。土地损失补偿费分为耕地、林地和其他土地的损失补偿费。耕地损失补偿费是以实际造成减产前三年的年均产量为计算标准,由企业和个人按照各年造成的实际损失逐年支付相应的损失补偿费。如果由集体经济组织承包复垦其原有的土地,补偿年限应当按照合同规定的工期确定。其他土地的损失补偿费,可参照此原则确定。对地上附着物的损失补偿标准,则按照省级政府有关规定办理。

(二)土地复垦激励措施

土地复垦义务人将生产建设活动损毁的耕地、林地、牧草地等农用地复垦恢复为原用途的,凭验收合格确认书向所在地县级自然资源主管部门提出出具退还耕地占用税意见的申请。经审核属实的,县级自然资源主管部门应当在15日内向土地复垦义务人出具意见。土地复垦义务人凭自然资源主管部门出具的意见向有关部门申请办理退还耕地占用税手续。

由社会投资将历史遗留损毁和自然灾害损毁土地复垦为耕地的,对属于将非耕地复垦为耕地的,经验收合格并报省级自然资源主管部门复核同意后,可以作为本省、自治区、直辖市的补充耕地指标,市、县政府可以出资购买指标。

由县级以上地方人民政府投资将历史遗留损毁和自然灾害损毁的建设用地复垦为耕地的,经验收合格并报省级自然资源主管部门复核同意后,可以作为本省、自治区、直辖市的补充耕地指标。但使用新增建设用地有偿使用费复垦的耕地除外。属于农民集体所有的土地,复垦后应当交给农民集体使用。

(三)土地复垦的管理

土地复垦工作由各级人民政府自然资源主管部门负责管理,并监督检查本行政区域的土地复垦工作。土地复垦实行计划管理,土地复垦规划应与土地利用总体规划相协调。县级以上地方自然资源主管部门应当通过国土资源主干网等按年度将本行政区域内的土地损毁情况、土地复垦工作开展情况等逐级上报。上级自然资源主管部门对下级自然资源主管部门落实土地复垦法律法规情况、土地复垦义务履行情况、土地复垦效果等进行绩效评价。县级以上自然资源主管部门应当对土地复垦档案实行专门管理,将土地复垦方案、土地复垦资金使用监管协议、土地复垦验收有关材料和土地复垦项目计划书、土地复垦实施情况报告等资料和电子数据进行档案存储与管理。复垦后的土地权属和用途发生变更的,应当依法办理土地登记相关手续。

思考与分析题

1. 简述土地利用总体规划的审批权限。
2. 永久基本农田保护制度的主要内容有哪些?
3. 土地综合整治的主要内容有哪些?

第十二章　建设用地法律制度

学习目标

掌握建设用地的概念、特点,能够根据补偿费标准对征收的土地进行补偿计算;熟悉各级政府征收土地的审批权限和土地使用权划拨的范围,收回国有土地使用权的条件以及对闲置土地的相关处理;了解农村建设用地的使用范围和审批程序。

【学习导入】

建设用地管理制度包括建设用地的管理、定额、审批和许可等几方面的规定。为了保证“一要吃饭,二要建设”两者之间的用地需求,政府职能部门运用行政的、法律的、经济的和技术的综合手段,来配置协调各部门、各单位、各用地单元的用地关系。严格控制农业用地非农化是土地管理工作中的重要组成部分,要经过严格的审批程序。在土地利用总体规划中划定允许建设区、有条件建设区、限制建设区和禁止建设区,并确定规模边界、扩展边界和禁止建设用地边界,这些都为合理利用土地提供了指导方针。

第一节　建设用地概述

一、建设用地的概念

建设用地是指建造建筑物、构筑物的土地,包括城乡住宅和公共设施用地、工矿用地、交通水利设施用地、旅游用地、军事设施用地等,是付出一定投资(土地开发建设费用),通过工程手段,为各项建设提供的土地,是利用土地的承载能力或建筑空间,不以取得生物产品为主要目的的用地。建筑物一般指人们进行生产生活或其他活动的房屋或场所,如农业建筑、工业建筑、民用建筑和园林建筑等。而构筑物指人们一般不直接在内进行生产和生活的建筑,如堤坝、栈桥、囤仓、水培、蓄水池等。

建设用地按其性质可分为农业建设用地和非农业建设用地两大类;按其土地权属、建设内容不同,建设用地又分为国家建设用地、乡(镇)建设用地、外商投资企业用地和其他建设用地;按其工程投资和用地规模不同,建设用地还分为大型建设项目用地、中型建设项目用地和小型建设项目用地。

建设用地按土地的所有权又可划分为国有建设用地和农业集体所有建设用地。其中,国有建设用地包括城市市区的土地、铁路、公路、机场、国有企业、港口等国家所有土地中的建设用地,也包括原属于集体所有已征为国有的建设用地。农业集体所有建设用地包括农民宅基地、乡(镇)村公共设施、公益事业、乡村办企业使用农民集体所有土地中的建设用地部分。

二、建设用地的特点

建设用地利用的是土地的承载力、操作场地和空间,把土地作为生产、生活场所,土地不是直接参与生产的要素,其利用的结果是非生态性的附着物。与其他类型的土地相比,建设用地有以下几个特点:

(1)建设用地有非生态利用的特性。土地对于工程营造活动来说,发挥了地基和场所的作用。这一特点决定了在建设项目选址时,要考虑土地的非生态因素,土壤的肥沃度与建设用地选择没有关系。

(2)建设用地的可逆性差。一般来讲,将农用地变为建设用地较为容易,而一旦变成建设用地要再复垦变回农用地则较为困难。因此,将农用地转变为建设用地时要十分谨慎,充分论证,从严控制。

(3)建设用地对区位的选择性强。与农用地不一样,建设用地的区位选择性强,不是任何一块土地都可以作为建设用地的,除地质条件外,地理位置、交通条件、水源条件、矿产资源的分布等因素对建设用地的选择具有重要的影响作用。

(4)建设用地的土地利用价值高。一方面,一旦农用地或未利用土地变为建设用地,其地价往往会上涨很多,产生更高的经济效益;另一方面,建设用地能够通过不断的开发和再开发,能够不断地提高土地利用率和产出率。

三、建设用地取得的基本原则

(1)任何单位和个人进行建设,需要使用土地的,必须依法申请使用国有土地。

我国实行的是土地的社会主义公有制,即国家所有和农民集体所有两种所有制。按照《宪法》和法律的规定,城市市区的土地属于国家所有,同时,随着城市建设的需要,可以将原农民集体所有的土地,由县、市人民政府报省级以上人民政府批准后征为国家所有;农村和城市郊区的土地,除法律规定属于国家所有的外,属于农民集体所有。要求任何单位和个人进行建设必须依法申请使用国有土地,实际上是要求单位和个人申请使用土地利用总体规划确定的城市建设用地规模范围内的土地。如果这些土地原是农民集体所有土地,可由县、市人民政府报经省级以上人民政府批准后,统一征用为国家所有。

(2)农村集体经济组织使用本集体农民所有的土地兴办乡(镇)企业、安排村民的宅基地,可批准后直接使用,不需要将集体所有的土地由国家征用后再使用。

这些包括乡(镇)办企业使用本乡(镇)农民集体所有的土地,村办企业使用本村农民集体所有的土地,村民小组办企业使用本村民小组农民集体所有的土地,村民建住宅使用本乡、本村或者本村小组所有的土地等。但是,村民不能申请使用其他乡或村、村民小组所有的土地,城市居民也不能到农村申请使用农民集体所有土地建住宅。这些规定既保证了农民集体的土地所有权益,又有利于防止农民集体土地自发进入市场流动。

(3)乡(镇)村办公共设施和公益事业建设用地,如果是经依法批准使用农民集体所有的土地,也不要求由国家征用后再使用。

乡(镇)村公共设施包括乡村级道路、乡村级行政办公、农技推广、供水排水、电信、电力、邮电、公安等行政办公、文化科学、生产服务和公用事业设施;公益事业包括学校、幼儿园、托儿所、医院、敬老院等教育、医疗卫生设施。这些设施无论是使用本农民集体所有的土地,还是其他农民所有的土地,经过批准都是允许的,即乡(镇)公共设施和公益事业的建设可以使用村或村民小组农民集体所有的土地,村公共设施和公益事业建设可以使用村民小组或者其他村农民集体所有的土地。

四、建设用地管理的基本任务

(一)贯彻执行土地基本国策

通过对建设用地的科学管理,使"十分珍惜和合理利用每寸土地,切实保护耕地"的基本国策得到全面的贯彻执行,最大限度地节约用地,切实保护14亿多人口和子孙后代生存必需的耕地,缓解当前我国存在的尖锐的人地矛盾。

(二)科学合理地在国民经济各部门、各行业配置土地资源

以"一要吃饭,二要建设"为指针,在技术可靠、经济合理的条件下,找出一条使国民经济各部门、各行业都能得到正常协调发展的用地途径。在确保耕地总量动态平衡的基础上,保证工业发展、城市建设以及其他一切建设事业所必需的建设用地。

(三)深化土地使用制度改革,有计划、有步骤地推行建设用地有偿使用制度

除国家机关用地和军事用地、城市基础设施用地和公益事业用地,国家重点扶持的能源、交通、水利等基础设施用地及法律、行政法规规定的其他经县级以上人民政府批准,可以以划拨方式取得外,其他建设用地均应实行有偿使用,逐步建立和完善土地有偿使用制度。为城镇建设提供用地应尽量减少行政划拨,扩大有偿出让,同时要加强划拨土地使用权的流转管理,建立公平、公正、公开、依法管理的土地市场。逐步有计划地推行农村宅基地有偿使用和乡(镇)企业用地的有偿使用。通过有偿使用为经济建设积累资金,并促使土地使用者自觉地节约和合理利用土地。

(四)为依法用地做好服务工作

根据国家下达的用地计划指标、认真负责地依法办理国家建设、乡(镇)村建设用地的征用、拨用土地的审查、报批工作,并根据国家规定的方针政策和具体标准,组织有关部门共同做好被征地单位、群众的补偿和安置工作,协调有关部门,切实做好建设项目的用地管理和服务工作。

第二节 征收土地的程序

一、征收土地的概念

一般来说,一个国家的土地所有制都处于已确定的状态,而且比较稳定,要想改变这种关系,相当困难。有时,如果仅仅凭借市场经济的手段(如买卖),改变一个特定地块的土地所有权关系,可能难以实现。如果这一地块刚好是发展公共或公益事业所需的土地,这一困难的存在,会极大地妨碍公共或公益事业的发展。为了有效地避免这一情形的出现,建立土地转为公用的特殊取得制度并使其合法化即成为一种客观的需要。这种特殊的土地取得制度表现在法律上,就是土地征收制度。

在当今世界上,几乎所有国家的土地立法中,土地征收制度都是不可缺少的重要内容。但在不同的国家、不同的社会制度下,征收土地的概念及其法定含义是有区别的。在土地私有制国家,征收土地表现为一种强制购买权,只有在正常收买无法取得土地时才动用征收权。其特点为:①只有为了公共目的才可以征收,非公共目的不得动用征地权。②必须经过一定的程序,有的还需议会批准。③必须是政府投资或以政府投资为主,也有一些教会、学校等建设可以征收土地。④按市场价予以补偿。

在我国,土地征收是指国家依照法律规定的程序和条件,将集体所有的土地强制性转为国家所有的行为。要实行征收土地,必须具备以下几个条件:①征地是一种政府行为,是政府的专有权力,征收土地的主体必须是国家,其他任何单位和个人都没有征地权。②征收的土地只能是农民集体所有的土地。③征收土地必须依照法律规定的条件和程序获得批准。④征收土地必须依法对被征地单位进行补偿。造成劳动力剩余的应予以安置。⑤被征地单位必须服从,不得阻挠征地,被征收的土地所有权实现转移。⑥征地行为必须向社会公开,接受社会公众监督,增大征地的透明度。

二、我国征收土地的类型

为了公共利益的需要,有下列情形之一,确需征收农民集体所有的土地的,可以依法实施征收:①军事和外交需要用地的;②由政府组织实施的能源、交通、水利、通信、邮政等基础设施建设需要用地的;③由政府组织实施的科技、教育、文化、卫生、体育、生态环境和资源保护、防灾减灾、文物保护、社区综合服务、社会福利、市政公用、优抚安置、英烈保护等公共事业需要用地的;④由政府组织实施的扶贫搬迁、保障性安居工程建设需要用地的;⑤在土地利用总体规划确定的城镇建设用地范围内,经省级以上人民政府批准由县级以上地方人民政府组织实施的成片开发建设需要用地的;⑥法律规定为公共利益需要可以征收农民集体所有的土地的其他情形。按现行法律的规定,征收土地情况可以分为以下两类:

(1)城市建设用地区内建设用地的成批征收土地。城市建设用地区内建设用地是指按照土地利用总体规划划定的城市建设用地区的建设用地,这些土地由县、市人民政府按土地利用总体规划、土地利用年度计划确定的方案和指标批准征收和农地转用,而且必须实行由县、市人民政府统一征收、统一开发、统一供地的办法。

(2)城市建设区外建设项目用地的单独征收土地。这是指必须在城市建设用地区外使用国有建设用地的建设项目需要征收土地的情况。只有能源、交通、水利、矿山、军事设施等方面获得有关部门批准的建设项目,才可以在城市建设用地区外单独选址,单独征收土地。

三、征收土地的审批权限

根据《土地管理法》第四十六条规定,征收土地实行国务院和省级人民政府两级审批,取消以前市、县人民政府征收土地的审批权。

国务院批准征收土地的权限:(一)永久基本农田;(二)永久基本农田以外的耕地超过三十五公顷的;(三)其他土地超过七十公顷的。该规定以外的土地征收由省、自治区、直辖市人民政府批准。

征收农用地的,应当依照《土地管理法》的规定先行办理农用地转用审批。其中,经国务院批准农用地转用的,同时办理征地审批手续,不再另行办理征地审批;经省、自治区、直辖市人民政府在征地批准权限内批准农用地转用的,同时办理征地审批手续,不再另行办理征地审批。

四、征收土地的报批程序

征收集体所有土地不是一个简单的行政行为,任何建设项目征收土地都必须严格按照法定程序进行。根据《土地管理法》和《建设用地审查报批管理办法》的规定,国家建设征收土地的审批,按以下程序进行。

(一)建设项目用地的预申请和申请

(1)预申请。建设项目可行性研究论证时,建设单位应当向建设项目批准机关的同级土地行政主管部门提出建设用地预申请。受理预申请的土地行政主管部门应当依据土地利用总体规划和国家土地供应政策对建设项目的有关事项进行预审出具建设项目用地预审报告。

(2)申请。在土地利用总体规划确定的城市建设用地范围外单独选址的建设项目使用土地的,建设单位应当向土地所在地的市、县人民政府土地行政主管部门提出用地申请。建设单位提出用地申请时,应当填写建设用地申请表,并附具下列材料:①建设单位有关资质证明;②项目可行性研究报告批复或者其他有关批准文件;③土地行政主管部门出具的建设项目用地预审报告;④初步设计或者其他有关批准文件;⑤建设项目总平面布置图;⑥占用耕地的,必须提出补充耕地方案;⑦建设项目位于地质灾害易发区的,应当提供地质灾害危险性评估报告。

(二)拟订方案并上报

市、县人民政府土地行政主管部门对材料齐全、符合条件的建设用地申请,应当受理,并在收到申请之日起 30 日内拟订农用地转用方案、补充耕地方案、征收土地方案和供地方案,编制建设项目用地呈报说明书,经同级人民政府审核同意后,报上一级土地行政主管部门审查。

在土地利用总体规划确定的城市建设用地范围内,为实施城市规划占用土地的,由市、县人民政府土地行政主管部门拟订农用地转用方案、补充耕地方案和征收土地方案,编制建设项目用地呈报说明书,经同级人民政府审核同意后,报上一级土地行政主管部门审查。在土地利用总体规划确定的村庄和集镇建设用地范围内为实施村庄和集镇规划占用土地的,不用编制征收土地方案。

建设项目用地呈报说明书应当包括项目用地安排情况、拟使用土地情况等,并应附具下列材料:①经批准的市、县土地利用总体规划图和分幅土地利用现状图,占用基本农田的,还应当提供乡级土地利用总体规划图;②由建设单位提交的、有资格的单位出具的勘测定界图及勘测定界技术报告书;③地籍资料或者其他土地权属证明材料;④以有偿方式供地的,还应当提供草签的土地有偿使用合同及说明和有关文件;⑤为实施城市规划和村庄、集镇规划占用土地的,还应当提供城市规划图和村庄、集镇规划图。

《建设用地审查报批管理办法》第十条规定,农用地转用方案,应当包括占用农用地的种类、位置、面积、质量等。补充耕地方案,应当包括补充耕地或者补划基本农田的位置、面积、质量,补充的期限,资金落实情况等,并附具相应的图件。

农用地转用方案和补充耕地方案应符合下列条件:①符合土地利用总体规划;②确属必

需占用农用地且符合土地利用年度计划确定的控制指标;③占用耕地的,补充耕地方案符合土地整理开发专项规划且面积、质量符合规定要求;④单独办理农用地转用的,必须符合单独选址条件。

征地补偿安置方案应当包括征收范围、土地现状、征收目的、补偿方式和标准、安置对象、安置方式、社会保障等内容。征收土地方案应符合下列条件:①被征收土地界址、地类、面积清楚,权属无争议的;②被征收土地的补偿标准符合法律、法规规定的;③被征收土地上需要安置人员的安置途径切实可行。

建设项目施工和地质勘查需要临时使用农民集体所有的土地的,依法签订临时使用土地合同并支付临时使用土地补偿费,不得办理土地征收。

供地方案,应当包括供地方式、面积、用途、土地有偿使用费的标准、数额等。①符合国家的土地供应政策;②申请用地面积符合建设用地标准和集约用地的要求;③划拨方式供地的,符合法定的划拨用地条件;④以有偿使用方式供地的,供地的方式、年限、有偿使用费的标准、数额符合规定;⑤只占用国有未利用地的,必须符合规划、界址清楚、面积准确。

(三)审批

有关土地行政主管部门收到上报的建设项目呈报说明书和有关方案后,对材料齐全、符合条件的,应当在5日内报经同级人民政府审核。同级人民政府审核同意后,逐级上报有批准权的人民政府,并将审查所需的材料及时送该级土地行政主管部门审查。

对依法应由国务院批准的建设项目呈报说明书和有关方案,省、自治区、直辖市人民政府必须提出明确的审查意见,并对报送材料的真实性、合法性负责。

省、自治区、直辖市人民政府批准农用地转用、国务院批准征收土地的,省、自治区、直辖市人民政府批准农用地转用方案后,应当将批准文件和下级土地行政主管部门上报的材料一并上报。

有批准权的人民政府土地行政主管部门应当自收到上报的农用地转用方案、补充耕地方案、征收土地方案和供地方案并按规定征求有关方面意见后30日内审查完毕。建设用地审查应当实行土地行政主管部门内部会审制度。

农用地转用方案、补充耕地方案、征收土地方案和供地方案经有批准权的人民政府批准后,同级土地行政主管部门应当在收到批件后5日内将批复发出。未按规定缴纳新增建设用地土地有偿使用费的,不予批准建设用地。

(四)组织实施并公告

对为实施城市规划占用土地的,经依法批准后,市、县人民政府自然资源主管部门应公布规划要求,设定使用条件,确定使用方式,并组织实施。

经批准的农用地转用方案、补充耕地方案、征收土地方案和供地方案,由土地所在地的市、县人民政府组织实施。

建设项目补充耕地方案经批准下达后,在土地利用总体规划确定的城市建设用地范围外单独选址的建设项目,由市、县人民政府土地行政主管部门负责监督落实;在土地利用总体规划确定的城市和村庄、集镇建设用地范围内,为实施城市规划和村庄、集镇规划占用土地的,由省、自治区、直辖市人民政府土地行政主管部门负责监督落实。

征收土地方案经批准后,市、县人民政府应当在被征收土地所在地的乡(镇)范围内予以公告。公告内容应包括批准征地机关,批准文号,征收土地用途、范围、面积以及征地补偿标准,人员安置办法和办理征地补偿的期限等。

被征收土地的所有权人、使用权人应当在公告规定的期限内,持土地权属证书到公告指定的政府自然资源主管部门办理征地补偿登记。

(五)征地补偿、安置方案的拟订、报批和实施

公告期满,市、县人民政府土地行政主管部门根据经批准的征收土地方案,会同有关部门拟订征地补偿、安置方案,在被征收土地所在地的乡(镇)、村予以公告,听取被征收土地的农村集体经济组织和农民的意见。征地补偿、安置方案报市、县人民政府批准后,由市、县人民政府土地行政主管部门组织实施。对补偿标准有争议的,由县级以上地方人民政府协调;协调不成的,由批准征收土地的人民政府裁决。

(六)颁发证书,办理土地登记

以有偿使用方式提供国有土地使用权的,由市、县人民政府土地行政主管部门与土地使用者签订土地有偿使用合同,并向建设单位颁发《建设用地批准书》。土地使用者缴纳土地有偿使用费后,依照规定办理土地登记。

以划拨方式提供国有土地使用权的,由市、县人民政府土地行政主管部门向建设单位颁发《国有土地划拨决定书》和《建设用地批准书》,依照规定办理土地登记。《国有土地划拨决定书》应当包括划拨土地面积、土地用途、土地使用条件等内容。建设项目施工期间,建设单位应当将《建设用地批准书》公示于施工现场。市、县人民政府土地行政主管部门应当将提供国有土地的情况定期予以公布。

五、农用地转用审批与征收土地审批之间的关系

由于《土地管理法》规定的农用地转用和土地征收的审批权限的内容和形式不同,因而存在着两个审批权限的衔接问题。征收农用地的,应当首先依照《土地管理法》规定办理农用地转用审批,有两种情况:经国务院批准农用地转用的,同时办理征地审批手续,不再另行办理征地审批;经省、自治区、直辖市人民政府在征地批准权限内批准农用地转用的,同时办理征地审批手续。但是,超过了省级人民政府征地批准权限的,即属于国务院征地批准权限范围内的,则应依照《土地管理法》规定向国务院申请办理征地审批。

农用地转用审批与征收土地审批之间的衔接关系具体可以这样理解:

(1)农用地转用和征收土地的审批权同属于国务院的,由国务院同时审批。

(2)农用地转用审批权属于国务院,而征收土地审批权属于省政府的,一并由国务院审批农用地转用和土地征收。

(3)农用地转用和征收土地的审批权同属于省政府的,由省政府同时审批。

(4)农用地转用审批权属于省政府,而征收土地审批权属于国务院的,先由省政府审批农用地转用后,再报国务院审批土地征收。

第三节　征收土地的补偿和安置

征收土地应当给予公平、合理的补偿,保障被征地农民原有生活水平不降低、长远生计有保障。根据《民法典》第二百四十三条规定:征收集体所有的土地。应当依法及时足额支付土地补偿费、安置补助费以及农村村民住宅、其他地上附着物和青苗等的补偿费用,并安

排被征地农民的社会保障费用,保障被征地农民的生活。维护被征地农民的合法权益。征收土地应当依法及时足额支付土地补偿费、安置补助费以及农村村民住宅、其他地上附着物和青苗等的补偿费用,并安排被征地农民的社会保障费用。

征收农用地以外的其他土地、地上附着物和青苗等的补偿标准,由省、自治区、直辖市制定。对其中的农村村民住宅,应当按照先补偿后搬迁、居住条件有改善的原则,尊重农村村民意愿,采取重新安排宅基地建房、提供安置房或者货币补偿等方式给予公平、合理的补偿,并对因征收造成的搬迁、临时安置等费用予以补偿,保障农村村民居住的权利和合法的住房财产权益。

一、征收土地补偿的范围

国家建设征收土地时,需要对被征收土地而遭受损失的相关单位和个人进行补偿。对被征收土地的补偿费用包括:

(1)土地补偿费。这是指由用地单位依法对被征地的农村集体经济组织因其土地被占用造成经济损失而支付的一种经济补偿。它包括两种:耕地补偿费和其他土地补偿费。

(2)青苗补偿费。这是指由用地单位对被征收土地上的青苗因征地受到毁损,向种植该青苗的单位和个人支付的一种补偿费用。

(3)地上附着物补偿费。这是对被征收土地上的附着物因征地被毁损而向该物的所有人支付的一种补偿费用。地上附着物是指除青苗以外依附于被征收土地上附着物品,这些物品不能移动,或者一经移动而失去其原有效用。例如:被征收土地上的房屋、其他设施、一般林木等。

(4)安置补助费。所谓安置补助费,是指用地单位对被征地单位安置因征地所造成的富余劳动力而支付的补助金额。

(5)社会保障费。社会保障费主要用于符合条件的被征地农民的养老保险等社会保险缴费补贴,按照省、自治区、直辖市的规定单独列支。

申请征收土地的县级以上地方人民政府应当及时落实土地补偿费、安置补助费、农村村民住宅以及其他地上附着物和青苗等的补偿费用、社会保障费用等,并保证足额到位,专款专用。有关费用未足额到位的,不得批准征收土地。

二、征收土地补偿的原则

(1)征地支付的费用是补偿或补助性质的,而不是地价,不能根据土地使用权出让价格核定征地补偿标准。

(2)征地补偿和安置补助的原则是保证被征地农民的生活水平不因征收土地而降低。依照规定支付土地补偿费和安置补助费,尚不能使需要安置的农民保持原有生活水平的,经省级人民政府批准,可以增加安置补助费。

(3)按照被征收土地的原有用途予以补偿。被征收土地的原有用途不同,确定的土地补偿费用额也不同。

(4)依照法定标准进行补偿。国务院根据社会、经济发展水平,可以调整征收耕地的土地补偿费和安置补助费标准。

三、征收土地的补偿费标准

征收农用地的土地补偿费、安置补助费标准由省、自治区、直辖市通过制定公布区片综合地价确定。制定区片综合地价应当综合考虑土地原用途、土地资源条件、土地产值、土地区位、土地供求关系、人口以及经济社会发展水平等因素,并至少每三年调整或者重新公布一次。

征收农用地以外的其他土地、地上附着物和青苗等的补偿标准,由省、自治区、直辖市制定。对其中的农村村民住宅,应当按照先补偿后搬迁、居住条件有改善的原则,尊重农村村民意愿,采取重新安排宅基地建房、提供安置房或者货币补偿等方式给予公平、合理的补偿,并对因征收造成的搬迁、临时安置等费用予以补偿,保障农村村民居住的权利和合法的住房财产权益。

县级以上地方人民政府应当将被征地农民纳入相应的养老等社会保障体系。社会保障费用主要用于符合条件的被征地农民的养老保险等社会保险缴费补贴。社会保障费用的筹集、管理和使用办法,由省、自治区、直辖市制定。

(一)土地补偿费的标准

(1)耕地补偿费的标准。按照耕地年度值计算,征收耕地(包括菜地)的补偿标准根据该耕地被征收前 3 年平均年产值计算。

(2)其他土地补偿费的标准。征收难以用统一的年产值法计算的其他土地的补偿费标准,省、自治区、直辖市参照征收耕地的补偿费的标准,结合当地实际情况具体规定。

(二)青苗和地上附着物的补偿标准

被征收土地的在拟定征地协议以前已种植的青苗和已有的地上附着物也应当酌情给予补偿。但是,在征地方案协商签订以后抢种的青苗、抢建的地上附着物,一律不予补偿。

(1)青苗补偿费标准。在征收前土地上长有的青苗,因征地施工被毁掉的,应由用地单位按照在田作物一季产量、产值计算,给予补偿。具体补偿标准,应根据当地实际情况而定。

(2)地上附着物补偿费标准。根据"拆什么,补什么;拆多少,补多少;不低于原来水平"的原则补偿。在地上附着物补偿中,最常见且难办的是对房屋拆迁的补偿。对所拆迁的房屋,按房屋原有建筑物的结构类型和建筑面积的大小给予合理的补偿。补偿标准按当地现行价格分别制定。农村集体经济组织财产被拆迁的,由用地单位按原标准支付适当的拆迁补偿费,需要拆除的,按其使用年限折旧后的余值,由用地单位支付补偿费。但是,拆除违法占地建筑和超出批准使用期限的临时建筑,不予补偿。

(三)安置补助费的标准

(1)征收耕地的安置补助费标准。安置补助费的标准,以耕地年产值为基础,按人口补助。征收耕地的安置补助费,按照需要安置的农业人口数计算。需要安置的农业人口数,按照被征收的耕地数量除以征地前被征收单位平均每人占有耕地的数量计算。

(2)征收其他土地的安置补助费标准。征收园地、鱼塘、藕塘、林地、牧场、草原等耕地以外的其他土地,其安置补助费标准,由省、自治区、直辖市参照征收耕地的安置补助费的标准,并结合当地情况统一规定具体标准。

在确定安置补助费时,被征地单位要有准确的应该享受安置补助费的人口数字。为此,我国土地法规规定,人口数必须按农业人口计算,非农业人口不在计算之中;必须是拟议征地前居住的人口,拟议征地后迁入的户口不包括在内。这是针对在确定安置补助费过程中,时常发生被征地单位虚报、多报人口和在征地过程中临时迁入户口的非正常现象而制定的。

土地被征用前3年平均年产值的确定按当地统计部门审定的最基层单位统计年报和经物价部门认可的单价为准。按规定支付的土地补偿费、安置补助费尚不能使需要安置的农民保持原有生活水平的,可增加安置补助费。从新的《土地管理法》的相关规定可知,删除了征地补偿30倍的上限和按照土地原用途进行补偿的规定。上述两条款的删除,极大地提高了集体土地征收补偿,保证了农民原有的生活水平能够得到改善,同时长远的生计有了保障,维护了被征地农民的合法权益。

第四节　国家建设用地土地使用权划拨

一、划拨建设用地的概念

土地使用权划拨,是指县级以上人民政府依法批准,在土地使用者缴纳补偿、安置等费用后将该幅土地交付其使用,或者将土地使用权无偿交付给土地使用者使用的行为。依照规定以划拨方式取得土地使用权的,除法律、行政法规另有规定外,没有使用期限的限制。

在计划体制下,我国一直沿袭使用这种做法。目前,对国家建设而言,虽然已经实行了城镇国有土地使用权的出让与转让,但是划拨仍然是取得国有建设用地的重要方式之一。

划拨的土地必须是已经转为建设用地的国有土地,而不是国有农用地或未利用土地,更不是农民集体所有的土地。当然,国有其他土地或者集体所有土地,可以依法转为国有建设用地。土地使用者以无偿的方式取得土地使用权,但需要支付给原土地使用者拆迁安置及各项补偿费用。并不是所有国家建设项目都可以划拨方式取得土地使用权,以划拨方式取得土地使用权的单位必须符合法律规定的条件。以划拨方式取得的国有土地使用权,对其使用没有期限限制,除非国家为了公共利益和实施城市规划进行旧城区改造的需要而依法收回。

划拨国有土地使用权虽有不少弊病或者局限性,但在目前情况下完全以出让等有偿方式代替行政划拨,条件尚不具备。即使今后具备了有偿出让条件,但对依靠国家财政拨款的行政机关和事业单位以及国家重点建设项目的用地,也还需要采用行政划拨取得土地使用权。

二、土地使用权划拨的法律特征

土地使用权划拨作为一种特殊的土地资源配置方式,具有以下法律特征:

(1)土地使用权划拨,即国家以法定程序和条件将土地确定给申请用地者使用的一种法律行为。土地划拨后,土地使用权由用地者行使,但土地所有权仍属于国家。

(2)土地使用权划拨是一种政府行政行为,非民事行为。土地使用权划拨无须划拨双方协商,土地使用者只要经过法定的程序,即可获得土地使用权。

(3)土地使用权划拨具有无偿性。由于土地使用权划拨是一种行政行为,不是平等的主体之间进行的商品交换行为,土地使用者无须向国家缴纳使用费。

(4)土地使用权划拨是一种限定条件的资源分配,一般不得转让、出租和抵押,在土地使用者因客观原因不需要使用土地或不按批准用途使用土地时,国家有权注销土地使用证,收回土地使用证。

三、土地使用权划拨的形式和使用的范围

(一)土地使用权划拨的两种形式

(1)国家建设使用国有荒山、荒地及其他单位或个人使用的国有土地的划拨。国家建设使用国有荒山、荒地以及其他单位使用的国有土地的,按照国家建设征用土地的程序和批准权限批准后划拨。经划拨使用其他单位或个人已经使用的国有土地的,原土地使用者因此受到损失的,由建设单位依法给予适当的补偿。原用地者需要搬迁的,建设单位负责搬迁。属公民个人拆迁的,建设单位应依照国家有关规定给予房价补偿或房屋安置。

(2)国家建设使用农民集体所有的土地由国家依法征用,将集体土地变为国有土地后再划拨给建设用地单位使用。

(二)土地使用权划拨的范围

建设单位使用国有土地,应当以出让等有偿使用方式取得;但是,下列建设用地,经县级以上人民政府依法批准,可以以划拨方式取得:

(1)国家机关用地。包括国家权力机关、国家行政机关、国家审判机关、国家军事机关。

(2)军事用地。是指军事设施用地,包括指挥机关、地面和地下的指挥工程及作战工程;军用机场、港口、码头、营区、训练场、试验场;军用洞库、仓库;军用通信、侦察、导航、观测台站和测量、导航标志;军用公路、铁路专用线、军用通信线路等输电、输油、输气管线;其他军事设施。

(3)城市基础设施用地。是指城市给水、排水、污水处理、供电、通信、煤气、热力、道路、桥涵、市内公共交通、园林绿化、环境卫生、消防、路标、路灯等设施用地。

(4)公益事业用地。是指各类学校、医院、体育场馆、图书馆、文化馆、幼儿园、托儿所、敬老院、防疫站等文体、卫生、教育、福利事业用地。

(5)国家重点扶持的能源、交通、水利等项目用地。是指中央投资、中央和地方共同投资,以及国家采取各种优惠政策重点扶持的煤炭、石油、天然气、电力等能源项目,铁路、公路、港口、机场等交通项目,水库、防洪、江河治理等水利项目用地。

(6)其他项目用地。是指法律和法规明确规定可以采用划拨方式供地的其他项目用地。

需要说明的是,不是所有上述项目都一律采用划拨方式供地,而只是这些项目中政府认为应当予以扶持,并给予政策上优惠的经过批准后可以采用划拨方式提供土地使用权的建设项目。

四、划拨建设用地用途的改变

划拨建设用地用途的改变,是指建设单位以划拨方式取得国有建设用地的使用权后,在使用土地的过程中,经原批准用地的人民政府批准改变原批准的土地用途。

在使用土地的过程中,确需改变原批准的土地用途的,应当依照法定程序办理审批手续。根据《土地管理法》第五十六条规定,建设单位使用国有土地的,应当按照土地使用权

出让等有偿使用合同的约定或者土地使用权划拨批准文件的规定使用土地;确需改变该幅土地建设用途的,应当经有关人民政府自然资源主管部门同意,报原批准用地的人民政府批准。其中,在城市规划区内改变土地用途的,在报批前,应当先经有关城市规划行政主管部门同意。据此规定,结合实践,建设单位改变原批准的土地用途的程序如下。

(一)申请

建设单位需要改变土地用途的,应当向该土地所在地的县级以上人民政府土地行政主管部门提出申请。申请书内容包括:

(1)申请单位的名称、地址及其法定代表人姓名、职务。

(2)需要改变的用途。

(3)需要改变用途的土地面积。

(4)改变用途的理由或者原因。

(5)原批准文件所确定的土地用途和该文件文号。

(6)其他规定的事项。如改变土地用途的可行性报告,建设项目环境影响报告书,原批准文件(复印件)等。其中,在城市规划区内改变土地用途的,还应当提供城市规划行政主管部门的批准文件。

(二)审核

受理申请的土地行政主管部门不是原批准用地的人民政府自然资源主管部门的,再依照规定提出初步意见后,应当将申请书及有关材料逐级上报原批准用地的人民政府自然资源主管部门。原批准用地的人民政府土地行政主管部门接到转报的申请后,应当及时进行审查,提出审核意见。经审查同意的,报本级(原批准)政府批准。

(三)批准

原批准用地的人民政府应当根据土地利用总体规划、用地规划和计划及有关政策等,进行审查。经审查符合规定条件的,予以批准,核发批准文件。否则,不予批准。

通过上述审批程序后,建设单位可按照新批准的土地用途使用土地,并应办理相应的变更登记手续。

第五节　国有土地使用权的收回及闲置土地的处理

一、国有土地使用权的收回含义及特征

国有土地使用权的收回是指当出现某种法律事实时,原批准用地的人民政府自然资源主管部门经批准后依法收回用地单位或者个人使用的国有土地使用权。国有土地使用权的收回具有以下特征:

(1)它既是国有土地所有者行使土地所有权的一种行为,也是国家行使社会管理职能的行政行为。收回国有土地使用权的权利由县级以上人民政府及其自然资源主管部门代表国家具体行使。在收回土地使用权过程中,人民政府及其自然资源主管部门与被收回的用地者之间是以命令和服从为主要特征的行政关系。国家依法收回土地使用权无须征得用地者的同意,用地者必须交回土地使用权。拒不交回土地使用权的,有关人民政府及其自然资

源主管部门有权依法强制执行。

(2)其适用的对象是国有土地使用权,而不是农村集体所有土地使用权。土地使用者不管是以划拨还是以出让等方式取得国有土地使用权,只要符合收回的条件,国家都可以依法收回。

(3)其适用的条件是出现特定的法律事实或者原因。如果没有出现法律规订的某种事实或原因,不能收回土地使用权;否则,违法收回应承担其法律责任。

(4)在程序上必须经过法定的人民政府批推。只有经过法律规定的原批准用地的人民政府批准,才能收回土地使用权;未经批准的,不得收回土地使用权。

(5)收回产生的法律后果是终止国有土地使用权。通过收回行为,国有土地使用权发生了转移,即由原用地者重新转归为国家享有。收回时,原土地使用者不仅对该土地不再享有使用权,而且其地上建筑物、构筑物和其他附着物也随着土地使用权终止而由国家取得,但在某些情况下应予以必要补偿。

二、收回国有土地使用权的条件

根据《土地管理法》第五十八条规定,有下列情形之一的,经依法批准,可以收回国有土地使用权:

(1)为公共利益需要使用土地的。其包括城市基础设施、公益事业建设,国家重点扶持的能源、交通、水利、矿山、军事设施等建设需要使用土地的。为公共利益需要使用土地的,无论是划拨土地还是出让未到期的土地,经过政府批准都可以行使国有土地收回权。

(2)为实施城市规划进行旧城区改建,需要调整用地的。城市国有土地使用权是城市旧城改造中遇到的难题。实际上,旧城改造中不是将土地使用权收回,而是要对土地使用权进行重新调整。当然,由于旧城改造后公共设施的面积增加,而相对原土地使用者使用土地的数量就要减少,甚至有一些还需外迁。

(3)土地出让等有偿使用合同约定的使用期限届满,土地使用者未申请续期或者申请续期未获批准的。《房地产管理法》规定:土地使用权出让合同约定的使用年限届满,土地使用者需要继续使用土地的,应当至迟于届满前一年申请续期,除根据社会公共的利益需要收回该幅土地的,应当予以批准。经批准后,重新签订土地使用权出让合同,交付出让价款,并办理登记手续。土地使用权出让合同约定的使用年限届满,土地使用者未申请续期或者虽申请续期但依照前款规定未获批准的,土地使用权由国家无偿收回。

(4)因单位撤销、迁移等原因,停止使用原划拨的国有土地。根据法律规定,国有划拨土地不得出租、转让等,只能供批准的用地单位按批准的用途使用,如果单位撤销或迁移不再需要使用,则应交回国家。此外,如果单位规模缩小,不需要使用原有部分面积的土地,对于不需要使用的那部分国有土地,国家也可以收回。

(5)公路、铁路、机场、矿场等经核准报废的,国家应当收回这部分土地,改作他用。

此外,法律还规定了一些处罚性收回土地使用权的情况:①以出让方式取得土地使用权进行房地产开发的,必须按照土地使用权出让合同约定的土地用途、动工开发期限开发土地。超过出让合同约定的动工开发日期满一年未动工开发的,可以征收相当于土地使用权出让金百分之二十以下的土地闲置费;满二年未动工开发的,可以无偿收回土地使用权;但是,因不可抗力或者政府、政府有关部门的行为或者动工开发必需的前期工作造成动工开发迟延的除外。②国有土地使用者不按照批准的用途使用土地的,由县级以上地方人民政府自然资源主管部门按土地违法行为处罚程序责令交还国有土地。

三、收回国有土地使用权的程序

土地出让等有偿使用合同约定的使用期限届满,直接按合同规定收回。此外,其他都应由负责收回的部门提出收回国有土地使用权的具体方案,经审批同意后收回。

(一)审批

收回国有土地使用权,由原批准用地的人民政府自然资源主管部门报经本级人民政府批准。由于原土地的用途、性质和原批准用地的途径、方式不同,收回不同情况的国有土地使用权的批准权限也不相同,应根据《土地管理法》建设用地审批权限的有关规定执行。例如:单独批准收回土地使用权的,由自然资源主管部门提出收回方案,报原批准用地的机关批准;为公共利益等建设项目用地收回的,应当在报批建设项目用地的同时,报送收回国有土地使用权的方案,有批准权的人民政府自然资源主管部门接到上报的收回用地意见和方案后,应进行审核,提出审查意见,报该级人民政府审批。

(二)实施

经依法批准后,土地所在地县、市人民政府自然资源主管部门应当组织实施收回工作,落实收回实施方案,并收回国有土地使用证,予以登记注销。在实施过程中,对于需要给予安置、补偿的,应当按照规定对原土地使用者进行适当的安置、补偿。

四、收回国有土地使用权的补偿

根据《土地管理法》第五十八条规定,收回国有土地使用权时,为实施城市规划进行旧城区改建以及其他公共利益需要,收回国有土地使用权的,对土地使用权人应当给予适当补偿。

收回国有土地使用权的补偿数额,因原土地使用者取得使用权的方式和遭受的损失大小不同而异。对于以划拨方式取得土地使用权的,国家在收回使用权时,按照《土地管理法》和有关城市建设房屋拆迁规定,一般对原使用者在该土地上的建筑物、构筑物及地上附着物按一定标准计算补偿,并妥善安置。对于以出让等方式取得土地使用权的,国家在合同期未满收回给予的补偿,是根据土地使用者已经使用的年限和开发、利用的实际情况确定的,所以这种补偿额往往要比收回划拨土地的补偿额高。

收回补偿费和有关安置事宜,则由后续建设单位负责承担。

五、闲置土地的处理

(一)闲置土地的范围

闲置土地是指土地使用者依法取得土地使用权后,未经原批准用地的人民政府同意,超过规定的期限未动工开发建设的建设用地。

下列情形也可认定为闲置土地:

(1)国有土地有偿使用合同或者建设用地批准书未规定动工开发建设日期,自国有土地有偿使用合同生效或者自然资源主管部门建设用地批准书颁发之日起满1年未动工开发建设的。

(2)已动工开发建设但开发建设的面积占应动工开发建设总面积不足1/3或者已投资额占总投资额不足25%,且未经批准终止开发建设连续满1年的。

(3)法律、行政法规规定的其他情形。

(二)闲置土地的处置程序

市、县人民政府自然资源主管部门对其认定的闲置土地,应通知土地使用者拟订该宗土地的处置方案,闲置土地已依法设立抵押权的,还应通知抵押权人参与处置方案的拟定工作。处置方案经原批准用地的人民政府批准后,由市、县人民政府自然资源主管部门组织实施。

市、县人民政府自然资源主管部门对依法收回的闲置土地,应当重新明确用途、设定使用条件、确定供地方式,并向社会公告。

闲置土地依法处置后土地权属和土地用途发生变化的,应当依照有关规定办理土地变更登记,重新核发土地证书。

(三)闲置土地的处置方式

处置时,要本着维护国家、社会利益和提高土地利用效率的原则,也要尊重和考虑土地使用权人的实际情况,选择适当的处置方式。实践中,可依法采取以下处置方式:

(1)延长开发建设时间,但最长不得超过1年。

(2)改变土地用途,办理有关手续后继续开发建设。

(3)安排临时使用,等原项目开发建设条件具备后,重新批准开发。土地增值的,由政府收取增值地价。

(4)政府为土地使用者置换其他等价闲置土地或者对现有建设用地进行开发建设。

(5)政府采取招标、拍卖等方式确定新的土地使用者,对原建设项目继续开发建设,并对原土地使用者给予补偿。

(6)土地使用者与政府签订土地使用权交还协议等文书,将土地使用权交还给政府。原土地使用者需要使用土地时,政府应当依照土地使用权交还协议等文书的约定供应与其交还土地等价的土地。

对因政府、政府有关部门行为造成的闲置土地,土地使用者支付部分土地有偿使用费或者征地费的,除选择以上规定的方式外,可以按照实际交款额占应交款额的比例折算,确定相应土地给原土地使用者使用,其余部分由政府收回。

(四)收回的国有闲置土地的利用

市、县人民政府自然资源主管部门应当根据本行政区域内闲置土地的状况,依据土地利用总体规划、土地利用年度计划及各项建设对土地的需求,优先使用闲置土地。

建设用地能使用闲置土地的,必须使用闲置土地,不得批准占用农用地。对闲置土地利用达到规定标准的地区,应当核减其下一年度农用地转用计划指标。

收回的国有闲置土地,应当采取以下方式利用:

(1)在土地利用总体规划确定的城市建设用地区内,应按照土地利用总体规划和城市规划确定的用途安排建设项目或者其他临时用途;近期无法安排建设项目,耕种条件未被破坏的,可组织耕种,不适宜耕种的,可采取绿地等方式作为政府土地储备。

(2)规划用途为农用地,耕种条件未被破坏的,应当恢复耕种;不适宜耕种的,应当改为其他农用地。

第六节 农村集体建设用地管理概述

一、农村集体建设用地的概念

所谓农村集体建设用地,是指农民集体所有的用于建造建筑物、构筑物的土地,包括原有的建设用地和经批准办理农用地转用手续的农用地。从地域范围来讲,农村集体建设用地是城镇以外广大农村和集镇范围的建设占用土地的总和。通常所说的农村集体建设用地是指农村非农业建设用地。《土地管理法》"建设用地"中所称乡(镇)村建设也指非农业建设。其特征为:

(1)乡(镇)村建设所占有的土地为农民集体所有。乡(镇)村建设用地属于农民集体所有,在一般情况下,其所有权和使用权是相分离的。乡(镇)村企业对其建设用地只有使用权,没有所有权;农村居民住宅用地的所有权,归农民集体所有,各农村的居民只有使用权,没有所有权。

(2)乡(镇)村建设用地的所有权与地上建筑物和其他设施的所有权一般也是分离的。

(3)用地规模一般较小,但分布广、总数大。

二、农村集体建设用地的使用范围

按照《土地管理法》第四十三条规定,有三种情况均可以使用农民集体所有的建设用地。

(1)兴办乡(镇)、村企业使用本集体的土地。乡(镇)办企业、村办企业、村民组办企业、个人办企业均可使用所在农民集体组织的土地,而不允许使用其他集体所有的土地。但是农民集体组织用本集体所有土地与其他单位或个人以土地使用权入股、联营等形式共同举办企业的,视为使用本农民集体所有土地,是允许的。

(2)村民建住宅使用集体的土地。一般情况下,城镇居民使用农民集体土地或农民建住宅使用其他集体所有的土地是不被允许的。

(3)乡(镇)村公共设施和公益事业建设使用农民集体的土地。其包括农村道路、水利设施、学校、通信、医疗卫生、敬老院、幼儿园、村委会办公室,不管是使用本集体所有的土地,还是其他集体的土地都是允许的。主要考虑一些道路、水利设施及学校等,在本集体土地内无法安排,需要使用其他村民小组土地的实际情况。因此,法律不能限制此类项目使用非本集体的土地。

如果乡(镇)企业建设因本集体经济组织内无法安排,可以申请使用国有建设用地;按国有建设用地的规定办理。

三、农村集体建设用地的使用原则

乡(镇)企业、乡(镇)村公共设施、公益事业和农村村民建住宅,使用农民集体所有的建设用地都必须遵循以下原则:

(1)必须是乡(镇)企业、乡(镇)村公共设施、公益事业、农村村民住宅等乡(镇)村建设项目,方可使用农村集体建设用地。

(2)必须符合乡(镇)土地利用总体规划和土地利用年度计划。乡(镇)土地利用规划是集镇、村庄建设用地的最高原则,一切建设都必须服从,对没有农用地计划指标或超过农用地转用计划指标的,不得批准新增建设用地。

(3)必须依法取得县级以上人民政府批准。不论是乡(镇)企业、公共设施、公益事业还是农民宅基地都必须依法取得批准;否则都被视为非法占地,必须依法处理。如果涉及占用农用地,必须依法办理农用地转用审批手续。

(4)建设占地与农村土地整理挂钩,严格控制占用耕地。原则上,农村建设用地的规模不得再扩大,如需扩大规模或占用耕地,必须对农村土地进行整理,增加耕地有效面积。

(5)农民集体所有的土地的使用权不得出让、转让或者出租用于非农业建设,但是,符合土地利用总体规划并依法取得建设用地的企业,因破产、兼并等情形致使土地使用权必须转移的,应当严格依法办理审批手续。

四、农村集体建设用地管理

农村集体建设用地管理是指国家依法对乡(镇)村建设使用土地实施的规划、审批、监督等行政行为。其主要特征为:

(1)农村集体建设用地管理是一种行政行为,其形成的法律关系属于土地行政法律关系,而不属于土地民事法律关系。农村集体建设用地管理中,各级政府及其自然资源主管部门同农村集体经济组织及集体土地使用者的权利义务是不对等的,两者之间是管理者与被管理者、命令与服从的关系。集体土地的所有者和使用者应当执行各级政府及其自然资源主管部门做出的土地行政行为,不得无故拒绝;对于拒不执行的,做出具体行政行为的部门可以依法强制执行,迫使义务人履行土地行政行为所确定的义务。

(2)农村集体建设用地依法实行分级管理。县级人民政府及其自然资源主管部门是行使管理职能的最重要的责任者。乡(镇)村各级集体经济组织仅作为集体土地所有权主体的代表,行使经营管理权,它不能代行行政管理的职能。

(3)农村集体建设用地管理的对象是乡(镇)村建设用地。农村集体建设用地管理,既不是对国家建设用地的管理,也不是对农村集体土地所有权的管理,而是对农村集体土地的用途管制。这是农村集体建设用地管理同国家建设用地管理的主要区别所在。

(4)农村集体建设用地管理的核心内容是集体土地建设用地使用权的管理,主要包括农村集体建设用地使用权的权属管理、用地规划和布局、用地标准及审批以及土地违法查处等。

农村集体经济组织使用乡(镇)土地利用总体规划确定的建设用地兴办企业或者与其他单位、个人以土地使用权入股、联营等形式共同举办企业的,应当持有关批准文件,向县级以上地方人民政府自然资源主管部门提出申请,按照省、自治区、直辖市规定的批准权限,由县级以上地方人民政府批准。兴办企业的建设用地,必须严格控制。省、自治区、直辖市可以按照乡镇企业的不同行业和经营规模,分别规定用地标准。

乡(镇)村公共设施、公益事业建设,需要使用土地的,经乡(镇)人民政府审核,向县级以上地方人民政府自然资源主管部门提出申请,按照省、自治区、直辖市规定的批准权限,由县级以上地方人民政府批准。

建设用地中涉及占用农用地的,依照规定办理审批手续。

第七节 农村集体建设用地的审批

农村集体建设用地审批,是土地管理法规定必须履行的工作,是确保农村集体建设用地依法、合理利用的重要环节。它是指用地单位或个人提出用地申请后,土地行政主管部门按一定的程序和要求,对农村集体建设用地的地址、面积、地类、补偿及用地依据等进行审核把关,并报请有权对农村建设用地审批的人民政府批准。依法批准后,用地是合法的,受法律保护;未经批准用地或擅自审批用地都是违法的,而且对其违法行为者还将追究责任。

一、乡(镇)村企业建设用地的审批程序

(一)预申请

申请人持县级以上人民政府批准的设计任务书或其他文件,向土地所在地的县级以上人民政府土地管理部门提出用地申请。土地管理部门根据有关用地计划控制指标,会同城建、规划、环保等部门,依据经批准的乡(镇)村建设规划确定适宜用地。

(二)正式申请

用地单位向土地管理部门提出正式申请,填写建设用地申请表。表中应写明:①申请者的名称、地址和所属单位;②建设项目的种类;③申请用地的面积、种类(原宅基地、荒地、空闲地、耕地或者农用地等)及选址意向;④其他有关事项。

在申请的同时,申请者还应向土地管理部门提交下列文件:①经批准的建设项目设计任务书或其他批准文件;②县级建设行政主管部门出具的选址意见书;③建设项目总平面布置图和地理位置图;④建设项目资金来源的证明材料及投资计划;⑤必要时,应当提交建设项目可行性研究报告;⑥环保等有关部门签署的意见;⑦法律规定或者土地管理部门要求提供的其他资料。建设项目使用其他农业集体经济组织土地的,还必须附有与该组织签订的用地协议书。以集体所有土地使用权作价入股、联营等形式与其他单位或者个人共同兴办企业的,该土地使用权应当经过评估。申请时,应当提交依法成立的评估机构出具的评估证明书。

建设项目用地申请文件、资料报送齐备,土地管理部门应立即承办审查报批工作。凡未按规定报送或文件、资料不全的,土地管理部门通知限期补报,逾期不补的,原件退回。

(三)审核

县级以上人民政府土地管理部门接到用地申请后,应当依法对该申请及提交的有关资料进行审查、核实,并提出自己的审查意见。

土地管理部门在审核上报文件、材料时,应特别注意以下几个问题:①项目的批准文件是否有效,是否存在弄虚作假或越权审批;②查看选址是否合理;③查看用地数量和生产规模是否相当;④查看总平面图布置是否合理,车间组织是否恰当,厂区道路是否过宽,建筑密度是否太低等;⑤审查、核实要求上报的文件是否齐备。

土地管理部门核实后,应分下列情况上报:①涉及占用农用地的,逐级上报省级人民政府批准;②占用其他土地的,按照省、自治区、直辖市规定的批准权限,上报有批准权限的县

级或者县级以上地方人民政府批准。

(四)批准

对占用农用地的,由有批准权限的人民政府依法根据土地利用规划和有关政策进行审批;对占用其他土地的,由县级以上地方人民政府按照法律规定,依据乡(镇)土地利用规划和有关政策进行审批。经审查符合条件的,予以批准;经审查不符合条件的,不予批准,并说明原因。

(五)拨付土地

经有批准权限的人民政府批准后,按照批准文件发给建设单位或个人建设用地批准书。建设项目所在地的县级以上地方人民政府土地管理部门据此拨付土地,并组织现场放线,准许施工。

(六)发证

项目竣工后,县级以上地方人民政府土地管理部门要组织验收。经验收,符合批复用地要求的,依法办理登记手续,发给集体土地建设用地使用证。

二、乡(镇)村公共设施、公益事业建设用地的审批程序

(一)申请

乡(镇)村公共设施、公益事业建设,需要使用土地的建设单位应首先向其所在地的乡级人民政府提出用地申请。经乡(镇)人民政府审核,向县级以上地方人民政府土地管理部门正式提出用地申请。用地单位应按规定填写用地申请表,写明下列主要内容:①申请单位的名称、地址;②建设项目的种类;③申请用地的种类、面积及选址意向;④其他有关事项。

在申请的同时,申请者应当向土地管理部门提交下列文件:①县级建设行政主管部门出具的选址意向书;②建设项目资金来源的证明材料及投资计划;③必要时,应当提交建设项目设计任务书或者其他批准文件;④法律规定或者土地管理部门要求提供的其他材料。

建设项目用地申请文件、资料报送齐备,土地管理部门应立即承办审查报批工作。凡未按本规定报送或文件、资料不全的,土地管理部门通知限期补报;预期不补,原件退回。

(二)审核

经乡级人民政府初步审核,县级以上人民政府土地管理部门接到正式用地申请后,应当依法对该申请及提交的有关资料进行审查、核实,并提出自己的审查意见。土地管理部门审核后,应分下列情况上报:①涉及占用农用地的,逐级上报省级人民政府批准;②占用其他土地的,按照省、自治区、直辖市规定的批准权限,逐级上报有批准权限的县级或者县级以上地方人民政府批准。

(三)批准、拨付土地及发证

批准、拨付土地及发证的具体程序与乡(镇)企业用地的相应程序相同。

三、农村村民宅基地的审批程序

(一)申请宅基地的条件

农村村民一户只能拥有一处宅基地,其宅基地的面积不得超过省、自治区、直辖市规定的标准。人均土地少、不能保障一户拥有一处宅基地的地区,县级人民政府在充分尊重农村村民意愿的基础上,可以采取措施,按照省、自治区、直辖市规定的标准保障农村村民实现户

有所居。农村村民建住宅,应当符合乡(镇)土地利用总体规划、村庄规划,不得占用永久基本农田,并尽量使用原有的宅基地和村内空闲地。编制乡(镇)土地利用总体规划、村庄规划应当统筹并合理安排宅基地用地,改善农村村民居住环境和条件。农村村民住宅用地,由乡(镇)人民政府审核批准;其中,涉及占用农用地的,依照规定办理审批手续。

国家允许进城落户的农村村民依法自愿有偿退出宅基地,鼓励农村集体经济组织及其成员盘活利用闲置宅基地和闲置住宅。国务院农业农村主管部门负责全国农村宅基地改革和管理有关工作。

农村村民建房必须符合有关规定。只有符合下列条件之一的才可按规定的限额指标申请宅基地:①由于实施乡(镇)村规划而需要安排的建房户;②原宅基地面积低于规定标准限额,现居住又确实拥挤的建房户;③一些需要分居、分家,在现有宅基地上又无法解决的建房户;④经批准由于工作需要等原因确需在集体土地上进行建房的非农业居民(如干部、城市居民等)建房;⑤已有正式批准手续回乡落户而无宅基地的离休、退休、退职职工、复转军人以及回乡定居的华侨、侨眷、港澳台同胞等非农业建房户;⑥法律、法规规定的其他人员。

(二)审批宅基地的程序

(1)申请。凡是要建房的用户必须按规定的建房用地限额,提出建设设想,向建房所在地的村民小组、村委会或其他农村集体经济组织提出用地申请,填写农村宅基地申请表。申请表由用户负责填写,内容应包括:①申请者的姓名、家庭人口数、原住址和所属单位;②申请建造房屋的种类(平房、楼房等)、间数;③申请用地的种类、面积及选址意向;④申请建房的理由;⑤其他有关事项。向村民组织提出申请只是初步,还需依照有关规定分不同情况向乡级人民政府或者县级人民政府土地管理部门正式提出申请。根据上报申请的需要,用户在申请时应按要求提供有关身份证明或者居住证件的复印件;回乡落户或者其他非农业户口申请的,应当提供有关落户、定居本地的证明或者批准证明。

(2)村民会议讨论。根据《村庄和集镇建设规划管理条例》的规定,农村村民在村庄、集镇规划区内建住宅的,应当先向村集体经济组织或者村民委员会提出建房申请,经村民会议讨论通过后,方可审批。村民小组或村民委员会,在不突破上级下达的建房占地的控制指标的前提下,对用地面积按指标进行核算,根据村镇规划拟定建房地点,并对用户的申请提出处理意见。村民会议讨论后,用户应将申请表递交乡级人民政府。

(3)审核。①使用非农用地的,即原有宅基地、村内空闲地和其他土地的,由乡级人民政府根据村庄、集镇规划和土地利用规划进行审核。审核后乡级人民政府应当提出意见,并上报县级人民政府批准。②需要使用农用地的,经乡级人民政府初步审查、县级人民政府建设行政主管部门审查同意并出具选址意见书后,方可向县级人民政府土地管理部门申请用地,由县级人民政府审核,提出审核意见,逐级上报省级人民政府批准。

(4)批准。接到上报的建房用地申请后,有批准权限的人民政府依法依据土地利用规划和有关政策,对占用农用地的申请进行审批;或者县级人民政府依法依据乡(镇)土地利用规划和有关政策,对占用非农用地的申请进行审批。经审查符合条件的,予以批准;经审查不符合条件的,不予批准,并说明原因。经批准的宅基地,申请人缴清有关税费后,可取得建设用地许可证或者其他建设用地批准证书。

(5)拨付土地。核发建设用地批准证明后,土地管理机关按批准范围打桩放线和交地,乡(镇)土地管理人员配合有关人员拨付土地。

(6)核发土地使用证。住宅建设竣工后,土地管理机关应负责组织验收,核查实际用地。符合批准的用地位置、范围、面积和用途的,由县级人民政府发给集体土地建设用地使用证。

(三)宅基地审批中应注意的事项

(1)建房户申请时是否已有宅基地。根据《土地管理法》的规定,农村村民一户只能拥有一处宅基地,而不得有两处及其以上宅基地。对于已有宅基地的,原则上不予批准(除非分户);农村村民出卖、出租、赠与住宅后,再申请宅基地的,不予批准。

(2)建房选址是否符合土地利用规划和村镇规划的要求。建房选址一定要先村内后村外,先荒地后耕地,要充分利用村内空地、旱地、坑塘、洼地、丘岗闲置地等。对于不符合乡(镇)土地利用规划的,一般不予批准;确需批准的,应当依法先经原批准机关修订规划。

(3)对于符合分户条件而原宅基地可以解决的,不再批给新宅基地。

(4)对不符合法定结婚年龄和非农业户的,不批准宅基用地;对已经"农转非"的人员,要适时核减宅基地面积。

四、"两户一体"用地的审批程序

"两户一体"是农村生产专业户、个体工商户和村民合伙成立的经济联合体的简称,是发展农村商品经济的骨干力量,应当根据有关法律规定,在符合非农业建设用地占用耕地或者农用地控制指标的前提下,拨给其发展生产所需要的土地。这类用地申请,可按乡(镇)企业用地审批程序进行,其用地应当符合土地利用规划和村镇规划的要求,尽量利用空地、荒地,原则上不能占用耕地。一般不允许修建永久性建筑。若确属发展生产需要,必须占用一部分土地建造永久性建筑物的,须按以下程序履行使用土地的报批手续。

(1)用地户向用地所在地的村民小组或村民委员会提出用地申请,说明用地理由、用地规模等,交村民会议讨论通过。

(2)村民委员会按村镇用地规划的文件,结合用地特点,在年度用地指标范围内,进行定点定位工作。

(3)不另外占用农用地,在现有村镇范围内调整土地的,经乡(镇)人民政府审查同意,并依照规定报县级或者县级以上地方人民政府批准,拨付所需的土地。

(4)需要另外占用农用地的,必须按审批权限报省级人民政府审批,并且要妥善解决和落实各项土地补偿及其他费用,或由专业户与村组签订经济合同,明确集体提留数或利润分成比例事宜后,拨付所需的土地。

(5)竣工后经县级以上地方人民政府土地管理部门组织验收核实无误后,办理土地登记手续,发给集体土地使用证。

思考与分析题

1. 简述农用地转用的概念和特征。
2. 简述征收土地的审批权限。
3. 什么是闲置土地?
4. 简述乡(镇)企业用地的审批程序。

第十三章　土地税费管理法律制度

学习目标

掌握各种土地税费的税率和征费标准；熟悉各种税费的征收对象和征收范围，尤其是城镇土地使用税的减免范围。

【学习导入】

税收是国家调控经济的重要杠杆之一，国家通过对土地税种的设置以及在税目、税率、加成征收或减免税等方面的规定，具有以下目的：一是能够促进土地资源的合理利用，提高土地使用效益，调节土地级差收入；二是加强土地管理，增强国家对房地产开发和房地产市场的调控力度，规范国家参与土地增值收益的分配方式；三是切实保护耕地，促进经济和社会又好又快地发展。

第一节　耕地占用税

一、耕地占用税的含义

为了保护耕地，国务院于 1987 年 4 月颁布了《中华人民共和国耕地占用税暂行条例》，决定开征耕地占用税，国务院于 1987 年发布的条例实施 20 多年来，对保护耕地、促进合理利用土地资源起到了积极的作用。但随着经济的发展，现行条例越来越不适应新形势的需要，保护耕地的作用日益弱化。为了合理利用土地资源，加强土地管理，保护耕地，2007 年 12 月 1 日中华人民共和国国务院令第 511 号重新公布了现行的《中华人民共和国耕地占用税暂行条例》，自 2008 年 1 月 1 日起施行，1987 年颁布的同时废止。

2018 年 12 月 29 日，第十三届全国人民代表大会常务委员会第七次会议通过《中华人民共和国耕地占用税法》（简称《耕地占用税法》）。

在中华人民共和国境内占用耕地建设建筑物、构筑物或者从事非农业建设的单位和个人，为耕地占用税的纳税人，应当依照本法规定缴纳耕地占用税。占用耕地建设农田水利设施的，不缴纳耕地占用税。耕地占用税以纳税人实际占用的耕地面积为计税依据，按照规定的适用税额一次性征收，应纳税额为纳税人实际占用的耕地面积（平方米）乘以适用税额。

前款所称单位，包括国有企业、集体企业、私营企业、股份制企业、外商投资企业、外国企业以及其他企业和事业单位、社会团体、国家机关、部队以及其他单位；所称个人，包括个体工商户以及其他个人。

(1)征收对象是非农业建设占用的耕地,农业生产占用耕地不是耕地占用税的纳税对象。

(2)其纳税义务人是占用耕地从事非农业建设的单位和个人。

(3)它是向纳税人一次性征收的税。即纳税人占用耕地进行非农业建设时,按照规定一次缴纳耕地占用税以后,在其使用土地过程中不再缴纳这种税。

(4)其征收机关为耕地所在地的财政部门。

二、征收范围

耕地占用税的征收范围包括国家和集体所有的从事建房和从事非农业建设的耕地。这种耕地是指种植农作物的土地,被征用前3年曾用于种植农作物的土地亦视为耕地。列入《耕地占用税法》征税范围内的耕地包括种植粮食作物、经济作物的土地以及菜地、园地、鱼塘和其他农用土地。

三、税率和税额计算

我国耕地占用税采用的是地区差别定额税率,即不同地区按征税对象的人均占有耕地的水平直接确定征税数额。这是鉴于我国地域辽阔、地区差异大、人均占用耕地的数量及经济发展水平不平衡的原因,对耕地占用税的征税对象分类规定了不同的税率。同时,为了便于各地根据其具体情况确定和调节税率,国家对不同地区每平方米的纳税税额规定了一定的幅度。这样,我国耕地占用税的税率根据《耕地占用税法》第四条规定分为以下几种:

(1)人均耕地不超过一亩的地区(以县、自治县、不设区的市、市辖区为单位,下同),每平方米为十元至五十元;

(2)人均耕地超过一亩但不超过二亩的地区,每平方米为八元至四十元;

(3)人均耕地超过二亩但不超过三亩的地区,每平方米为六元至三十元;

(4)人均耕地超过三亩的地区,每平方米为五元至二十五元。

各地区耕地占用税的适用税额,由省、自治区、直辖市人民政府根据人均耕地面积和经济发展等情况,在前款规定的税额幅度内提出,报同级人民代表大会常务委员会决定,并报全国人民代表大会常务委员会和国务院备案。各省、自治区、直辖市耕地占用税适用税额的平均水平,不得低于本法所附《各省、自治区、直辖市耕地占用税平均税额表》规定的平均税额。

《耕地占用税法》第五条规定:在人均耕地低于零点五亩的地区,省、自治区、直辖市可以根据当地经济发展情况,适当提高耕地占用税的适用税额,但提高的部分不得超过上述适用税额的百分之五十。

占用永久基本农田的,适用税额应当在《耕地占用税法》规定的当地适用税额的基础上提高百分之五十征收。

为了国防和公益事业的发展,国家对下列经批准征用的土地免征耕地占用税:军事设施、学校、幼儿园、社会福利机构、医疗机构占用耕地。

铁路线路、公路线路、飞机场跑道、停机坪、港口、航道、水利工程占用耕地,减按每平方米二元的税额征收耕地占用税。

农村居民在规定用地标准以内占用耕地新建自用住宅,按照当地适用税额减半征收耕地占用税；其中农村居民经批准搬迁，新建自用住宅占用耕地不超过原宅基地面积的部分，免征耕地占用税。

农村烈士遗属、因公牺牲军人遗属、残疾军人以及符合农村最低生活保障条件的农村居民，在规定用地标准以内新建自用住宅，免征耕地占用税。

根据国民经济和社会发展的需要，国务院可以规定免征或者减征耕地占用税的其他情形，报全国人民代表大会常务委员会备案。

根据规定免征或者减征耕地占用税后，纳税人改变原占地用途，不再属于免征或者减征耕地占用税情形的，应当按照当地适用税额补缴耕地占用税。

耕地占用税由地方税务机关负责征收。耕地占用税的纳税义务发生时间为纳税人收到自然资源主管部门办理占用耕地手续的书面通知的当日。纳税人应当自纳税义务发生之日起三十日内申报缴纳耕地占用税。

自然资源主管部门凭耕地占用税完税凭证或者免税凭证和其他有关文件发放建设用地批准书。

纳税人因建设项目施工或者地质勘查临时占用耕地，应当依照《耕地占用税法》的规定缴纳耕地占用税。纳税人在批准临时占用耕地期满之日起一年内依法复垦，恢复种植条件的，全额退还已经缴纳的耕地占用税。

占用园地、林地、草地、农田水利用地、养殖水面、渔业水域滩涂以及其他农用地建设建筑物、构筑物或者从事非农业建设的，依照本法的规定缴纳耕地占用税。适用税额可以适当低于前文所述适用税额，但降低的部分不得超过百分之五十。具体适用税额由省、自治区、直辖市人民政府提出，报同级人民代表大会常务委员会决定，并报全国人民代表大会常务委员会和国务院备案。

占用农用地建设直接为农业生产服务的生产设施的，不缴纳耕地占用税。

第二节　城镇土地使用税

一、城镇土地使用税的概念和意义

为了合理利用城镇土地，调节土地级差收入，提高土地使用效益，加强土地管理，国务院于 1988 年 9 月 27 日发布了《中华人民共和国城镇土地使用税暂行条例》，根据 2006 年 12 月 31 日《国务院关于修改〈中华人民共和国城镇土地使用税暂行条例〉的决定》第一次修订，根据 2011 年 1 月 8 日《国务院关于废止和修改部分行政法规的决定》第二次修订，根据 2013 年 12 月 7 日《国务院关于修改部分行政法规的决定》第三次修订，根据 2019 年 3 月 2 日《国务院关于修改部分行政法规的决定》第四次修订。

城镇土地使用税是指国家在城市、县城、建制镇、工矿区范围内，对使用土地的单位和个人，以其实际占用的土地面积为计税依据，按照规定的税额计算征收的一种税。征收该税的主要目的，是用经济手段加强土地宏观调控和管理，促进土地使用者节约用地，提高土地的使用效益，并适当调节不同地区之间土地的极差收益，同时增加国家的财政收入。主要特征是：

(1)对占用土地的行为征税。

根据我国《宪法》规定,城镇土地的所有权归国家,单位和个人对占用的土地只有使用权而无所有权。因此,现行的城镇土地使用税实质上是对占用土地资源或行为的征税。

(2)征税对象是土地。

我国的土地归国家所有,单位和个人只有占用权或使用权,而无所有权。开征城镇土地使用税,实质上是运用国家政治权力,将纳税人获取的本应属于国家的土地收益集中到国家手中。

(3)征税范围有所限定。

征税对象是城镇、工矿区范围内的用地。这里所说的城镇,包括城市、县城和建制镇,另外,位于城镇之外的独立的大中型工矿区使用的土地也属于城镇土地使用税的征收对象。坐落在农村地区的房地产不属城镇土地使用税的征税范围。

(4)实行差别幅度税额。

开征城镇土地使用税的主要目的之一是调节土地的级差收入,而级差收入的产生主要取决于土地的位置。占有土地位置优越的纳税人,可以节约运输和流通费用,扩大销售和经营规模,取得额外经济收益。为了有利于体现国家政策,城镇土地使用税实行差别幅度税额。土地使用税按年计算、分期缴纳。缴纳期限由省、自治区、直辖市人民政府确定。

二、计税的依据和税额

《中华人民共和国城镇土地使用税暂行条例》第三条规定:“土地使用税以纳税人实际占用的土地面积为计税依据,依照规定税额计算征收。前款土地占用面积的组织测量工作,由省、自治区、直辖市人民政府根据实际情况确定。”

税率是计算税额的尺度,税率的高低直接关系到征税目的实现的程度和纳税人的负担。城镇土地使用税的确定根据各地的经济情况、土地的等级差异,确定不同的税率;就是在同一城市内部,也根据土地位置、市政建设、经济繁荣程度等条件的不同,采用不同的税率。为此,城镇土地使用税实行定额税率法,其税额按《中华人民共和国城镇土地使用税暂行条例》第四条规定的城市大小分为:

(1)大城市:使用每平方米土地的纳税额为0.50~10.00元。

(2)中等城市:使用每平方米土地的纳税额为0.40~8.00元。

(3)小城市:使用每平方米土地的纳税额为0.30~6.00元。

(4)县城、建制镇、工矿区使用每平方米土地的纳税额为0.20~4.00元。

省、自治区、直辖市人民政府,应当在本条例第四条规定的税额幅度内,根据市政建设状况、经济繁荣程度等条件,确定所辖地区的适用税额幅度。

市、县人民政府应当根据实际情况,将本地区土地划分为若干等级,在省、自治区、直辖市人民政府确定的税额幅度内,制定相应的适用税额标准,报省、自治区、直辖市人民政府批准执行。

经省、自治区、直辖市人民政府批准,经济落后地区土地使用税的适用税额标准可以适当降低,但降低额不得超过本条例第四条规定最低税额的30%。经济发达地区土地使用税的适用税额标准可以适当提高,但须报财政部批准。

三、城镇土地使用税的减免

本着规范税制和严格控制减免税的原则,《中华人民共和国城镇土地使用税暂行条例》规定对下列特殊用地实行减免税:

(1)国家机关、人民团体、军队自用的土地。

(2)由国家财政部门拨付事业经费的单位自用的土地。

(3)宗教寺庙、公园、名胜古迹自用的土地。

(4)市政街道、广场、绿化地带等公共用地。

(5)直接用于农、林、牧、渔业的生产用地。

(6)经批准开山填海整治的土地和改造的废弃土地,从使用的月份起免缴土地使用税5~10年。

(7)由财政部另行规定免税的能源、交通、水利设施用地和其他用地。

除上述享受减免待遇者外,纳税人缴纳土地使用税确有困难需要定期减免的,由省、自治区、直辖市税务机关审核后,报国家税务局批准由县以上税务机关批准。

新征用土地为耕地的,使用者征地时要缴纳土地使用税。应缴纳的土地使用税自批准征用之日起,满1年时开始征收。新征用土地是非耕地的,土地使用税自批准的次月起开始征收。

四、外商投资企业场地使用费

中华人民共和国为了扩大国际经济合作和技术交流,允许外国公司、企业和其他经济组织或个人(简称外国合营者),按照平等互利的原则,经中国政府批准,在中华人民共和国境内,同中国的公司、企业或其他经济组织(简称中国合营者)共同举办合营企业。《中华人民共和国外商投资法》正式公布,自2020年1月1日起施行。《中外合资经营企业法》《外资企业法》《中外合作经营企业法》同时废止。

20世纪80年代初至1990年之前,外商投资企业因限于划拨方式获取土地,采用场地使用费制度;90年代以来,内外资企业获取土地方式趋于一致,外商投资企业更多以出让方式取得土地,缴纳土地出让金,不再缴纳场地使用费,而以非出让方式获得土地仍需缴纳场地使用费。因此,场地使用费逐渐具有了土地出让金性质,属于土地使用权取得成本。2007年起,为公平税赋,外商投资企业与内资企业按照统一标准缴纳城镇土地使用税。

根据我国现行土地管理法律法规和政策,《财政部关于外商投资企业场地使用费征收问题的意见》(财企〔2008〕166号)对外商投资企业是否缴纳场地使用费问题,区别以下情况作出了明确的统一规定:

(1)以划拨方式取得土地使用权的,外商投资企业由于没有支付土地出让金,应当按规定缴纳场地使用费。

(2)以出让方式取得土地使用权的,外商投资企业由于已支付了土地出让金,不再缴纳场地使用费。

(3)以租赁方式取得土地使用权的,如租金计算时已考虑场地开发和土地使用费因素,则不需缴纳场地使用费;如租金中未予考虑场地开发和土地使用费因素,则由承租人即外商投资企业缴纳场地使用费。

(4)在中外合资合作经营中,外商投资企业的中方以土地使用权作价出资或提供合作条件的,应当由中方投资者区别以上情况缴纳场地使用费。

此外,外商投资企业缴纳的场地使用费或支付的土地出让金,都作为土地资源的取得成本进行财务处理,同时不论以何种方式取得土地使用权,都应当依法缴纳城镇土地使用税。

第三节　土地增值税

一、土地增值税的概念和作用

为了规范土地、房地产市场交易秩序,合理调节土地增值收益,维护国家权益,国务院于 1993 年 12 月 13 日发布了《中华人民共和国土地增值税暂行条例》,根据 2011 年 1 月 8 日《国务院关于废止和修改部分行政法规的决定》修订。

(一)土地增值税的概念

土地增值税是对转让国有土地使用权、地上建筑物及其附着物并取得收入的单位和个人,按其转让房地产所取得的增值额征收的一种税。就其性质来讲,属于财产税。其主要特征为:

(1)其征收对象是有偿转让的房地产,即国有土地使用权和地上建筑物及其附着物。没有转让的房地产和无偿转让(如继承、赠与)的房地产,都不为土地增值税征收的对象。

(2)其纳税人是有偿转让房地产的原房地产权利人,包括单位和个人,而不是房地产受让人和其他房地产权利人。

(3)其征收机关是国家各级税务机关。土地管理部门、房地产管理部门应当向税务机关提供有关资料,并协助税务机关依法征收土地增值税。

(4)其税收是按照转让房地产所取得的土地价格增值额和规定的税率计算征收的。

(二)土地增值税的作用

(1)征收土地增值税,是适应改革开放的新形势,进一步改革和完善税制,增强国家对房地产开发和房地产市场调控力度的客观需要。在这种情况下,国家为了兴利抑弊,需要发挥税收分配的杠杆作用进行调控,以促进其健康发展。

(2)征收土地增值税,主要是为了抑制炒买炒卖土地投机获取暴利的行为。近几年来,出现房地产开发过热的现象,从根本上讲是利益驱使所致的。从事房地产开发固然风险很大,但能获得高额收入。一些投机者钻管理上的空子,通过炒买炒卖获取暴利。土地收益主要来源于土地的增值收益,包括自然增值和投资增值,特别是土地的自然增值,随着经济的发展和土地资源的相对短缺,将会越来越大。土地资源属于国家所有,国家为整治和开发国土投入了巨额资金,应当在土地增值收益的分配中取得较多份额。征收土地增值税,通过对转让房地产的过高增值收益进行合理调节分配:一方面维护了国家权益,也对房地产正当开发者的合法权益给予保护;另一方面使投机者不能再获取暴利,从根本上抑制炒买炒卖房地产的现象。

(3)开征土地增值税,是为了规范国家参与土地增值收益的分配方式,增加国家财政收入。目前,我国涉及房地产交易市场的税收主要有营业税、企业所得税、个人所得税、契税等。这些税对转让房地产收益可以起一般的调节作用,对土地增值所获得的过高收入起不到特殊调节作用。在土地增值税未开征前,有些地区已通过征收土地增值费的办法,对土地增值过高收益进行调控,既增加了财政收入,也抑制了炒买炒卖房地产的投机行为。但各地办法不统一,收取标准差别也比较大,国家通过开征土地增值税来统一和规范国家参与土地增值收益分配的方式。

二、征收土地增值税的原则

(1)普遍征收的原则。开征土地增值税是为了抑制土地投机,保证国有土地的增值收入大部分归国家所有。因此,所有从事房地产经营的单位和个人都是土地增值税的纳税人,应按规定缴纳增值税。

(2)加大调节力度的原则。土地增值税是对超过平均利润以上的超额部分征税,这便决定了政府可以加强对这部分利润的调节力度,对增值多的多征税,增值少的少征税,不增值的不征税,从而有效地调节土地的增值收入,促进增值收入的合理分配。

(3)优惠原则。考虑我国的现实情况,为改善人民的居住条件,对从事某些地产开发的单位和个人给予一定的税收优惠。

三、土地增值税的征收对象和纳税义务人

土地增值税的征收对象是纳税人转让房地产所取得的增值额。土地增值额即纳税人转让房地产所取得的收入减去法定扣除项目金额后的余额部分。纳税人所得的收入包括货币收入、实物收入和其他收入。

土地增值税的纳税义务人是指转让国有土地使用权、地上建筑物及其他附属物,并取得收入的一切单位和个人。

根据《中华人民共和国土地增值税暂行条例》第六条规定,计算增值额的扣除项目:①取得土地使用权所支付的金额;②开发土地的成本、费用;③新建房及配套设施的成本、费用,或者旧房及建筑物的评估价格;④与转让房地产有关的税金;⑤财政部规定的其他扣除项目。

四、征税范围的界定和对若干具体情况的判定

准确界定土地增值税的征税范围十分重要。在实际工作中,我们可以通过以下两个标准来判定:一是是否发生了国有土地使用权或地上建筑物及附着物的转让行为,二是是否从转让行为中获得了收入。

根据以上两个判定标准,可以对以下具体情况是否属于土地增值税的征税范围进行判定:

(1)以出售方式转让国有土地使用权、地上的建筑物及附着物的。这里又分为3种情况:①出售国有土地使用权的。这种情况是指土地使用者通过出让方式,向政府缴纳了土地出让金,有偿受让土地使用权后,仅对土地进行通水、通电、通路和平整地面等土地开发,不进行房产开发,即所谓"将生地变熟地",然后直接将空地出售出去。这属于国有土地使用权的有偿转让,符合以上两个判定标准,应纳入土地增值税的征税范围。②取得国有土地使用权后进行房屋开发建造后出售的。这种情况即是一般所说的房地产开发。虽然这种行为通常被称为卖房,但按照国家有关房地产法律和法规的规定,卖房的同时,土地使用权也随

之发生转让。由于这种情况既发生了产权的转让又取得了收入，所以应纳入土地增值税的征税范围。③存量房地产的买卖。这种情况是指已经建成并已投入使用的房地产，其房屋所有人将房屋产权和土地使用权一并转让给其他单位和个人。这种行为按照国家有关的房地产法律和法规，应当到有关部门办理房产产权和土地使用权的转移变更手续；原土地使用权属于无偿划拨的，还应到土地管理部门补交土地出让金。这种情况既发生了产权的转让又取得了收入，应纳入土地增值税的征税范围。

(2)以继承、赠与方式转让房地产的。房地产的继承是指房产的原产权所有人、依照法律规定取得土地使用权的土地使用人死亡以后，由其继承人依法继承死者房产产权和土地使用权的民事法律行为。这种行为虽然发生了房地产的权属变更，但作为房产产权、土地使用权的原所有人(被继承人)并没有因为权属的转让而取得任何收入。因此，这种房地产的继承不属于土地增值税的征税范围。房地产的赠与是指房产所有人、土地使用权所有人将自己所拥有的房地产无偿地交给其他人的民事法律行为。房地产的赠与虽发生了房地产的权属变更，但作为房产所有人、土地使用权的所有人并没有因为权属的转让而取得任何收入。因此，房地产的赠与不属于土地增值税的征税范围。

(3)房地产的出租。房地产的出租人员取得了收入，但没有发生房产产权、土地使用权的转让，因此不属于土地增值税的征税范围。

(4)房地产的抵押。由于房产产权、土地使用权在抵押期间产权并没有发生权属的变更，房产的产权所有人、土地使用权人虽然在抵押期间取得了一定的抵押贷款，但实际上这些贷款在抵押期满后是要连本带息偿还给债权人的。因此，对房地产的抵押，在抵押期间不征收土地增值税。抵押期满后，视该房地产是否转移占有而确定是否征收土地增值税。对于以房地产抵债而发生房地产权属转让的，应列入土地增值税的征税范围。

(5)房地产的交换。由于这种行为既发生了房产产权、土地使用权的转移，交换双方又取得了实物形态的收入，按《中华人民共和国土地增值税暂行条例》的规定，其属于土地增值税的征税范围。但对个人之间互换自有居住用房地产的，经当地税务机关核实，可以免征土地增值税。

(6)以房地产进行投资、联营。对于以房地产进行投资、联营的，投资、联营的一方以土地(房地产)作价入股进行投资或作为联营条件，将房地产转让到所投资、联营的企业中时，暂免征收土地增值税。对投资、联营企业将上述房地产再转让的，应征收土地增值税。

(7)合作建房。对于一方出地，一方出资金，双方合作建房，建成后按比例分房自用的，暂免征收土地增值税；建成后转让的，应征收土地增值税。

(8)企业兼并转让房地产。在企业兼并中，对被兼并企业将房地产转让到兼并企业中的，暂免征收土地增值税。

(9)房地产的代建房行为。这种情况是指房地产开发公司代客户进行房地产的开发，开发完成后向客户收取代建收入的行为。对于房地产开发公司而言，虽然取得了收入，但没有发生房地产权属的转移，其收入属于劳务收入性质，故不属于土地增值税的征税范围。

(10)房地产的重新评估。这主要是指国有企业在清产核资时对房地产进行重新评估而使其升值的情况。这种情况的房地产虽然有增值，但其既没有发生房地产权属的转移，房产产权所有人、土地使用权人也未取得收入，所以不属于土地增值税的征税范围。

(11)因国家收回国有土地使用权、征用地上的建筑物及其附着物而使房地产权属发生转让的行为。这种情况发生了房地产权属的变更,原房产所有人、土地使用权人也取得了一定的收入(补偿金),但根据《中华人民共和国土地增值税暂行条例》的有关规定,可以免征土地增值税。

五、土地增值税的税率

我国土地增值税实行的是四级超额累进税率,其合理性表现在纳税人只要超过各级段的收入部分依确定的税率纳税,它充分考虑了不同地段土地增值收入的差别,体现了合理负税的原则。

我国土地增值税的税率规定如下:

(1)增值额未超过扣除项目金额50%的部分,税率为30%。

(2)增值额超过扣除项目金额50%,未超过扣除项目金额100%的部分,税率为40%。

(3)增值额超过扣除项目金额100%,未超过扣除项目金额200%的部分,税率为50%。

(4)增值额超过扣除项目金额200%的部分,税率为60%。

有下列情形之一的,免征土地增值税:①纳税人建造普通标准住宅出售,增值额未超过扣除项目金额20%的;②因国家建设需要依法征用、收回的房地产。

纳税人有下列情形之一的,按照房地产评估价格计算征收:①隐瞒、虚报房地产成交价格的;②提供扣除项目金额不实的;③转让房地产的成交价格低于房地产评估价格,又无正当理由的。

六、税款缴纳的程序和时间

(一)纳税的程序

(1)纳税人应在签订转让房地产合同后,到房地产所在地税务机关办理纳税申报。同时,向税务机关提交房屋及建筑物产权、土地使用权证书,土地转让、房屋买卖契约,交易标的物的有关资料,会计报表及有关资料。

(2)纳税人按照税务机关核定的税额及规定的期限,到指定银行缴纳土地增值税。

(3)纳税人按规定办理纳税手续后,持纳税凭证到房地产管理部门办理产权变更手续。

土地增值税由税务机关征收。土地管理部门、房地产管理部门应当向税务机关提供有关资料,并协助税务机关依法征收土地增值税。纳税人未按照本条例缴纳土地增值税的,土地管理部门、房地产管理部门不得办理有关的权属变更手续。

(二)纳税时间

根据《中华人民共和国土地增值税暂行条例》第十条的规定,纳税人应当自转让房地产合同签订之日起7日内向房地产所在地主管税务机关办理纳税申报,并在税务机关规定的期限内缴纳土地增值税。

思考与分析题

1. 什么是耕地占用税?如何计算其税额?
2. 城镇土地使用税的税额是如何规定的?哪些土地免缴土地使用税?
3. 什么是土地增值税?其征收对象是什么?税率是如何确定的?

第十四章　土地行政执法与诉讼

学习目标

了解土地行政执法的概念及基本理论和行政执法的基本原则；掌握土地行政执法许可和确认，行政处罚、强制执行等土地行政执法的手段及其在实践中的具体运用。

【学习导入】

随着我国土地使用制度改革的不断深入，土地市场进一步发育成长，土地行政执法的重要性日益突现。及时、准确、合法地进行土地行政执法，对于维护正常的土地行政管理秩序，保护当事人的合法权益和国家土地资源，保障土地合理的开发利用，促进安定团结和社会稳定，具有重要的意义。

第一节　土地行政执法概述

一、土地行政执法的概念

土地行政执法是指国家行政机关依照土地法律、法规采取的具体的直接影响相对一方权利义务的行为，或者对相对人的权利义务的行使和履行情况进行监督检查的行为。其具有以下法律特征：

(1)土地行政执法属于行政执法的一种，是行政机关的一种具体行政行为，其行为后果具有法律效力。

(2)执法主体是法定的行政机关，在多数情况下，由各级人民政府土地管理机关行使执法权。

(3)土地行政执法的对象，即土地行政管理相对人，一般为土地所有者、使用者，在特定情况下也包括土地管理者。

(4)土地行政执法的客体是土地管理相对人从事的与土地这一特定物有关的活动或者行为，如自然资源主管部门对相对人非法占地的行为进行查处。

(5)土地行政执法的主要内容是自然资源主管部门依法办事，直接影响或直接涉及相对人的权利义务。大致有两类情况：一是自然资源主管部门依法作出决定、采取措施，直接影响相对人的权利义务；二是通过各种形式，对相对人是否依法正当行使权利和履行义务的情况进行监督检查。

(6)土地行政执法是自然资源主管部门与相对人之间发生的法律关系，一般以自然资源主管部门单方意思表示为特征。

二、土地行政执法的原则

(一)合法性原则

合法性原则又称行政合法原则,要求土地管理机关实施行政管理时,不仅应遵循《宪法》、法律,还要遵循行政法规、地方性法规、行政规章、自治条例和单行条例等。即行政执法主体只能在其法定的权限内行使职权,行使职权既要符合行政实体规范,也要符合行政程序规范。

(二)合理性原则

合理性原则是建立在合法性原则基础之上的,在合法执法条件下,尽量做到执法合理。所谓合理,包括符合立法目的、符合社会道德、符合自然规律及平等适用法律规范。行政法一般都赋予行政主体一定的行政自由裁量权,特别是当前我国土地管理法律、法规很不完善的前提下,其在许多方面规定比较原则,因此正确掌握合理性原则具有重要意义。例如:对非法占地的罚款处罚标准,就有较大的幅度范围,在这种情况下,土地管理机关就应当根据违法事实、情节和后果等多种因素,正确使用法律,合理处罚,防止畸轻畸重现象。

(三)高效原则

土地行政执法活动不仅要合法、合理,还要做到高效。例如:对各种违法行为要及时制止或者查处;对行政管理相对人的各种合法请示要及时做出反应,尽快办理或者解决,依法保障相对人的合法权益。

(四)违法必究原则

对违反国家土地管理法律、法规的行政管理相对人,必须依法追究法律责任,绝不姑息迁就。违法必究是我国社会主义法制的基本要求,有利于维护法律的尊严,树立土地管理机关的执法权威。

三、土地行政执法的生效要件

土地行政执法的生效要件是指具体的执法行为产生法律效力的必备条件。缺少其中任何一项要件,这项土地执法行为就是无效的、可撤销的。这些要件有以下几个方面。

(一)主体要件

土地行政执法的主体合法,即土地行政执法的主体必须是县级以上人民政府自然资源主管部门及其授权或委托的其他执法部门。

(二)内容要件

土地行政执法的内容合法。所谓内容合法,是指在法律赋予或确定的相对人的权利和义务范围内行使执法权,如《土地管理法》第七十八条规定:“农村村民未经批准或者采取欺骗手段骗取批准,非法占用土地建住宅的,由县级以上人民政府农业农村主管部门责令退还非法占用的土地,限期拆除在非法占用的土地上新建的房屋。超过省、自治区、直辖市规定的标准,多占的土地以非法占用土地论处。”

(三)程序要件

土地行政执法必须符合法定的程序。例如:自然资源主管部门在行使土地监察职责时,必须依法出示国家统一制发的土地监察证件;否则,监察对象有权拒绝接受检查。又如,建设占用土地,涉及农用地转为建设用地的,应当办理农用地转用审批手续。如果程序上违法,同样将导致行政执法行为无效。

四、土地行政执法的效力

(一)有效的土地行政执法行为的效力

(1)确定力,即不可变更力,指土地行政执法行为一经有效成立,非依法不得变更或撤销。确定力是行政法制稳定的基本要素。

要改变土地行政执法的效力,对于公民而言,只有依法经过行政复议或提起行政诉讼,才有可能予以撤销或改变;对于自然资源主管部门而言,除非因形势变化,经法定程序才能予以撤销或变更。

(2)拘束力,即约束的效力。有效的行政执法,对个人、组织及执法机关具有相同的拘束力,个人、组织必须按照行政决定的要求充分履行义务。同样,执法机关也有履行或者维护原决定的义务,除非经法定程序予以废止或撤销。

(3)执行力,指自然资源主管部门依法采取一定的手段,使土地行政执法行为得以完全实现的权力。例如:土地行政执法部门依法作出行政处罚决定后,相对人不履行时,作出决定的自然资源主管部门有权依法申请人民法院强制执行。

(二)土地行政执法行为的无效、撤销与废止

1. 无效

具备下述情形的土地行政执法行为,行政相对方可视之为无效行政行为,有权国家机关可宣布该行为无效:具有违法情形的,行政主体不明确或超越行政主体职权的以及行政主体受胁迫作出的行政行为等。

土地行政执法行为无效的法律结果有:①行政相对方可在任何时候请求有权国家机关,如行为机关、行为机关的上级机关、人民法院宣布该行为无效(行政相对方要求撤销行政行为通常只能在法定期限内通过申请复议或提起行政诉讼请求)。②有权国家机关可在任何时候宣布相应行政行为无效。③行政行为被宣布无效后,行政主体通过该行为从行政相对方处所获取的一切(如罚没款物等)均应返还相对方,所加予相对方的一切义务均应取消,对相对方所造成的一切实际损失均应赔偿。同时,行政主体通过相应无效行政行为所给予相对方的一切权益,均应收回(如此种收回给善意的相对方的合法权益造成了损害,行政主体应对之予以赔偿)。总之,行政行为被宣布无效后,被行政行为改变的状态应尽可能恢复到行为以前的状态。

2. 撤销

撤销是在其具备可撤销的情形下,由有权国家机关作出撤销决定后而使之失去法律效力。行政行为撤销不同于行政行为的无效,无效的行政行为自始至终无效,而可撤销的行政行为只有在被撤销之后才失去效力。尽管这种失效可以一直追溯到行为作出之日,但行政相对方在撤销决定作出之前一直要受该行为约束,而且可撤销的行为不一定必然被撤销,行政相对方申请行政复议或提起行政诉讼均有一定时限,超过此时限即不能申请撤销相应行为,除非行为机关主动撤销或有权机关通过法定监督途径撤销。

土地行政执法行为撤销的条件:①行政行为合法要件缺损。合法的行政行为必须具备

3个要件:主体合法、内容合法及程序合法。某种行政行为如果缺损其中1个或1个以上要件,该行政行为就是可被撤销的行政行为。②行政行为不适当。不适当的行政行为也是可撤销的行政行为。所谓不适当,是指相应行为具有不合理、不公正、不符合现行政策、不合时宜、不合乎有关善良风俗习惯等情形。不适当的行政行为在很多情形下同时是不合法的行为,从而可以以违法为由予以撤销。在有些情况下,不适当的行政行为并不违法,不适当亦可成为撤销行政行为的条件之一。

土地行政执法行为撤销的法律后果为:①行政行为自撤销之日起失去法律效力,撤销的效力可一直追溯到行政行为作出之日。②如果行政行为被撤销,那么由此造成相对方的一切实际损失应由行政主体予以赔偿。例如:行政主体违法批地给某农民盖私房,后违法批准行为被有权机关撤销,已盖好的私房因不符合村镇建设规划而必须拆除。为此,在一般情况下违法批地的行政机关应适当赔偿拆房户因此造成的损失。③如果行政行为的撤销是因行政相对方的过错(如其通过虚报、瞒报有关材料而获取行政主体的某种批准、许可行为等),或行政主体与相对方的共同过错(如行政行为是在相对方行贿,行政机关工作人员受贿的情况下作出的)所引起的,行政行为撤销,行政主体通过相应行为已给予相对方的利益均要收回;行政相对方因行政行为撤销而遭受到的损失均由其本身负责;国家或社会公众因已撤销的行政行为所受到的损失,应由行政相对方依其过错程度予以适当赔偿;行政主体或其工作人员对导致行政行为撤销的本身的过错则应承担内部行政法律责任。

3. 废止

土地行政执法行为具有确定力,一经做出即不得随意废止,只在具有某些法定情形的条件下,才能依法定程序废止。行政行为废止的条件通常有:①行政行为所依据的法律、法规、规章、政策经有权机关依法修改、废止或撤销,相应行为如继续实施,则与新的法律、法规、规章、政策相抵触。②国际国内或行政主体所在地区的形势发生重大变化,原行政行为的继续存在将有碍社会政治、经济、文化的发展,甚至给国家和社会利益造成重大损失。③行政行为已完成原定目标、任务,实现了国家的行政管理目的,从而没有继续存在的必要。

土地行政执法行为废止的法律后果为:①行政行为废止后,其效力自行为废止之日起失效,行政主体在行为废止之前通过相应行为已给予行政相对方的利益、好处不再收回,行政相对方依原行为已履行的义务亦不能要求行政主体予以任何补偿。②行政行为的废止如果是因法律、法规、规章、政策的废除、修改、撤销或形势变化而引起的,且此种废止给行政相对方的利益造成了损失,行政主体不负赔偿责任。

五、土地行政执法行为的类型

一般来说,行政行为可分为抽象行政行为和具体行政行为。

所谓抽象行政行为,是指以特定的人或事为管理对象,制定具有普遍约束力的规范性文件的行为,如制定行政法规和行政规章的行为。抽象行政行为包括两类:一类是行政立法行为,即有权行政机关制定行政法规和行政规章的行为;另一类是制定不具有法源性的规范文件的行为,即有权行政机关制定或规定除行政法规和规章外的具有普遍约束力的其他规范性文件的行为,如县级人民政府所制定的在其全县境内普遍有效的某些规定或办法等。

所谓具体行政行为,是指在行政管理过程中,针对特定的人或事所采取具体措施的行为,其行为的内容和结果将直接影响某一个人或组织的权益。具体行政行为最突出的特点就是行为对象的特定性和具体化,属于某个个人或组织,或者某一具体社会事项。

显然,土地行政执法行为主要属于具体行政行为,包括土地行政许可和确认行为、土地行政处罚行为、土地行政强制行为、土地行政监督行为、土地行政裁决行为等。

第二节　土地行政许可和确认

一、行政许可

(一)行政许可的概念和特征

行政许可是指行政机关根据相对人的申请,依法准许其从事某种活动的行为。一般是通过授予证书、执照等形式赋予相对人某种权利,或确认其具备某种资格。其主要特点如下:

(1)行政许可是一种依法申请的具体行政行为。它不同于行政主体依职权主动赋予相对方权利和免除义务的行为,没有相对方的申请,行政主体不能主动予以许可。

(2)行政许可是行政主体赋予相对方某种法律资格或法律权利的行政行为。例如:土地估价师证书的颁发,使相对方获得了从事土地估价职业的资格。

(3)行政许可是一种采用颁发许可证、执照等形式的要式行政行为。

(二)行政许可的程序

1. 受理申请

申请是行政主体实施行政许可的前提程序。作为相对方的个人、组织要取得某项许可证明,首先要向行政主体提出申请。申请书应载明申请人的姓名(或组织名称)、住所及有关基本情况,申请的事项理由及有关条件等。同时,提交有关文件材料。

2. 审查

行政主体收到相对方的行政许可申请后,应在法律法规、规章规定的期限内对申请人的申请及所附材料进行审查,确定其是否具备取得相应行政许可证明的法定条件。

3. 作出是否颁发有关证照的决定

行政主体经过对行政许可申请人的申请及有关材料进行审查后,若确认其符合法定条件,即应在规定期限内作出向申请人颁发有关证照的决定。若经审查认为不符合法定条件,则应作出不予许可的决定,并向申请人说明理由。申请人不服的,可依法申请复议或提起行政诉讼。若行政主体在法定期限届满时尚未予以明确答复的,申请人可依法申请复议或提起行政诉讼,请求复议机关或人民法院责令行政许可机关依法履行法定职责,作出明确的答复。

(三)我国的土地行政许可制度

我国的土地行政许可制度主要在建设用地管理中使用,以政府或者土地管理机关核发建设用地批准书或建设用地许可证的形式出现。为了提高政府工作效能、优化营商环境,自然资源部近期在国土空间规划领域推进"多审合一、多证合一":建设项目选址意见书、建设项目用地预审意见合并,自然资源主管部门统一核发建设项目用地预审与选址意见书,不再单独核发建设项目选址意见书、建设项目用地预审意见；将建设用地规划许可证、建设用地批准书合并，自然资源主管部门统一核发新的建设用地规划许可证，不再单独核发建设用地批准书。

二、行政确认

（一）行政确认的概念和特征

确认是行政机关依法对相对人的法律地位、法律关系和法律事实进行甄别，给予确定、认可和证明并予以宣告的具体行政行为。其主要特征为：

（1）确认的主体是行政机关及法律、法规授权的组织。

（2）确认的内容是确定或否认相对方的法律地位或权利义务。

（3）确认为要式的行政行为，需要有书面的证书、文件等。

（二）行政确认与行政许可的关系

行政确认与行政许可既有联系又有区别。

两者的联系主要表现在：①确认与许可常常是同一行政行为的两个步骤，一般是确认在前，许可在后。确认是许可的前提，许可是确认的后果。②确认与许可有时是一个行为的两个方面。例如：发放建筑企业营业执照既是对该企业具有相应等级建筑技术、能力和资格的确认，又是对申请人可以从事建筑经营活动的许可。

两者的区别主要表现在：①对象不同。行政确认是指确认相对方的法律地位、权利义务关系和法律事实等。行政许可是指使相对方获得进行某种行为的权利，主要是指作为性的行为。②法律效果不同。行政确认是对既有的身份、能力、权利、事实的确定和认可，其法律效果具有前溯性。行政许可是允许被许可人今后可以进行某种对一般人禁止的行为，其法律效果具有后及性，没有前溯性。

（三）确认的形式及我国土地行政确认的主要形式

确认的形式主要有：①确定，如对土地使用权的确定关系的认可。②认可，如对收养关系的认可。③证明，如宅基地使用证明、居民身份证等。④登记，如工商企业登记、房地产权属登记等。

土地管理活动中的行政确认行为，主要表现在土地权属关系的确认和登记方面。《民法典》第二百零九条和第二百一十条规定："不动产物权的设立、变更、转让和消灭，经依法登记，发生效力；未经登记，不发生效力，但是法律另有规定的除外。依法属于国家所有的自然资源，所有权可以不登记。""国家对不动产实行统一登记制度。统一登记的范围、登记机构和登记办法，由法律、行政法规规定。"法律还规定，依法登记的土地所有权和使用权受法律保护，任何单位和个人不得侵犯。可见，土地权属的确认是一种产生法律效力的行政执法行为。

行政确认在现代行政管理中正发挥着越来越重要的作用，这是因为确认的本质在于使相对人的法律地位和权利义务取得法律上的承认。有了这种承认，当事人才能申请某些需要取得但尚未取得的权利，才能保护各种以往存在或以往取得的权利，并且通过证明等方式使其权利为社会所公认，既有利于国家维护社会经济秩序，也有利于预防各种纠纷，保护当事人的合法权益。

第三节 土地行政处罚

一、行政处罚的概念和特征

行政处罚是国家特定行政机关或法定的其他组织依照法定权限和程序对违反行政法规尚未构成犯罪的相对方给予行政制裁的具体行政行为。其特征为:

(1)行政处罚的主体是特定行政机关或法定的其他组织。哪一种违法行为该由哪一类行政机关处罚,必须由法律明确规定或授权。

(2)行政处罚的对象是作为相对方的公民、法人或其他组织。任何人只要违反了行政法所规定的义务,都应受到相应的处罚。

(3)行政处罚是适用于违反行政法律、法规的行为,它与违反《中华人民共和国刑法》由法院处以刑罚不同。

(4)行政处罚的性质是以惩戒违法为目的的具有制裁性的具体行政行为。这种惩罚措施是不能协商和调解的,如对罚款数额不能因违法行为人的辩解或求情而随意增减。

二、行政处罚应遵循的原则

(一)处罚法定原则

这是我国行政法治化的基本原则之一。其主要内容有:①处罚的依据法定,即行政处罚只能由法律、行政法规、地方性法规或者规章设定,其他文件一律不得设定。②处罚设定权法定,即法律(专指全国人民代表大会及其常务委员会制定的规范性文件)可以设定各种行政处罚;行政法规(含地方性法规)不得设定人身罚和吊销营业执照罚,必要时,可以在法律现有的行政处罚规定的行为、种类和幅度范围内作细则性规定;规章(含地方性规章)只能在尚无法律、法规规定时可设定警告或一定数额的罚款,其限额由国务院(或省级人大)规定。③实施行政处罚的主体及其职权法定。④处罚的程序法定。

(二)处罚与教育相结合原则

处罚的直接目的是要通过处罚纠正违法者的违法行为给予教育,提高其法制观念,促使受罚者及社会公众都自觉守法。

(三)公正、公开原则

公正是指行政机关在行政处罚中对被处罚者应采用同一尺度,客观平等对待,对同样性质和情节的违法行为应同样处理,不能当罚的不罚或者轻罚,不当罚的滥罚或者重罚。公开,首先是指有关处罚的规定要公开,使公民事先了解其内容以便遵守,未经公布的规定,不得作为处罚的依据;其次是指执法人员对违法者的行政处罚的过程及结果要公开,使受罚者及社会公众对处罚的公正性进行监督并接受教育。同时,执法程序要公开。

(四)一事不再罚原则

其含义是行为人的某一违法行为,只能依法给予一次行政处罚,不能以同一事实和理由处罚两次或多次,目的在于防止重复处罚和多头处罚。

(五)处罚救济原则

其含义是行政主体对相对方实施行政处罚时,必须保证相对方取得救济途径,否则不能实施行政处罚,它是保证行政处罚合法、公正行使的事后补救措施。《中华人民共和国行政处罚法》(简称《行政处罚法》)第七条规定:公民、法人或其他组织对行政机关给予的行政处罚,依法享有陈述权、申辩权,对行政处罚不服的,有权依法申请行政复议或者提起行政诉讼。

三、我国土地行政处罚的种类及适用范围

我国《行政处罚法》将行政处罚确定为六类:警告、通报批评;罚款、没收违法所得、没收非法财物;暂扣许可证件、降低资质等级、吊销许可证件;限制开展生产经营活动、责令停产停业、责令关闭、限制从业;行政拘留;法律、行政法规规定的其他行政处罚。根据《国土资源行政处罚办法》县级以上自然资源主管部门依照法定职权和程序,对自然人、法人或者其他组织违反国土资源管理法律法规的行为实施行政处罚。结合《土地管理法》《土地管理法实施条例》相关规定,土地行政处罚主要包括以下种类。

(一)罚款

罚款是土地行政处罚中适用最普遍、最广泛的一种限制和剥夺违法者财产权利的处罚形式。根据《土地管理法》及《土地管理法实施条例》规定,可处以罚款的违法行为有:①非法占用永久基本农田发展林果业或者挖塘养鱼的,由县级以上人民政府自然资源主管部门责令限期改正;逾期不改正的,按占用面积处耕地开垦费 2 倍以上 5 倍以下的罚款。②在临时使用的土地上修建永久性建筑物的,由县级以上人民政府自然资源主管部门责令限期拆除,按占用面积处土地复垦费 5 倍以上 10 倍以下的罚款;逾期不拆除的,由作出行政决定的机关依法申请人民法院强制执行。③买卖或者以其他形式非法转让土地的,罚款额为违法所得的 10%以上 50%以下。④占用耕地建窑、建坟或者擅自在耕地上建房、挖砂、采石、采矿、取土等,破坏种植条件的,或者因开发土地造成土地荒漠化、盐渍化的,罚款额为耕地开垦费的 5 倍以上 10 倍以下;破坏黑土地等优质耕地的,从重处罚。⑤拒不履行土地复垦义务的,罚款额为土地复垦费的 2 倍以上 5 倍以下。⑥未经批准或者采取欺骗手段骗取批准,非法占用土地的,罚款额为非法占用土地每平方米 100 元以上 1 000 元以下。⑦依法收回国有土地使用权当事人拒不交出土地的,临时使用土地期满拒不归还的,罚款额为非法占用土地每平方米 100 元以上 500 元以下。⑧擅自将农民集体所有的土地通过出让、转让使用权或者出租等方式用于非农业建设,或将集体经营性建设用地通过出让、出租等方式交由单位或者个人使用的,罚款额为违法所得的 10%以上 30%以下。

(二)没收违法所得、没收非法财物

《土地管理法》规定了适用于这一处罚措施的违法行为,具体有:①买卖或者以其他形式非法转让土地的,擅自将农用地改为建设用地。②擅自将集体土地使用权出让、转让或者出租用于非农业建设的。③未经批准或者采取欺骗手段骗取批准,非法占用土地的。④经非法批准征用、使用土地的。其中,前两种情形可处以没收违法所得的处罚;所有四种情形都既可处以限期拆除,也可处以没收非法占用土地上新建的建筑物和其他设施的处罚。

(三)法律规定的其他行政处罚

法律规定的其他行政处罚主要有:限期拆除,责令返还非法占用的土地,责令限期改正、治理等三种处罚措施。《土地管理法》对适用于这三种措施的违法行为作了具体规定,限期拆除适用于上述“没收违法所得、没收非法财物”中所列的四种行为。

责令退还非法占用的土地适用于下列土地违法行为:①未经批准或者采取欺骗手段骗取批准,非法占用土地;②农村村民非法占用土地建住宅;③经非法批准征用、使用土地;④依法收回国有土地使用权,当事人拒不交出;⑤临时使用土地期满拒不归还;⑥不按照批准的用途使用土地。

责令限期改正、治理适用于下列土地违法行为:①破坏耕地种植条件;②拒不履行土地复垦义务;③擅自将集体土地使用权出让、转让或者出租用于非农业建设;④不依法办理土地变更登记。应该说,责令限期改正、治理是一种补救性措施,实践中往往构成行政处罚行为。

四、土地行政处罚的管辖

土地行政处罚的管辖是指对具体的土地违法行为确定由哪一级或者哪一个自然资源主管部门实施处罚权的法律制度。土地行政处罚权是通过明确的管辖权来行使和体现的。根据《土地违法案件查处办法》《国土资源行政处罚办法》(简称《办法》)县级以上自然资源主管部门依照法定职权和程序,对自然人、法人或者其他组织违反国土资源管理法律法规的行为实施行政处罚。我国土地行政处罚管辖的形式有以下几种。

(一)地域管辖

地域管辖即自然资源主管部门之间在实施土地行政处罚权方面的地域分工。《办法》第五条规定:自然资源违法案件由土地、矿产资源所在地的县级自然资源主管部门管辖,但法律法规以及本办法另有规定的除外。此规定体现了行政处罚遵循行为发生地行政机关管辖的原则。其特点一是适用范围较广,既包括实施违法行为地,也包括危害结果发生地,囊括了行为人实施土地违法行为的全过程,无论行为人实施其违法行为在哪个阶段被发现,均可以较迅速地依法就地给予处罚;二是有利于调查、取证,可以节省人力、物力和财力,提高行政效率。

(二)级别管辖及其管辖权的转移

级别管辖是指划分上下级行政机关之间实施行政处罚权的分工。它对于合理划分上下级机关在处罚活动中的权限,提高处罚质量和效率具有不可替代的作用。省级、市级自然资源主管部门管辖本行政区域内重大、复杂和法律法规规定应当由其管辖的自然资源违法案件。国土资源部管辖全国范围内重大、复杂和法律法规规定应当由其管辖的自然资源违法案件。全国范围内重大、复杂的自然资源违法案件是指:①国务院要求自然资源部管辖的自然资源违法案件;②跨省级行政区域的自然资源违法案件;③自然资源部认为应当由其管辖的其他自然资源违法案件。

针对下级自然资源主管部门应当立案调查而不予立案调查的,或案情复杂,情节恶劣,有重大影响的,上级自然资源主管部门有权管辖下级自然资源主管部门管辖的案件。

根据《办法》第八条的规定,上级自然资源主管部门可以将本级管辖的案件交由下级自然资源主管部门管辖,但是法律法规规定应当由其管辖的除外。

管辖权的转移是级别管辖中的特殊情况。《办法》第十条规定,自然资源主管部门发现违法案件不属于本部门管辖的,应当移送有管辖权的自然资源主管部门或者其他部门。受移送的自然资源主管部门对管辖权有异议的,应当报请上一级自然资源主管部门指定管辖,不得再自行移送。

（三）指定管辖

《办法》第九条规定：有管辖权的自然资源主管部门由于特殊原因不能行使管辖权的，可以报请上一级自然资源主管部门指定管辖。自然资源主管部门之间因管辖权发生争议的，报请共同的上一级自然资源主管部门指定管辖。

五、土地行政处罚的程序和时效

自然资源主管部门发现自然人、法人或者其他组织行为涉嫌违法的，应当及时核查。对正在实施的违法行为，应当依法及时下达《责令停止违法行为通知书》予以制止。违法行为轻微并及时纠正，没有造成危害后果的，可以不予立案。

根据《办法》的规定，实施土地行政处罚须经下列程序。

（一）受理和立案

自然资源主管部门对上级交办、其他部门移送或群众举报的土地违法案件，应予受理。凡符合下列条件的应当立案：有明确的行为人；有违反自然资源管理法律法规的事实；依照自然资源管理法律法规应当追究法律责任；属于本部门管辖；违法行为没有超过追诉时效。

（二）调查、取证

根据《办法》规定，立案后，自然资源主管部门应当指定案件承办人员，及时组织调查取证。调查取证时，案件调查人员应当不少于 2 人，并应当向被调查人出示执法证件。调查人员与案件有直接利害关系的，应当回避。自然资源主管部门进行调查取证，有权采取下列措施：①要求被调查的单位或者个人提供有关文件和资料，并就与案件有关的问题作出说明；②询问当事人以及相关人员，进入违法现场进行检查、勘测、拍照、录音、摄像，查阅和复印相关材料；③依法可以采取的其他措施。当事人拒绝调查取证或者采取暴力、威胁的方式阻碍自然资源主管部门调查取证的，自然资源主管部门可以提请公安机关、检察机关、监察机关或者相关部门协助，并向本级人民政府或者上一级自然资源主管部门报告。

（三）陈述和申辩

《办法》第二十条规定：当事人请求自行提供陈述材料的，应当准许。必要时，调查人员也可以要求当事人自行书写。当事人应当在其提供的陈述材料上签名、按手印或者盖章。

（四）提交调查报告

案件调查终结，案件承办人员应当提交调查报告。调查报告应当包括当事人的基本情况、违法事实以及法律依据、相关证据、违法性质、违法情节、违法后果，并提出依法应当不予行政处罚或者给予行政处罚以及给予何种行政处罚的处理意见。经审理发现调查报告存在问题的，可以要求调查人员重新调查或者补充调查。

（五）决定

审理结束后，自然资源主管部门根据不同情况分别作出决定。违法行为依法需要给予行政处罚的，自然资源主管部门应当制作《行政处罚告知书》，按照法律规定的方式，送达当事人。当事人有权进行陈述和申辩。陈述和申辩应当在收到《行政处罚告知书》后三个工作日内提出。口头形式提出的，案件承办人员应当制作笔录。对拟给予较大数额罚款或者吊销勘查许可证、采矿许可证等行政处罚的，自然资源主管部门应当制作《行政处罚听证告知书》，按照法律规定的方式，送达当事人。当事人要求听证的，应当在收到《行政处罚听证告知书》后三个工作日内提出。当事人未在规定时间内陈述、申辩或者要求听证的，以及陈述、申辩或者听证中提出的事实、理由或者证据不成立的,自然资源主管部门应当依法制作《行政处罚决定书》,并按照法律规定的方式,送达当事人。

(六)执行

行政处罚决定生效后,当事人逾期不履行的,自然资源主管部门除采取法律法规规定的措施外,还可以采取以下措施:①向本级人民政府和上一级自然资源主管部门报告;②向当事人所在单位或者其上级主管部门通报;③向社会公开通报;④停止办理或者告知相关部门停止办理当事人与本案有关的许可、审批、登记等手续。

以上是行政处罚的一般程序,又称普通程序。行政处罚还有一种简易程序,又称当场处罚程序,即在具备某些条件的情况下,由执法人员当场作出行政处罚的决定,并当场执行的程序。它一般包括表明身份、说明处罚理由、给予当事人陈述和申辩的机会、制作笔录、制作当场处罚决定书、备案和执行等步骤。简易程序能够节省时间,提高行政管理效率。

第四节　土地行政强制执行

一、土地行政强制执行的概念和特征

土地行政强制执行是指自然资源主管部门为保障土地行政执法活动正常进行,对拒不履行法定义务的个人或组织,申请人民法院采取强制性措施,迫使其履行义务的行为。其主要特点有:

(1)实施土地行政强制执行的主体是自然资源主管部门和人民法院。对拒不履行法定义务的个人或组织,采取强制性措施来保障土地行政执法活动正常进行,是自然资源主管部门的本职工作,但是,我国的自然资源主管部门没有直接采取行政强制措施的权利。因此,《土地管理法》第八十三条规定:"……期满不起诉又不自行拆除的,由作出处罚决定的机关依法申请人民法院强制执行,费用由违法者承担。"由此可见,当负有义务的当事人拒不履行已经生效的土地行政处罚决定时,自然资源主管部门可以向人民法院申请执行,依靠法院的强制力量迫使当事人履行义务。

(2)土地行政强制执行以个人或组织拒不履行自然资源主管部门依法所课义务为前提。土地行政强制执行针对的是本身具有履行义务的能力,但故意不履行其法定义务的当事人。对于自然资源主管部门来讲,申请强制执行是一种执法手段,而不是目的,只是在当事人拒不履行其法定义务,使土地管理活动无法正常进行时,不得已而采取的补救措施。值得注意的是,当事人不履行义务,必须是一种客观存在,而不是主观臆测,必须超过了法定的时限,否则就不能申请采取行政强制执行措施。

(3)土地行政强制执行的对象主要是物,即对财产的强制执行,如强行拆除、强行没收等。

(4)在土地行政强制执行过程中,不得进行执行和解。这是因为,申请人民法院强制执行的自然资源主管部门是受国家委托依法履行职责的行政部门,责令当事人履行法定义务既是自然资源主管部门的职权,也是其必须对国家履行的职责,如果允许当事人不履行或不完全履行其法定的义务就是滥用职权,这是法律所不允许的。因此,自然资源主管部门无权擅自处分国家所赋予其职权的性质,就决定了在土地行政强制执行中不允许有执行和解的

事件发生。这和民事强制执行有本质性的区别。

土地行政强制执行的条件为：

(1)当事人因土地行政处罚决定承担了某项义务。

(2)当事人有不履行义务的故意,而非客观上不能履行。

(3)作出土地强制执行决定的必须是有权作出强制执行决定的自然资源主管部门申请人民法院实施。

二、土地行政强制执行的内容

根据《办法》的规定,当事人在法定期限内不申请行政复议或者提起行政诉讼,又不履行的,自然资源主管部门可以自期限届满之日起三个月内就下述行为申请人民法院强制执行：

(1)责令限期拆除在非法占用的土地上新建的建筑物和其他设施,当事人拒不履行的,凡有下列情形之一的,自然资源主管部门应当申请强制执行:①当事人买卖或者以其他形式非法转让土地,被责令限期拆除在非法转让的土地上新建的建筑物和其他设施,拒不履行的;②当事人(或农村村民)未经批准或者采取欺骗手段骗取批准,非法占用土地(或建住宅),被责令限期拆除在非法占用的土地上新建的建筑物和其他设施(或房屋),拒不履行的。

(2)责令退还非法占用的土地,当事人拒不退还的。

(3)决定没收买卖或非法转让土地的违法所得,拒绝交出的。

(4)决定没收在非法转让的土地上新建的建筑物和其他设施,当事人拒绝交出的。

(5)对非法占用土地处以罚款处罚,当事人拒绝交付的。

(6)责令限期治理、恢复耕种条件,或者对该种行为处以罚款行为的。

(7)对不履行复垦义务,责令缴纳复垦费或处以罚款,当事人拒不缴纳的。

(8)责令交还依法收回的土地使用权并处以罚款,当事人拒绝履行的。

(9)对擅自将集体土地使用权出让、转让或者出租用于非农业建设,责令限期改正、没收非法所得并处罚款,或者对逾期不改正,决定没收该幅土地及地上建筑物和其他设施,拒不交出的。

(10)依法应向人民法院申请执行的其他土地行政处罚决定。

当事人只要因实施了上述土地违法行为中的任何一项,而受到自然资源主管部门的行政处罚,却拒绝履行法定义务,并属主观故意,且在法定期限内又不向人民法院起诉,那么,自然资源主管部门就可以申请人民法院强制执行。

三、土地行政强制执行的措施

根据《中华人民共和国民事诉讼法》(简称《民事诉讼法》)、《中华人民共和国行政诉讼法》(简称《行政诉讼法》)的有关规定,人民法院对土地行政强制执行可分情况采取以下几种措施：

(1)扣留、提取被执行人的储蓄存款或者劳动收入,转交申请执行人,以偿付被执行人所欠的罚款等款额。

(2)查封、扣押、冻结、变卖被执行人的财产。这几项措施可以用于当事人拒交罚款,拒绝交出违法所得以及拒绝交出违法占用被征地单位的土地补偿费和安置补助费等行为。

(3)划拨或转交有关被执行人的存款。即通过金融机构将作为被执行的法人或其他组织的存款,按照人民法院协助执行通知书规定的数额划入(或转交)权利人的账户内。这项措施主要适用于拒绝退赔非法占用被征地单位的土地补偿费和安置补助费的有关组织的行为。

(4)强制迁出房屋、拆除违章建筑物和强制退出土地。其主要适用于当事人拒绝在法定期限内交出或拆除在非法占用的土地上新建的住房或其他设施,拒绝退还或交出非法占用的土地,拒绝交回已经期满的临时使用的土地的行为。

(5)强制执行指定的行为。所谓指定的行为,是指自然资源主管部门依法所课土地违法者必须为的行为,如果当事人拒不履行,则申请人民法院强制其履行或者由人民法院委托有关单位或他人代为履行,其费用由被执行人承担。被执行人拒不承担费用的,由人民法院依法强制执行。这种措施主要适用于违法者拒绝在法定期限内治理依法应治理的土地的行为以及拒绝搬迁房屋、拆除违法占地上的建筑物等行为。

(6)法律规定的其他执行措施。

四、土地行政强制执行的程序

(一)申请执行

申请人民法院强制执行其具体行政行为的,由被执行人所在地基层人民法院执行。因此,当作出处罚决定的自然资源主管部门认为需要采取强制执行时,应在法定期限内向被执行人所在地的基层人民法院提交申请执行书,逾期申请的,人民法院不予受理。

(二)审查立案

对自然资源主管部门申请人民法院强制执行其具体行政行为的,由人民法院执行庭负责审查和执行。人民法院在接到申请执行书后,应审查以下内容:行政处罚决定是否合法,当事人不履行义务是否属于故意,申请执行的事项是否明确适当,申请人提交的文书依据是否齐备,是否符合法定管辖范围,是否在法定的期限内提出申请等。

经审查后,认为行政处罚决定正确、执行申请合法的,人民法院应立案并作出强制执行的决定,然后将决定通知申请机关。如果认为执行申请确有错误或违法,经人民法院院长批准,做出不予立案的决定,并将执行申请退回申请机关。

(三)通知履行

人民法院作出强制执行决定后,应向被执行人发出强制执行通知书,命令被执行人限期履行义务。对于确有履行能力而到期拒不履行义务的当事人,应会同有关组织或当事人的亲朋好友对其进行法制教育,讲明不履行法定义务以及抗拒或妨碍执行的法律后果。如果被执行人经人民法院告诫仍不履行,则进入强制执行程序。

(四)强制执行

强制执行决定通知被执行人后,被执行人如不在通知限定期限内自动履行,人民法院即可实施强制执行措施。

自然资源主管部门申请人民法院强制执行前,有充分理由认为被执行人可能逃避执行的,可以申请人民法院采取财产保全措施。自然资源主管部门申请人民法院强制执行前,应当催告当事人履行义务。

第五节 土地行政监督行为

一、土地行政监督的概念、特征和作用

土地行政监督是指县级以上人民政府自然资源主管部门按照法定程序和方式,依法对相对方遵守土地法律、法规、规章,执行与土地有关的行政命令、决定的情况进行检查、了解、监督的行政行为。其特征为:

(1)土地行政监督的主体必须是县级以上人民政府自然资源主管部门,其他主体如乡(镇)人民政府无权行使土地行政监督。

(2)土地行政监督的对象是作为行政相对方的公民、法人或其他组织,有关的行政机关和组织,在一定条件下也可以成为行政监督的对象。

(3)土地行政监督的内容是相对方遵守土地法律、法规、规章,执行与土地有关的行政命令、决定的情况。

(4)土地行政监督的目的是防止和纠正相对方的违法行为,保障法律、法规、规章的执行和土地行政目标的实现。

(5)土地行政监督的性质是一种依职权的单方具体行政行为,是一种独立的法律行为。其法律意义在于它虽然不直接改变相对方的实体权利与义务,但可以对相对方设定某些程序性义务(如命令其接受检查等)和对其行为或权利进行一定的限制(如制止其违法行为或责令违法嫌疑人在调查期间不得变卖、转移与案件有关的财物)。所以,它与行政立法、行政许可、行政处罚、行政强制措施等行为既有区别又密切相关,成为行政管理过程中不可或缺的环节。

土地行政监督的作用为:国家建立土地行政监督制度,通过有效的行政监督活动及时发现、揭露和制止土地所有者、土地使用者、土地管理者的土地违法行为,强化土地管理职能,保证国家土地法律、法规、规章的正确执行,维护正常的土地管理秩序,保护国家和社会公共利益及其他当事人的合法权益。

二、土地行政监督的种类

(一)以行政监督对象划分

以行政监督对象划分,土地行政监督可分为一般行政监督和特定行政监督。一般行政监督即普遍行政监督,是指自然资源主管部门对不特定的当事人所实施的行为是否遵守、执行某项法律、法规、规章的监督检查,如执法大检查活动;特定行政监督是指自然资源主管部门针对某个特定的当事人或特定事项所实施的检查。对某单位的土地使用情况的监督检查、对开发区建设用地情况的专项检查均属特定行政监督。专项检查具有针对性强、重点突出、发现与掌握问题较为准确等特点。

(二)以行政监督目的划分

以行政监督目的划分,土地行政监督可分为守法行政监督和执行行政监督。守法行政监督是指自然资源主管部门对国民遵守法律、法规情况所实施的检查,如对土地使用者是否依法使用土地的检查。执行行政监督是指自然资源主管部门对当事人是否执行具有法律效

力的行政决定、命令或是否履行特定义务所实施的检查。一般来说,守法行政监督有可能引起查处行为的产生,而执行行政监督有可能引起强制执行结果的发生。

(三)以行政监督对象行为发生的顺序划分

以行政监督对象行为发生的顺序划分,可分为事前行政监督、事中行政监督和事后行政监督。事前行政监督、事中行政监督的作用在于对行政监督对象不符合土地法律、法规要求的行为,一旦发现能够立即制止,以防造成违法事实或危害结果;事后行政监督的作用在于对行政监督对象已经发生的违法行为,能够责令其采取补救措施或追究其法律责任。

(四)以行政监督主体是否单独行使监督划分

以行政监督主体是否单独行使监督划分,可分为单独行政监督和联合行政监督。单独行政监督是指自然资源主管部门依靠自己的力量,单独开展行政监督活动;联合行政监督是指自然资源主管部门与其他有关部门(如城建、行政监督、公安等)联合进行的土地行政监督活动。在实践中,有些情况,特别是查处有关土地违法行为时,就需要自然资源主管部门与有关部门联合行为,紧密配合方能有效地实施行政监督。

三、土地行政监督的内容

自然资源主管部门应当通过定期或者不定期检查等方式,加强对下级自然资源主管部门实施行政处罚工作的监督,其中要将发现制止违法、依法履行行政处罚职责等情况作为监督检查的重点内容。

根据现行法律、法规规定,自然资源主管部门依法对当事人下列行为的合法性实施行政监督:

(1)土地权属取得、变更和登记发证行为,既要对有关当事人取得、变更土地权属的行为是否合法进行监督,也要对有关自然资源主管部门是否依法履行登记发证职责进行监督。

(2)土地规划行为,包括以土地利用总体规划为主的各种类型的规划行为。对土地规划行为的行政监督,主要从规划编制的主体资格、程序等方面是否合法进行监督。

(3)对土地开发利用的主体资格、土地用途等方面是否合法进行监督。

(4)耕地保护特别是基本农田保护行为,主要从当事人是否采取保护耕地的措施及措施是否合法等方面进行监督。

(5)对土地整理与土地复垦行为是否合法进行监督。

(6)对农用地转建设用地行为,包括对农用地转为建设用地是否符合土地利用总体规划、程序是否合法进行监督。

(7)对建设用地行为,包括对建设用地者的资格、申请、范围、审批以及取得建设用地的程序是否合法进行监督。

(8)对土地征用行为,主要从征用土地是否符合土地利用总体规划,用地者的资格条件,征地补偿安置费标准,征地审批程序等方面是否合法进行监督。

(9)对土地使用权出让行为,主要从出让程序、出让方式、出让合同内容(特别是合同约定的土地用途、土地出让价格、土地使用条件和出让年限)等方面是否合法进行监督。

(10)土地使用权交易行为,主要对土地使用权转让、出租、抵押、作价出资入股等行为是否合法进行监督,特别是对土地使用权的流转条件、价格等是否合法进行监督。

(11)土地资产处置行为,主要是对以划拨方式取得国有土地使用权的国有单位和其他使用国有土地的单位处置土地使用权的方式（国有土地租赁、土地使用权出让、土地使用权作价出资入股等）、处置程序等方面是否合法进行监督。

(12)其他土地行为，如对土地权属争议的处理行为、下级人民政府及其自然资源主管部门发布的有关土地方面的规范性文件等是否合法进行督查，对上级自然资源主管部门下达的查处令执行情况进行监督。

四、自然资源主管部门的法律责任

根据《办法》规定，自然资源主管部门应当建立重大违法案件公开通报制度，将案情和处理结果向社会公开通报并接受社会监督。自然资源主管部门应当建立重大违法案件挂牌督办制度，明确提出办理要求，公开督促下级自然资源主管部门限期办理并接受社会监督。自然资源主管部门应当建立违法案件统计制度，下级自然资源主管部门应当定期将本行政区域内的违法形势分析、案件发生情况、查处情况等逐级上报。自然资源主管部门应当建立自然资源违法案件错案追究制度，行政处罚决定错误并造成严重后果的，作出处罚决定的机关应当承担相应的责任。自然资源主管部门应当配合有关部门加强对行政处罚实施过程中的社会稳定风险防控。

县级以上自然资源主管部门直接负责的主管人员和其他直接责任人员，违反规定，有下列情形之一，致使公民、法人或者其他组织的合法权益、公共利益和社会秩序遭受损害的，应当依法给予处分：

(1)对违法行为未依法制止的；

(2)应当依法立案查处，无正当理由未依法立案查处的；

(3)在制止以及查处违法案件中受阻，依照有关规定应向本级人民政府或者上级自然资源主管部门报告而未报告的；

(4)应当依法进行行政处罚而未依法处罚的；

(5)应当依法申请强制执行、移送有关机关追究责任，而未依法申请强制执行、移送有关机关的；

(6)其他徇私枉法、滥用职权、玩忽职守的情形。

第六节　土地行政裁决行为

一、行政裁决的概念与特征

行政裁决是指行政主体依照法律授权，对平等主体之间发生的、与行政管理活动密切相关的、特定的民事纠纷（争议）进行审查并作出裁决的具体行政行为。其特征为：

(1)行政裁决的主体（裁决者）是法律授权的特定的行政机关。

(2)行政裁决的对象是特定的民事纠纷。传统上，民事纠纷是由法院裁判的，行政机关一般只行使行政权，通常情况下不能裁决属于司法权范畴的民事争议案件。但为适应客观现实的需要，在特定情况下，为实现行政管理的目标，法律特别规定个别种类的民事案件授权行政主体先予裁决并保留法院对之进行司法审查的权力。

(3)行政裁决是行政主体行使行政裁判权的活动，具有法律权威性。在现代社会，行政裁判权已成为国家行政权的一个重要组成部分,因此行政裁判权的行使也是国家行政权的一种行使方式,行政裁决活动具有行政权行使的特征。无论民事纠纷的双方当事人是否接受或同意,都不影响行政裁决的进行和成立,也不影响行政裁决应有的法律效力。

(4)行政裁决是一种特殊的具体行政行为。所谓特殊:一是因为行政机关是居间裁决的公断人而非以管理者的身份出现;二是因为行政裁决依照的是一种准司法程序,不同于一般具体行政行为程序,它要求行政主体客观公正地审查证据、调查事实,然后依法作出公正的裁决。尽管行政裁决具有以上特性,但它仍是一种具体行政行为。因为行政裁决对已发生的特定民事纠纷在行政上予以法律确认,使处于不确定状态的法律关系被确认下来,其行为具有具体行政行为的性质和特征。所以,对行政裁决不服而产生的纠纷应属行政纠纷范畴。我国的有关法律、法规和司法解释也已明确规定,对行政裁决不服的可依法申请行政复议或提起行政诉讼。

二、行政裁决与行政仲裁的区别

行政仲裁是指行政机关设立的特定行政仲裁机构以第三者的身份,对双方当事人之间的纠纷依法予以公断的制度。就其特征而言,行政裁决与行政仲裁有相似之处,它们都是行政机关以第三者的身份居间裁断,所处理的对象都是民事争议等。但是,行政裁决与行政仲裁又有以下较大的区别:

(1)从起源上看,行政裁决作为行政行为的一种方式出现,即行政机关以第三者的身份居间对双方当事人的纠纷予以裁决。而行政仲裁则作为一种民间的活动出现。正因为如此,通过近年来的改革,仲裁逐步在淡化行政色彩而向民间性质过渡,特别是《中华人民共和国仲裁法》颁布与实施以来,曾作为典型的行政仲裁之一的经济合同的仲裁性质已经完全改变。

(2)从法律后果上看,行政裁决是行政机关运用行政权力的过程,对之作出的裁决不服可申请行政复议或起诉。而行政仲裁则基于双方当事人的自愿,并非行政机关运用行政权的过程。双方当事人对仲裁决定不服的,仍可作为民事纠纷向法院提起民事诉讼。

三、我国土地行政裁决的种类

我国的土地行政裁决可以归纳为权属纠纷裁决、损害赔偿裁决和侵权纠纷裁决。

(一)权属纠纷裁决

权属纠纷裁决是指行政主体对平等主体之间,因涉及与行政管理相关的土地及相关财物的所有权、使用权的归属而发生的争议所作出的确定性裁决。在土地管理实践中,由于地界不清,土地权属紊乱,政策和体制的变更以及其他历史原因遗留问题等,造成了较多较复杂的土地权属纠纷,对这些纠纷进行裁决,是土地管理部门的一项重要工作。

(二)损害赔偿裁决

损害赔偿裁决是指行政机关对平等主体之间发生的因涉及与行政管理相关的土地合法权益受到侵害而引起的赔偿争议所作的裁决。如化工厂排出的污水污染了农田、损害了农作物,权益受损方可依法要求有关行政机关进行裁决,确认赔偿责任和赔偿金额,使其受到损害的权益得到恢复和赔偿。

(三)侵权纠纷裁决

侵权纠纷裁决是指由于作为平等主体一方当事人涉及行政管理的土地合法权益受到另一方侵犯时,当事人依法申请行政机关进行制止,行政机关就此争议作出的制止侵权行为的裁决。如甲在乙的土地上盖房居住,甲就侵犯了乙的土地使用权,乙可以依法申请土地管理部门进行裁决,制止甲的侵权行为。

四、行政裁决的程序

根据我国相关法律、法规和行政管理实践,将行政裁决的程序规则概括如下。

(一)申请

当事人应当首先提出请求行政机关保护自己合法民事权益的申请书。申请必须符合下列条件:①申请人合格,即申请人必须是民事权益发生争议的当事人或其法定代理人、监护人。②申请必须向有管辖权的行政机关提出。③申请必须在法定期限内提出。④申请一般必须提交申请书,口头申请作为例外。

(二)受理

行政机关收到当事人的申请书后,应当对申请书进行初步审查,如果符合条件,行政机关应当受理;如果不符合条件,行政机关应及时通知当事人并说明理由。

(三)调查、审理

受理的行政机关将申请书副本送交对方当事人,对方当事人必须在法定期限内作出答复。行政机关对纠纷的事实和证据进行查证核实,看事实是否清楚,证据是否充分确凿。如果事实不清,行政机关可召集当事人进行调查、询问和辩论,也可以向有关证人了解情况;如果证据不足,行政机关有权责令当事人举证,也可以自行依法调查或向有关组织调取证据。

(四)裁决

行政机关通过审查,认为事实清楚、证据确凿的应及时裁决。裁决书应载明双方当事人及法定代理人或委托代理人的姓名、住址、身份、纠纷争议的内容、对争议的裁决以及裁决的依据和理由。另外,还要告知当事人能否起诉以及起诉期限和管辖法院。

第七节 土地行政诉讼概述

一、土地行政诉讼的概念及原则

土地行政诉讼是指公民、法人或其他组织认为土地行政主管部门的具体行政行为(包括作为和不作为)侵犯其合法权益,在法定期限内,依法向人民法院起诉,由人民法院依法审理判决的活动。

《行政诉讼法》对行政诉讼规定了以下七项原则:

(1)人民法院依法对行政案件独立行使审判权,不受行政机关、社会团体和个人的干涉。

(2)人民法院审理行政案件,以事实为依据,以法律为准绳。

(3)人民法院审理行政案件,只对具体行政行为是否合法进行审查。对于行政机关在法律、法规规定范围内作出的具体行政行为是否适当,原则上通过行政复议处理,人民法院不能代替行政机关作出决定。

(4)人民法院审理行政案件,依法实行合议、回避、公开审判和两审终审制度。由于行政案件审理难度较大,人民法院审理行政案件,由审判员组成合议庭,或者由审判员、陪审员组成合议庭而不是由审判员一人单独审判。

(5)当事人在行政诉讼中的法律地位平等,均有权辩论。

(6)各民族公民都有用本民族语言、文字进行行政诉讼的权利。在少数民族聚居或者多民族共同居住的地区,人民法院应当用当地民族通用的语言、文字进行审理和发布法律文书。

(7)人民检察院有权对行政诉讼实行法律监督。人民检察院对人民法院已经发生法律效力的判决、裁定,如果发现有违反法律规定的,则有权依照审判监督程序提出抗诉。

二、土地行政诉讼与土地行政复议的关系

根据法律的规定,土地行政复议和土地行政诉讼的关系,有以下四种情况:

(1)行政相对人不服具体行政行为,依法必须经过行政复议。如对复议决定仍不服的,才可以向人民法院起诉,如对关于土地权属关系争议的行政行为不服,必须先申请复议。这就是通常所说的复议前置原则。

(2)行政相对人不服具体行政行为,依法可以在行政复议和向人民法院起诉之间自由选择。如选择行政复议,对复议决定仍不服的,还可向人民法院起诉;也可以不经过行政复议,直接向人民法院起诉。这就是所谓的选择复议原则。

(3)行政相对人不服具体行政行为,依法可以直接向人民法院起诉。法律、法规没有规定必须经过行政复议的,就是不适用复议前置原则。《行政诉讼法》关于选择复议的规定,可以适用于这种情况。

(4)行政相对人不服具体行政行为,依法可以在行政复议和向人民法院起诉之间自由选择,但是,如选择行政复议后,复议机关的复议决定就是最终裁决。行政相对人如不服复议决定,也不能再向人民法院起诉。

土地行政复议和土地行政诉讼的关系表现为以下几个方面:

(1)以复议前置原则为主。如《中华人民共和国行政复议法》第三十条规定:“公民、法人或者其他组织认为行政机关的具体行政行为侵犯其已经依法取得的土地……等自然资源的所有权或者使用权的,应当先申请行政复议;对行政复议决定不服的,可以依法向人民法院提起行政诉讼。”

(2)对土地权属关系以外的具体行政行为不服适用选择复议原则。例如:当事人对自然资源主管部门作出的罚款决定不服的,可以在接到罚款通知之日起60日内,向作出罚款决定的土地管理部门的上一级机关申请复议;对复议决定不服的,可以在接到复议决定之日起15日内,向人民法院起诉。当事人也可以在接到罚款通知之日起15日内,直接向人民法院起诉。

(3)法律法规的规定相对人可以直接向人民法院起诉。如《土地管理法》第八十三条规定,根据《行政诉讼法》第十二条规定:“认为行政机关侵犯其他人身权、财产权等合法权益的。除前款规定外,人民法院受理法律、法规规定可以提起诉讼的其他行政案例。”建设单位或者个人对责令期限拆除的行政处罚决定不服的,可以在接到责令限期拆除决定之日起

15 日内,向人民法院起诉。

三、土地行政诉讼的范围和管辖

(一)土地行政诉讼的范围

土地行政诉讼的范围就是人民法院审判土地行政案件的范围。根据《行政诉讼法》的规定,可以提起土地行政诉讼的案件,主要有:

(1)不服土地行政处罚的具体行政行为。土地行政处罚决定主要有罚款、责令返还土地、限期拆除、没收在非法占用土地上新建房屋、没收买卖或者其他形式非法转让土地的非法所得、责令退赔、责令限期治理等。

(2)不服土地行政主管部门拒绝颁发许可证或者不予答复的具体行政行为。如果个人或者组织认为自己符合法定条件,申请自然资源主管机关或人民政府批准颁发使用土地许可证,而自然资源主管机关或人民政府拒绝批准、颁发或者不予答复的,相对人则可以依法提起行政诉讼。

(3)不服土地行政主管部门对土地所有权、使用权归属所作的具体行政行为。根据当事人对行政机关就土地所有权、使用权归属所作的处理决定不服的,依法先进行行政复议后,对行政复议决定仍然不服的,可以提起行政诉讼。

(4)不服土地行政主管部门对侵犯土地的所有权、使用权所作的赔偿损失的具体行政行为。公民、法人或者其他组织认为行政机关和行政机关工作人员的行政行为侵犯其合法权益,有权依照本法向人民法院提起诉讼。

(5)不服土地行政主管部门所作的行政侵权赔偿或者补偿的具体行政行为。《行政诉讼法》第二条规定,第十八条规定:"行政案件由最初作出行政行为的行政机关所在地人民法院管辖。经复议的案件,也可以由复议机关所在地人民法院管辖。经最高人民法院批准,高级人民法院可以根据审判工作的实际情况,确定若干人民法院跨行政区域管辖行政案件。"

(6)认为土地行政主管部门违法要求履行义务的具体行政行为,如非法摊派、滥收费用等。

(7)不服土地管理机关所作的其他土地纠纷的具体行政行为。

在实践中,土地行政复议的范围和土地行政纠纷的范围是基本相同的,不服土地行政复议的案例,都可以依法向人民法院提起行政诉讼。但是,所有提起行政诉讼的案件,不一定都必须进入土地行政复议。

(二)土地行政诉讼的管辖

行政诉讼的管辖是指人民法院之间受理第一审行政案件的分工和权限。行政诉讼的管辖可以分为级别管辖、地域管辖和裁定管辖。《行政诉讼法》第二十条规定:"因不动产提起的行政诉讼,由不动产所在地人民法院管辖。"土地行政案件主要属于因不动产提起的行政诉讼,因此土地行政诉讼管辖存在下列两种情形:

(1)当事人不服土地行政主管部门的具体行政行为,直接向人民法院起诉的案件,或者申请行政复议,对复议决定维持原具体行政行为不服而向人民法院起诉的案件,应由最初作出具体行政行为的土地行政主管部门所在地人民法院管辖。

(2)当事人对原具体行政行为不服,申请复议,又对土地复议机关改变原具体行政行为的决定不服而向人民法院起诉的案件,最初作出具体行政行为的土地行政主管部门所在地法院和复议机关所在地的法院都有管辖权。当事人可向任一法院起诉。

属于受诉人民法院管辖是法定起诉条件之一。人民法院对不符合管辖规定的起诉,不予受理;已经受理的,应依法移送至有管辖权的人民法院。

第八节　土地行政诉讼的程序

一、起诉

根据《行政诉讼法》的规定,公民、法人或其他组织提起土地行政诉讼,应当具备以下条件:

(1)原告必须是认为土地行政主管部门的具体行政行为侵犯其合法权益的公民、法人或其他组织。一般来说,土地行政主管部门没有对其实施土地管理具体行政行为的公民、法人或其他组织不能作为原告。但是,如果有权起诉的公民已经死亡,其近亲属可以作为原告提起诉讼;有权起诉的法人终止,承受其权利的法人可以提起诉讼。实施土地管理具体行政行为的土地行政主管部门,不能作为行政诉讼的原告。

(2)有明确的被告。原告起诉应指明作出具体行政行为,侵犯其合法权益的是哪一个土地行政主管部门。被告必须是实施具体行政行为的自然资源主管部门,土地行政主管部门的工作人员不能成为土地行政诉讼的被告。依据《行政诉讼法》和最高人民法院司法解释的有关规定,原告依法直接起诉的或者选择复议且复议机关维持原具体行政行为的或者复议机关在法定期限内不作出复议决定、原告对原具体行政行为不服的,作出原具体行政行为的土地行政主管部门是被告;原告选择复议,不服复议机关改变原具体行政行为的,复议机关是被告。有下列三种情况之一的,即属于复议机关改变原具体行政行为:①复议机关改变原具体行政行为所认定的事实的;②复议机关改变原具体行政行为所使用的法律、法规或者规章的;③复议机关改变原具体行政行为的处理结果,即撤销、部分撤销或者变更原具体行政行为的。

(3)有具体的诉讼请求和事实根据。具体的诉讼请求是指原告提出起诉所要解决的土地行政争议,要求撤销违法的土地具体行政行为,或者要求对土地具体行政行为造成合法权益的损害给予行政侵权赔偿。事实根据是指原告对起诉自然资源主管部门所作的具体行政行为侵犯其合法权益,应当提供有关的事实、证据和法律、法规的依据。在行政诉讼中,原告提供证据和被告负举证责任有一定区别。所谓被告负举证责任,是指被告作为行使土地管理职权的主管机关,对所作出的土地具体行政行为具有证明其合法性的责任。如果被告不能提供充足的证据,就要承担败诉的风险。原告作为土地管理的相对人,处于被管理者的地位。原告不负举证责任并不等于不承担提供证据的责任。

(4)属于人民法院受案范围和受诉人民法院管辖。原告起诉的土地行政案件必须是法律、法规规定属于人民法院受案范围的;否则,人民法院不能受理。

当事人的起诉,在符合人民法院受案范围的前提下,还必须符合有关管辖规定。

二、受理与立案

土地行政诉讼的受理,是指原告的起诉经过受诉人民法院审查,认为符合起诉条件,决定立案审理的行为。

对原告的起诉结合具体的案例进行以下几个方面的审查,分不同的情况进行处理。

(1)符合起诉条件的,应自接到起诉状之日起七日内立案受理。

(2)认为基本符合起诉条件,但起诉状内容欠缺或者有其他错误的,应当给予指导和释明,并一次性告知当事人需要补正的内容。不得未经指导和释明即以起诉不符合条件为由不接收起诉状。

(3)认为不符合起诉条件的,应当在接到起诉状之日起七日内作出不予受理的裁定。对于不接收起诉状、接收起诉状后不出具书面凭证,以及不一次性告知当事人需要补正的起诉状内容的,当事人可以向上级人民法院投诉,上级人民法院应当责令改正,并对直接负责的主管人员和其他直接责任人员依法给予处分。

三、土地行政诉讼的审理

(一)审理前的准备

1. 立案

人民法院应当在立案之日起五日内,将起诉状副本发送被告。被告应当在收到起诉状副本之日起十五日内向人民法院提交作出行政行为的证据和所依据的规范性文件,并提出答辩状。人民法院应当在收到答辩状之日起五日内,将答辩状副本发送原告。被告不提出答辩状的,不影响人民法院审理。

2. 依法组成合议庭

人民法院审理行政案件,应当依法组成合议庭,合议庭的成员应当是 3 个以上的单数,由审判员组成或者由审判员和陪审员组成。审判人员认为自己与本案有利害关系或者由其他可能影响案件公正处理的,应当申请回避。

3. 审查当事人是否委托诉讼代理人

当事人委托诉讼代理人,应向人民法院提交授权委托书,载明委托事项和权限范围,并经人民法院审查同意。土地行政诉讼原告和被告都可以委托 1~2 名诉讼代理人代为诉讼。律师、社会团体、提起诉讼的公民的近亲属,或者所在单位推荐的人,以及人民法院认可的其他公民,可以受委托为原告的诉讼代理人,被告可以委托其工作人员或者律师为诉讼代理人。土地行政复议机关为被告,可以委托 1~2 名原裁决机关的工作人员作为诉讼代理人。

4. 审查诉讼公文和证据材料

了解原告和被告双方发生土地行政争议的具体事实,及时更换不符合条件的当事人,决定或者通知与诉讼的土地具体行政行为有利害关系的第三人参加诉讼。在证据材料不充足的情况下,要求当事人提供补充证据,或者自行向有关人员调取证据。

5. 决定被诉土地具体行政行为是否停止执行

根据《行政诉讼法》第五十六条的规定,诉讼期间不停止具体行政行为的执行。但有下列情形之一的,裁定停止执行:①被告认为需要停止执行的;②原告或者利害关系人申请停止执行,人民法院认为该行政行为的执行会造成难以弥补的损失,并且停止执行不损害国家利益、社会公共利益的;③人民法院认为该行政行为的执行会给国家利益、社会公共利益造成重大损害的;④法律、法规规定停止执行的。当事人对停止执行或者不停止执行的裁定不服的,可以申请复议一次。

(二)审理的方式

按照《行政诉讼法》的规定,人民法院公开审理行政案件,但涉及国家秘密、个人隐私和法律另有规定的除外。涉及商业秘密的案件,当事人申请不公开审理的,可以不公开审理。

按照《行政诉讼法》的规定,人民法院审理行政案件,不适用调解,人民法院审理土地行政案件,主要是审查土地具体行政行为是否合法。而土地行政主管部门的行政行为是代表国家以国家名义实施的行为,土地行政主管部门在诉讼中无权任意处分其实体权利。所以,在土地行政诉讼中,人民法院不能适用调解或者以调解作为结案方式。但是,人民法院审理土地行政赔偿诉讼,对于赔偿的数额争议,可以适用调解。

(三)审理的内容

人民法院审理土地行政案件,应当审查土地管理的具体行政行为是否合法,着重从以下五个方面进行审查:

(1)审查被诉自然资源主管部门是否依法取得实施被诉土地管理具体行政行为相应的行政管理职权和是否超越职权。

(2)审查被诉土地行政主管部门实施的具体行政行为认定的事实是否真实、证据是否确凿。

(3)审查被诉土地行政主管部门实施的具体行政行为所适用的法律、法规和规章是否正确。

(4)审查被诉土地行政主管部门实施的具体行政行为是否符合法定程序。

(5)审查被诉自然资源主管部门作出的行政处罚具体行政行为是否显示公正。

(四)审理中的撤诉

根据《行政诉讼法》第六十二条的规定,人民法院对行政案件宣告判决或者裁定前,原告申请撤诉的,或者被告改变其所作的行政行为,原告同意并申请撤诉的,是否准许,由人民法院裁定。原告撤诉有以下三种情况:

(1)原告在被告自然资源主管部门未改变被诉土地具体行政行为的情况下申请撤诉,自愿放弃起诉的权利,接受自然资源主管部门原具体行政行为。

(2)原告在被告主动改变被诉土地具体行政行为后,经土地主管机关同意并申请撤诉,应当接受土地行政主管部门重新作出的具体行政行为。被告在人民法院审理行政案件第一审程序中,依法可以改变原具体行政行为,如果原告不同意和不申请撤诉,或者原告同意并申请撤诉,未经人民法院准许,人民法院就继续审理被诉的原具体行政行为。

(3)原告经人民法院两次合法传唤,无正当理由拒不到庭的,视为原告自愿撤诉。在开庭审理期间,原告未经人民法院的许可,中途退庭拒不返回的,也可视为原告申请撤诉。

(五)缺席判决

人民法院在审理土地行政案件时,经人民法院传票传唤,原告无正当理由拒不到庭,或者未经法庭许可中途退庭的,可以按照撤诉处理;被告无正当理由拒不到庭,或者未经法庭许可中途退庭的,可以缺席判决。

四、土地行政诉讼的判决

依照《中华人民共和国行政诉讼法》第八十条的规定,人民法院对公开审理和不公开审理的案件,一律公开宣告判决。当庭宣判的,应当在十日内发送判决书;定期宣判的,宣判后立即发给判决书。宣告判决时,必须告知当事人上诉权利、上诉期限和上诉的人民法院。人民法院经过审理,根据不同情况,分别作出行政判决。

(一)判决维持

土地行政主管部门作出的具体行政行为,同时具备证据确凿,适用法律、法规正确,符合法定程序三项条件的,属于合法的具体行政行为,人民法院应判决维持。

(二)判决撤销或者部分撤销,并可判决被告重新作出具体行政行为

当事人的申请符合下列情形之一的,人民法院应当再审:①不予立案或者驳回起诉确有错误的;②有新的证据,足以推翻原判决、裁定的;③原判决、裁定认定事实的主要证据不足、未经质证或者是伪造的;④原判决、裁定适用法律、法规确有错误的;⑤违反法律规定的诉讼程序,可能影响公正审判的;⑥原判决、裁定遗漏诉讼请求的;⑦据以作出原判决、裁定的法律文书被撤销或者变更的;⑧审判人员在审理该案件时有贪污受贿、徇私舞弊、枉法裁判行为的。

(三)判决履行

法律、法规规定属于土地行政主管部门的行政职权和法定职责,相对人符合法定条件,向土地行政主管部门申请颁发土地使用许可证等,在被告不履行或者拖延履行法定职责时,人民法院可以判决被告必须在一定期限内作出履行法定职责的具体行政行为。

(四)判决变更

原告的行为违法,依法应追究行政责任,但被告作出属于行政处罚的具体行政行为显失公正时,人民法院可以作出直接改变土地行政主管部门的具体行政行为的判决。

五、土地行政案件的执行

土地行政案件经过人民法院判决、裁定发生法律效力以后,当事人必须自觉地履行;否则,享有法定权利的一方可以申请人民法院强制执行。

如果原告拒绝履行判决,土地行政主管部门可以向第一审人民法院申请强制执行。让人民法院按照法定程序,根据发生效力的法律文书所确定的执行内容,对属于被执行人的原告方可以采取以下措施:

(1)裁定冻结、划拨被执行人的存款或者扣留、提取被执行人的劳动收入。

(2)裁定查封、扣押、冻结、变卖被执行人的财产。

(3)强制被执行人退出非法占用的土地或者拆除非法占用土地上新建的房屋。此项强制执行措施,必须由人民法院严格依照法定程序进行。

如果被告土地行政主管部门拒绝履行判决、裁定的,原告可以申请强制执行。第一审人民法院对被告可以采取以下措施:

(1)对应当归还的罚款或者应当付给的赔偿金,通知银行从被告的账户内划拨。

(2)在判决规定的期限内不履行的,从期满之日起,对该被告按日处50~100元的罚款。

(3)向被告的上一级自然资源主管部门或者监察、人事机关提出司法建议。接受司法建议的机关,应当根据有关规定进行处理。

(4)拒不履行判决、裁定,情节严重,构成犯罪的,依法追究主管人员和直接责任人的刑事责任。

人民法院应当在立案之日起六个月内作出第一审判决。有特殊情况需要延长的,由高级人民法院批准,高级人民法院审理第一审案件需要延长的,由最高人民法院批准。

思考与分析题

1. 土地行政执法的概念、特征和原则是什么?
2. 土地行政处罚主要包括哪些?举例说明。
3. 土地行政诉讼与土地行政复议的关系如何?
4. 我国土地行政裁决的种类包含哪些?
5. 土地行政监督的特征和内容是什么?
6. 简述土地行政诉讼的程序。

第十五章　土地法律责任

学习目标

了解土地民事法律责任、土地行政法律责任、土地刑事法律责任的概念、特点及在土地法律制度中的作用；掌握土地法律责任的种类及其表现形式。

【学习导入】

在土地法律规范中规定了权利和义务，但是面对违法行为，必须采用国家强制的形式对违法者进行追究和惩罚，通过土地法律责任来保证土地法规的遵守和实施。

第一节　土地民事法律责任

民事法律责任是指由于民事违法行为或特定事实的出现所导致的赔偿或补偿的法律责任。土地民事法律责任是指与土地资源、土地财产等有关的民事法律责任。其特征为：

(1)土地民事法律责任主体主要是个人或者组织。无论是侵权一方还是被侵权一方，都是平等的民事法律主体，其法律地位平等。

(2)土地民事法律责任可以由土地法直接规定，也可以由双方当事人之间自主约定和协商确定。这是因为民事权利义务既可由法律规定产生(如当事人依法享有土地所有权和使用权)，也可以由双方当事人依法签订的合同产生(如土地承包合同、土地使用权出让合同或者转让合同、土地依法租赁或者抵押合同等)。

(3)承担土地民事法律责任的方式主要是采取强制履行应尽义务，或者承担因侵权行为或者违约行为造成损害的民事赔偿责任等方式。土地侵权行为的民事赔偿责任(合同外责任)和土地违约行为的民事责任(合同内责任)，都以补偿因不履行应尽义务所造成的损失为原则。由于侵犯土地权利和违反土地义务的性质内容不同，违法者承担民事责任的方式也不同。根据有关土地法的规定，承担民事责任的方式主要有排除妨碍、消除危险、停止侵占、恢复原状、返还财产、赔偿损失、支付违约金等。

(4)由于土地法中的民事责任引起的争议，属于土地侵权行为造成损害的民事赔偿责任，可以依法由自然资源主管部门处理。这时，自然资源主管部门处于管理者的地位，作为处理土地侵权行为的侵权人和被侵权人的第三方，一般不涉及自身承担民事责任的问题。如果土地侵权行为人或被侵权人认为自然资源主管部门所作出的土地侵权民事赔偿责任的裁决不合法，可以向人民法院提起民事诉讼(以侵权人为被告)。

不过，对于双方当事人发生的争议，一般由人民法院通过审判解决，对于实施土地违法行为应承担民事责任的当事人依法追究其民事责任。

第二节　土地行政法律责任

一、土地行政法律责任的概念和特征

土地法中的行政责任是指实施违反土地法律规范的行为者,依法接受行政制裁所应承担的法律责任。其基本特征在于:

(1)这种法律责任是行政法律关系主体违反行政法律义务的后果;

(2)这种违反义务的行为没有超出行政法规定的违法限度,因而适用行政法上的制裁措施;

(3)责任措施是由行政违法行为实施者向国家承担的责任,对于责任承担者来说,是一种否定性的评价,是体现社会谴责和国家惩罚性的一种法律上的负担。

二、土地行政处罚

违反土地法规的行为及应当受到行政处罚的情况包括以下几种。

(一)买卖或者以其他形式非法转让土地行为及其处罚

买卖或者以其他形式非法转让土地的违法行为主要表现为以下三种情况:一是买卖、非法转让国有土地、农民集体所有土地所有权的行为。二是非法转让国有土地使用权的行为。《土地管理法》《民法典》等对国有土地使用权的转让活动作出了规定。违反上述规定转让的,即构成规定的非法转让土地使用权的行为。三是违反法律规定,转让农民集体所有土地的使用权用于非农业建设的行为。

这类违法行为的行政处罚包括以下几种:

(1)没收违法所得。所谓违法所得,是指依照违法行为,一方应当交付给另一方的钱或物。在买卖或者其他形式非法有偿转让土地中,一方得到钱或物,另一方得到土地,则违法所得的内容包括金钱和土地,均属没收之列;在非法无偿的转让土地中,一方得到土地,另一方没有所得,因此违法所得仅为土地,应予没收。

(2)限期拆除新建的建筑屋和其他设施。如果在买卖或者以其他形式非法转让的土地上新建了建筑物和其他设施的,并且这些建筑物和其他设施违反土地利用总体规划的,则应当责令违法者在规定的期限内将新建的建筑物和其他设施拆除,恢复土地原状。

(3)没收新建的建筑物和其他设施。如果在买卖或者以其他形式非法转让的土地上新建的建筑物和其他设施符合土地利用总体规划的,则可以不拆除,由作出处罚决定的自然资源主管部门予以没收。

(4)罚款。对买卖土地或者以其他形式非法转让土地的,除采取上述处罚措施外,还可以对当事人处以非法所得的10%以上50%以下的罚款。

(二)破坏耕地种植条件和造成土地荒漠化、盐渍化的行为及其处罚

这类违法行为包括:

(1)非法占用耕地建窑、建坟或者擅自在耕地上建房、挖沙、采石、采矿、取土等破坏种植条件的行为。

(2)因开发土地造成土地荒漠化、盐渍化的行为。

对这类违法行为的处罚措施包括以下两种:第一,责令限期改正或者治理,即责令违法者在确定的期限内,停止违法活动,包括清除所建砖窑等违法建筑物、停止取土、停止开发开垦土地的活动。限期治理是指在清除违法建筑物、停止取土等行为的同时,对造成耕地破坏的,采取措施,恢复土地原状,达到耕地要求的种植条件等,或者对开发开垦造成土地荒漠化、盐渍化的,责令负责组织开发的单位和个人采取补救措施或者其他必要措施,进行整治。第二,作出责令限期改正或者治理决定的同时,依据具体情节,可以作出并处罚款的决定。但是否处以罚款,应当由作出处罚决定的自然资源主管部门视违法行为所造成的后果依法确定。

(三)拒不履行土地复垦义务的行为及处罚

这类违法行为有以下两种情况:

(1)对拒不履行土地复垦义务的,由县级以上人民政府自然资源主管部门责令限期改正,即限期进行土地复垦,并经验收合格。

(2)对经责令限期改正而逾期不改正的,由自然资源主管部门在责令其缴纳复垦费的同时,依情节可以作出处以罚款的决定。

(四)未经批准或者采取欺骗手段骗取批准或者超过批准的数量非法占用土地的行为及处罚

这类违法行为包括以下情形:

(1)建设单位或者个人未经用地审批或者采取欺骗手段骗取批准而占用土地的。

(2)涉及农用地改为建设用地未取得农用地转用审批或者采取欺骗手段骗取农用地转用审批的。

(3)超过批准的数量占用土地的。

对非法占用土地的行政处罚有:

(1)责令退还非法占用的土地。即将非法占用的土地恢复到占用以前的状态,如果非法占用的土地是公共用地或未确定给单位和个人使用的国有土地的,要恢复到占用以前的原貌;如果非法占用的土地是其他单位或个人使用的国有土地的,要将非法占用的土地退还原使用者,由此而给原土地使用者造成损失的,可以依法追究其民事责任;如果非法占用的土地是农民集体的,作出处罚的自然资源主管部门应当责令其交还原农民集体。

(2)对违反土地利用总体规划,擅自将农用地改为建设用地的,限期拆除在非法转让的土地上新建的建筑物和其他设施,恢复土地原状;对符合土地利用总体规划的,没收在非法转让的土地上新建的建筑物和其他设施。

(3)罚款。对非法占用土地的,除采取上述处罚措施外,还可以对当事人处以罚款。是否给予罚款,由自然资源主管部门根据情节依法确定。

(五)村民未经批准或者采取欺骗手段骗取批准的或者超过批准的数量,非法占用土地建住宅的行为及处罚

这类违法行为包括:

(1)村民占地建房的住宅用地未经乡(镇)人民政府审核及县级人民政府批准的行为。

(2)村民占地建住宅,对涉及占用农用地的,未办理或者采取欺骗手段办理农用地转用审批手续的行为。

(3)村民骗取批准,占地建住宅的行为。

(4)超过省、自治区、直辖市规定的标准,多占土地建房的行为。对这类违法行为的处罚是:责令退还非法占用的土地,包括退还超占的土地,限期拆除在非法占用的土地上新建的房屋。法律没有规定可以适用罚款和没收的处罚,因此不能适用罚款和没收的处罚。

(六)无权批准征收、使用土地的单位或者个人非法批准占用土地的,超越批准权限非法批准占用土地的,不按照土地利用总体规划确定的用途批准用地的,或者违反法律规定的程序批准占用、征收土地的行为

无权批准征收、使用土地的单位或者个人非法批准占用土地的,超越批准权限非法批准占用土地的,不按照土地利用总体规划确定的用途批准用地的,或者违反法律规定的程序批准占用、征收土地的,其批准文件无效,对非法批准征收、使用土地的直接负责的主管人员和其他直接责任人员,依法给予处分;构成犯罪的,依法追究刑事责任。非法批准、使用的土地应当收回,有关当事人拒不归还的,以非法占用土地论处。

(七)侵占、挪用被征收土地单位的征地补偿费用和其他有关费用的行为

侵占、挪用被征收土地单位的征地补偿费用和其他有关费用,构成犯罪的,依法追究刑事责任;尚不构成犯罪的,依法给予处分。

(八)依法收回国有土地使用权当事人拒不交出土地的,临时使用土地期满拒不归还的,或者不按照批准的用途使用国有土地的行为

依法收回国有土地使用权当事人拒不交出土地的,临时使用土地期满拒不归还的,或者不按照批准的用途使用国有土地的,由县级以上人民政府自然资源主管部门责令交还土地,处以罚款。

(九)擅自将农民集体所有的土地的使用权出让、转让、出租用于非农业建设的行为及处罚

对擅自将农民集体所有的土地的使用权出让、转让、出租用于非农业建设的,由县级以上人民政府自然资源主管部门作出以下行政处罚:

(1)责令限期改正,即要求受让方、承租方应当在限定的期限内将集体土地使用权退回对方。

(2)没收非法所得,包括出让金、转让金和租金以及受让方、承租方因受让土地使用权或者承租土地而获得的直接收益。

(3)并处罚款。

依照规定责令限期拆除在非法占用的土地上新建的建筑物和其他设施的,建设单位或者个人必须立即停止施工,自行拆除;对继续施工的,作出处罚决定的机关有权制止。建设单位或者个人对责令限期拆除的行政处罚决定不服的,可以在接到责令限期拆除决定之日起十五日内,向人民法院起诉;期满不起诉又不自行拆除的,由作出处罚决定的机关依法申请人民法院强制执行,费用由违法者承担。

三、行政处分

根据《土地管理法》和有关法律规定,各级人民政府和有关行政主管部门及其工作人员在土地管理活动中违反规定,应当给予行政处分的,对实施违法行为的单位的直接负责的主管人员和其他直接责任人员,由其所在单位或者上级主管部门或者行政监察部门,依法给予

行政处分。应当承担行政处分的违法行为有以下几种情形:

(1)买卖或者以其他形式非法转让土地的。

(2)对未经批准或者采取欺骗手段骗取批准的,或者超过批准的数量,非法占用土地的。

(3)非法批地的行为。其包括以下四种情况:①无批准权而非法批准占用土地的行为;②超越批准权限非法批准占用土地的行为;③依照规定,享有有关土地批准权的各级人民政府,不按照土地利用总体规划确定的土地用途批准用地的行为;④违反法律规定的程序,批准占用、征用土地的行为。

(4)侵占、挪用被征用土地单位的征地补偿费用和其他有关费用,不构成犯罪的。

(5)土地行政主管部门的工作人员玩忽职守、滥用职权、徇私舞弊,尚不构成犯罪的。自然资源主管部门、农业农村主管部门的工作人员玩忽职守、滥用职权、徇私舞弊,尚不构成犯罪的,依法给予处分。

四、行政赔偿

根据《土地管理法》第七十九条的规定,对非法批地的,除依法给予行政处分和追究刑事责任外,对当事人造成损失的,还应当进行行政赔偿。行政赔偿是指国家行政机关或者其他工作人员违法行使行政职权,侵犯个人或者组织的合法权益(包括人身权利和财产权利)并造成损害的,由国家给予赔偿的法律制度。

构成行政赔偿责任,应当具备以下条件:国家行政机关或者其工作人员违法行使职权,即侵权主题是国家行政机关,包括各级人民政府及其职能部门,或者其工作人员,并且侵权主体实施了违法行使职权的行为,即未按照法律法规规定的程序、方法等行使法定的权利,履行法定的职责,造成个人或者组织的合法权益的损害,并且该损害与违法行为有因果关系。

第三节 土地刑事法律责任

一、土地刑事法律责任的概念

刑事法律责任是指行为人实施了《刑法》所禁止的行为,即犯罪行为所导致的受刑事处罚的法律责任。刑事法律责任的基本特征为:

(1)追究刑事责任的前提条件是当事人的行为已触犯了《刑法》并构成犯罪。

(2)追究刑事责任的依据是《刑法》以及其他法律中有关刑事责任的规定。

(3)同民事法律责任和行政法律责任的处罚形式相比,刑事处罚是最严厉的制裁措施,它可以剥夺犯罪人的人身自由、政治权利,甚至剥夺其生命。

(4)追究刑事责任由检察机关主动提起,由人民法院通过刑事诉讼程序进行判处。

土地刑事法律责任是指与土地或土地管理有关的刑事法律责任。根据罪刑法定的原则,对犯罪及其刑事责任由刑事法律作专门规定,土地刑事法律责任也不例外。因此,对违反土地管理法律、法规的行为,应当进一步依照《刑法》有关规定确定其是否构成犯罪,应受何种刑事处罚。

《刑法》中对非法转让、倒卖土地使用权罪,非法占用农用地罪,破坏自然保护地罪,非法批准征收、征用、占用土地罪和非法低价出让国有土地使用权罪等做出了规定。涵盖了管地、用地和流转三大领域,从而使土地管理受到了刑法强制性的保护。

二、非法转让、倒卖土地使用权罪及其处罚

(一)非法转让、倒卖土地使用权罪的概念及其认定

所谓非法转让、倒卖土地使用权罪,是指以牟利为目的,违反土地管理法规,非法转让土地使用权、非法倒卖土地使用权的犯罪行为。

以牟利为目的是指以获取经济利益为目的;违反土地管理法规是指违反了国家颁布的《土地管理法》和其他有关土地方面的法规;非法转让土地使用权是指将依法管理或持有的土地使用权,违反土地法律、法规的有关规定,擅自转让给他人的行为;非法倒卖土地使用权是指违反土地法律、法规的规定,将土地使用权进行倒卖,从中牟利的行为。

认定非法转让、倒卖土地使用权罪,应当把握以下几点:

(1)该罪的主体是一般主体,既可以是自然人,也可以是单位。

(2)该罪在主观方面是故意,而且是直接故意。它是指行为人有意识地通过非法转让、倒卖土地使用权的方法获取不正当的经济利益。

(3)该罪在客观方面表现为行为人实施了非法转让、倒卖土地使用权的行为。非法转让土地使用权较多地表现为以下几种情形:①以物易地,如有的机关、企事业单位利用国家的建筑材料、生产设备、车辆等为条件换取农村集体的土地。②借开办乡(镇)企业之名大量无偿占用乡村耕地。③以与乡村开办联营企业之名非法占用乡村集体的土地。④以提供贷款、招工、解决子女入学等为条件非法占用集体土地。⑤以转让地上物为名非法转让土地使用权。无论此类行为的具体形态如何,但其实质都是相同的,即转让土地使用权,而且违反国家土地管理法规,未经有关部门许可。

(4)该罪侵犯的客体是国家对土地使用权依法转让的制度。在社会主义市场经济下,国家对土地使用权的管理,主要是为了保障它的依法转让,这从根本上讲是为了维护经济秩序,以免出现经济生活的混乱。

我国《土地管理法》明确规定:任何单位和个人不得侵占、买卖或者以其他形式非法转让土地。土地使用权可以依法转让。可见,土地使用权的享有和转让是由国家法律、行政法规明确规定的,不能作为一般商品进行任意买卖,这是认定本罪是否成立的重要依据。

(二)对非法转让、倒卖土地使用权罪的处罚

依照《刑法》第二百二十八条的规定,以牟利为目的,违反土地管理法规,非法转让、倒卖土地使用权,情节严重的,处三年以下有期徒刑或者拘役,并处或者单处非法转让、倒卖土地使用权价额百分之五以上百分之二十以下罚金;情节特别严重的,处三年以上七年以下有期徒刑,并处非法转让、倒卖土地使用权价额百分之五以上百分之二十以下罚金。

三、非法占用耕地罪及其处罚

(一)非法占用耕地罪的概念及其认定

所谓非法占用耕地罪,是指违反土地管理法规,非法占用耕地改作他用,数量较大,造成耕地大量毁坏的行为。

违反土地管理法规是指违反《土地管理法》以及其他法律和国务院的有关规定；非法占用耕地改作他用，主要是指违反土地利用总体规划或计划，未经批准或骗取批准擅自将耕地改为建设用地或者作其他用途的情况，如占用耕地建窑、建坟或者擅自在耕地上建房、挖沙、采矿、采石、取土等，造成严重破坏耕地种植条件，难以复耕的情况。

认定非法占用耕地罪，应当注意以下几点：

(1)非法占用耕地罪的主体既可以是自然人，也可以是单位。

(2)非法占用耕地罪在主观方面表现为故意，即明知自己的行为会造成大量耕地被毁坏的结果，而故意非法侵占，以致发生了耕地毁坏。

(3)非法占用耕地罪在客观方面表现为非法侵占耕地，数量较大，造成大量耕地毁坏的行为。

(4)非法占用耕地罪侵犯的客体是国家对土地，特别是耕地，进行保护的法律制度。

(二) 对非法占用耕地罪的处罚

依照《刑法》第三百二十四条的规定，违反土地管理法规，非法占用耕地、林地等农用地，改变被占用土地用途，数量较大，造成耕地、林地等农用地大量毁坏的，处五年以下有期徒刑或者拘役，并处或者单处罚金。

四、非法批准征收、征用、占用土地罪和非法低价出让国有土地使用权罪及其处罚

(一)非法批准征收、征用、占用土地罪和非法低价出让国有土地使用权罪的概念及认定

所谓非法批准征收、征用、占用土地罪，是指国家机关工作人员徇私舞弊，违反土地管理法规，滥用职权，非法批准征收、征用、占用土地情节严重的行为。所谓非法低价出让国有土地使用权罪，是指国家机关工作人员徇私舞弊，违反土地管理法规，滥用职权，非法低价出让国有土地使用权情节严重的行为。

对非法批准征收、征用、占用土地罪和非法低价出让国有土地使用权罪的认定，应注意把握以下几点：

(1)犯罪主体都是特殊主体，即专指国家工作人员。

(2)这两个罪在主观方面都是故意犯罪，即明知自己批准征收、征用、占用土地，或者低价出让国有土地使用权违反国家土地管理法规，仍然滥用职权，非法批准征收、征用、占用土地，或者非法低价出让国有土地使用权。这两个罪的动机是徇私，一般表现为徇求私利，包括物质利益和非物质利益。

(3)这两个罪在客观方面都表现为徇私舞弊，违反土地管理法规，滥用职权。所谓徇私舞弊，一般表现为弄虚作假，欺上瞒下，掩盖事实真相。所谓违反土地管理法规、滥用职权，是指违反《土地管理法》《房地产管理法》等法律、法规关于批准征收、征用、占用土地以及出让国有土地使用权的规定，不正确地行使批准征收、征用、占用土地或者出让国有土地使用权职权的行为。

(4)这两个罪侵害的客体是国家机关工作人员职务行为的正当性。其社会危害性具体表现为：破坏了国家对征收、征用、占用土地的正常管理活动，破坏了国家对出让土地使用权的正常管理活动。此外，这两个罪的社会危害性还表现为使国家或者集体利益遭受重大损失。

另外,根据《刑法》的规定,构成这两个罪还必须以情节严重为构成要件。所谓情节严重,一是主观恶性深,谋取的私利大,或者多次非法批准征收、征用、占用土地或非法低价出让国有土地使用权;二是客观危害后果严重,非法批准征收、征用、占用的土地或者非法低价出让国有土地使用权的数量大,致使国家利益遭受重大损失等。

(二)对非法批准征收、征用、占用土地罪和非法低价出让国有土地使用权罪的处罚

根据《刑法》第四百一十条的规定,构成非法批准征收、征用、占用土地罪和非法低价出让国有土地使用权罪,情节严重的,处三年以下有期徒刑或者拘役;致使国家或者集体利益遭受特别重大损失的,处三年以上七年以下有期徒刑。

(三)非法批准征收、征用、占用土地罪和非法低价出让国有土地使用权罪与受贿罪的界限

这两个罪的犯罪行为人由于具有徇私的动机,因此在徇私舞弊,违反土地法律、法规,滥用职权,非法批准征收、征用、占用土地和非法低价出让国有土地使用权的犯罪过程中,常常收受利害关系人的财物,因此易与受贿罪发生混淆。这两个罪与受贿罪的界限关键是看行为人收受的财物是否达到受贿罪构成所要求的数额标准,如果达到受贿罪的数额标准,应依法认定同时构成受贿罪,则与本罪数罪并罚;如果没有达到受贿罪数额标准,则依法不能认定构成受贿罪,只能以非法批准征收、征用、占用土地罪和非法低价出让国有土地使用权罪认定。

思考与分析题

1. 什么是土地行政法律责任?其具体内容有哪些?
2. 什么是土地刑事法律责任?我国《刑法》中的土地犯罪类型有哪些?

参考文献

[1] 张军连. 土地法学[M]. 北京:中国农业大学出版社,2007.
[2] 杨永芳. 土地法学[M]. 开封:河南大学出版社,2009.
[3] 郑润梅,等. 土地法理论与实践[M]. 北京:中国农业科技出版社,1997.
[4] 谷成. 中国税制[M]. 北京:清华大学出版社,2010.
[5] 刘俊. 中国土地法理论研究[M]. 北京:法律出版社,2008.
[6] 王功慧. 土地法:焦点·难点·指引[M]. 北京:中国法制出版社,2008.
[7] 葛洪义. 法理学教程[M]. 北京:中国法制出版社,2000.
[8] 江平. 中国土地立法研究[M]. 北京:中国政法大学出版社,1999.
[9] 曲福田,等. 中国土地制度研究[M]. 徐州:中国矿业大学出版社,1997.
[10] 张小华. 土地行政法[M]. 北京:人民出版社,1993.
[11] 陈利根. 土地法学[M]. 北京:中国农业出版社,2015.
[12] 法律出版社法规中心. 中华人民共和国土地法律法规全书[M]. 北京:法律出版社,2020.
[13] 中华人民共和国土地管理法(实用版)[M]. 北京:中国法制出版社,2020.
[14] 人大法工委民法室. 中华人民共和国民法典[M]. 北京:中国民主法制出版社,2021.
[15] 中华人民共和国农村土地承包法(实用版)[M]. 北京:中国法制出版社,2019.
[16] 中华人民共和国刑法(实用版)[M]. 北京:中国法制出版社,2021.